T0299110

المراجعة الداخلية

Internal Auditing

أ: رائد محمد عبدربه

الجنادرية للنشر والتوزيع

2010

657-452

عبدربه، رائد

المراجعة الداخلية / رائد محمد عبد ربه.- عمان:دار الجنادرية للشر والتوزيع ، 2009

(   ) ص

ر.إ : 2009/10/4279

الواصفات : /تدقيق الحسابات // المحاسبة

*تم إعداد بيانات الفهرسة الأولية من قبل دائرة المكتبة الوطنية

جميع الحقوق محفوظة لدار الجنادرية للنشر والتوزيع

الطبعة الأولى، 2010

الجنادرية

دار الجنادرية للنشر والتوزيع

الأردن- عمان - شارع الجمعية العلمية الملكية- مقابل البوابة الشمالية للجامعة الأردنية -
هاتف 5399979 6 00962
فاكس 5399980 6 00962 ص.ب 520651 عمان 11152 الأردن
Website: www.aljanadria.com

E-mail: dar_janadria@yahoo.com

الإهداء

إلى القلب الصافي

الى الصدر الحاني

الى اليد المباركة

الى النفس العطرة

الى الروح الطاهرة

الى القبر الزكي

..... إلى أمي أهدي هذا الكتاب

المقدمة

نتيجة للتطور العلمي والنمو السريع في المجال الإقتصادي وكبر حجم المشروعات الإقتصادية وتقدم اعمالها ظهر ما يعرف بالمراجعة الداخلية، والتي كانت تركز في بداية ظهورها على المراجعة المحاسبية للتأكد من صحة العمليات المالية واكتشاف الأخطاء ومع مرور الوقت وتطور المشروعات تم تطوير المراجعة الداخلية لتكون أداة لفحص وتقييم الأنشطة التي تمارس داخل المشروع وتزويد الإدارة العليا بالمعلومات.

وقد حاولت من خلال هذا الكتاب أن أتطرق الى موضوع " المراجعة الداخلية " بشكل موسع من خلال خبرتي العملية في مجال المحاسبة والرقابة المالية .

ولقد كان لإصدارات الجمعية السعودية للمحاسبة مثل "مجلة المحاسبة" وغيرها من النشرات الدور الكبير والبارز لإعداد هذا الكتاب وتقديمه بشكل لائق ومفيد وإغناء ما يحتويه من مواضيع .

واخيراً أرجو من الله عز وجل أن يوفقني بكتابي هذا وان ينتفع به من عمل بهذا المجال حتى يتمكن من استخدامه بشكل فعال في أداء مهام المراجعة الداخلية وان تكون لديه المعرفة الكاملة اللازمة لإدارة وتحمل مسؤوليات المراجع الداخلي وكما قال رسول الله صلى الله عليه وسلم : (**ان الله يحب إذا عمل أحدكم عملاً ان يتقنه**).

و الله ولي التوفيق

المؤلف

الفصل الأول

1

أساسيات الرقابة والمراجعة الداخلية

1

أساسيات الرقابة والمراجعة الداخلية

مقدمة

أدى التطور العلمى والنمو المتزايد فى مجالات النشاط الإقتصادى إلى كبر حجم المشروعات وتشعب أعمالها ووظائفها وصعوبة إداراتها وتعدد مشاكلها،وقد ساير ذلك تطور فى مفهوم وأهداف وأساليب المراجعة الداخلية للتأكد من فاعلية الرقابة الداخلية وكلما كبر حجم المشروع إزدادت الحاجة إلى توافر نظام مراجعة داخلية فعال والتى يجب أن تمارس على كل أوجه نشاطات المشروع إذ أن وجودها أصبح أمراً ضرورياً وحتمياً لكل عملية من عمليات المشروع كالعمليات النقدية مثلاً والتى تحتاج لمراجعة بغرض إكتشاف أية إختلاسات أو تلاعب بها.

التطور التاريخي Historical Devolopment

ظهرت المراجعة الداخلية منذ حوالى ثلاثين عاماً، وبالتالى فهى تعتبر حديثة بالمقارنة بالمراجعة الخارجية، وقد لاقت المراجعة الداخلية قبولاً كبيراً فى الدول المتقدمة، وإقتصرت المراجعة الداخلية فى بادىء الأمر على المراجعة المحاسبية للتأكد من صحة تسجيل العمليات المالية وإكتشاف الأخطاء إن وجدت، ولكن مع تطور المشروعات أصبح من الضرورى تطوير المراجعة الداخلية وتوسيع نطاقها بحيث تستخدم كأداة لفحص وتقييم مدى فاعلية الأساليب الرقابية ومد الأدارة العليا بالمعلومات، وبهذا تصبح المراجعة الداخلية أداة تبادل معلومات وإتصال بين المستويات الأدارية المختلفة والأدارة العليا، وإنعكس التطور السابق على شكل برنامج المراجعة، فقد كان البرنامج فى السنوات الأولى لظهور المراجعة يرتكز على مراجعة العمليات المحاسبية والمالية ولكن بعد توسيع نطاق المراجعة أصبح برنامج المراجعة يتضمن تقييم نواحى النشاط الأخرى.

مفهوم المراجعة الداخلية

تعتبر المراجعة الداخلية من أهم الوسائل والطرق التى تستخدمها الأدارة لغرض التحقق من فاعلية الرقابة الداخلية

وتعرف المراجعة الداخلية على أنها " إحدى حلقات الرقابة الداخلية تعمل على مد الإدارة بالمعلومات المستمرة "

ويعرف البعض المراجعة الداخلية " هى التى يقوم بها موظف بالمنشأة بخلاف تلك التى يقوم بها المراجع الخارجى "

وتعرف أيضاً على أنها " تحقيق العمليات والقيود بشكل مستمر فى بعض الأحيان ويقوم بها فئة من الموظفين لحماية الأصول وخدمة الإدارة العليا ومساعدتها فى التوصل إلى الكفاية الإنتاجية القصوى والعمل على قياس مدى صلاحية النظام المحاسبى وطرف المراقبات الأخرى "

كما يعرفها البعض بأنها " مجموعة من الإجراءات التى تنشأ داخل الشركة لغرض التحقق من تطبيق السياسات الإدارية والمالية "

وتعرف أيضاً بأنها " وظيفة تقييمية مستقلة تنشأ داخل التنظيم المعين بغرض فحص وتقييم الأنشطة التى يقوم بها هذا التنظيم" .

وقد قام البعض بتعريف المراجعة الداخلية على أنها " مجموعة من أوجه النشاط المستقلة داخل المشروع تنشئها الإدارة للقيام بخدمتها فى تحقيق العمليات والقيود بشكل مستمر لضمان دقة البيانات المحاسبية والأحصائية وفى التأكد من كفاية الأحتياطيات المتخذة لحماية أصول وأموال المنشأة وفى التحقق من إتباع موظفى المنشأة للسياسات والخطط والأجراءات الإدارية المرسومة لهم، وأخيراً فى قياس صلاحية تلك الخطط والسياسات وجميع وسائل المراقبة الأخرى فى أداء أغراضها وإقتراح التحسينات اللازم إدخالها عليها وذلك حتى يصل المشروع إلى درجة الكفاية

الإنتاجية القصوى " وقد عرف مجمع المحاسبين الأمريكيين المراجعة في عام 1947م على أنها " أداة تعمل عن طريق مراجعة العمليات المحاسبية والمالية والعمليات التشغيلية الأخرى أما في عام 1957م قام مجمع المحاسبين يتعريف المراجعة على أنها " أداة للحكم والتقييم تعمل من داخل المشروع تخدم الإدارة في مجال الرقابة عن طريق فحص وإختبار مدى كفاية الأساليب المحاسبية والمالية والتشغيلية الأخرى في هذا المجال

ومن أكثر التعاريف المقبولة والمتعارف عليها هو آخر تعريف قدمه مجمع المراجعين والمحاسبين الداخليين بالولايات المتحدة الأمريكية وهى "نشاط تقييمي مستقل خلال تنظيم معين يهدف إلى مراجعة العمليات المحاسبية والمالية وغيرها وذلك كأساس لخدمة الإدارة

الحاجة للرقابة Need of control

الرقابة باعتبارها وظيفة مطلوبة في جميع مجالات النشاط الإنساني سواء على مستوى المنظمة أو بالنسبة للمجتمع ككل. وفي جميع الأحوال تكون المفاهيم والمبادئ المستخدمة واحدة.

والرقابة باعتبارها نشاطاً تنظيمياً توجد في كل المستويات التنظيمية وتكون محل اهتمام مختلف الأفراد في المنظمة. وتنشأ الحاجة للرقابة نتيجة احتمال حدوث أخطاء في تنفيذ الخطط، وهي بذلك تضمن إتمام تنفيذ الخطط حسب المستويات المرسومة. وتبدأ عملية الرقابة بوضع وتطوير الأهداف والمعايير التي تستخدم أساساً لمقارنة تنفيذ الأعمال وفقاً لأهداف الإدارة. بعد ذلك يتم قياس الأداء الفعلي وفقاً للمعايير الموضوعة، وتحديد درجة إختلاف الأداء الفعلي أو انحرافه عن المعايير. وقد يكون الانحراف موجباً إذا كان الأداء الفعلي يفوق المعايير في بعض الجوانب.

كما قد يكون سالباً إذا لم يصل الأداء الفعلي إلى المستوى الذي تحدده المعايير في جوانب اخرى، وبعد تحديد الانحرافات، يتم تحليلها وتقص اسبابها، وذلك ليست لأغراض تحديد المسؤولية عنها فحسب، واقعية عن ظروف التنفيذ ومشكلاته، بغرض دعم الجوانب الإيجابية للأداء وتعزيزها والتغلب على المشكلات التي تعترض هذا الأداء، فتعوق من تحقيقه للأهداف. والخطوة الأخيرة هي القيام بعمل تصحيحي، بناء على تحليل الانحرافات وأسبابها تتخذ وتوضع تدابير، من شأنها توفير الظروف المنايبة للأداء بغرض التغلب على المعوقات والمشكلات التي صادفته، ويحتمل أن تصادفه مستقبلاً. وتتضمن أيضاً إجراء

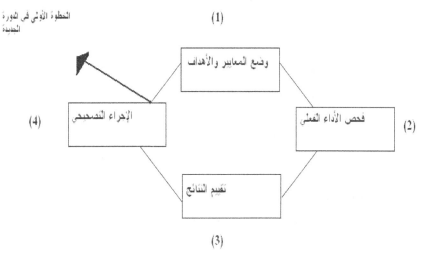

(1)

الشكل 1/2 دورة الرقابة

التعديل الضروري في الأهداف والمعايير: لتناسب قدرات أجهزة التنفيذ، ولكي تحقق الأهداف العامة وتلائم الظروف والعوامل المحيطة بالأداء الفعلي. وتتم عملية الرقابة يصبح أكثر تعقيداً كلما كبر حجم المشروع وتعددت الوظائف. والشكل(1-2) يمثل دورة الرقابة

وفي تقرير لمعهد المراجعين الداخليين بالولايات المتحدة عنوانه(الرقابة: معناها وانعكاساتها على الأداء المهني للمراجعة الداخلية). تناول التقرير منطقية وملائمة بعض المفاهيم الرقابية التي دمجت في (قائمة معايير المراجعة الداخلية رقم(1)، الرقابة: المفاهيم والمسؤوليات). وقد تضمن هذا التقرير معنى الرقابة والمسؤولية عنها على النحو التالي:(الرقابة تعني الإجراءات التي تتخذها الإدارة للتأكد من أن الأهداف والخطط والبرامج تتم حسب المعايير المحددة، وإن الانحرافات عن هذه المعايير يتم إكتشافها وتحديد المسؤولية عنها، وتتخذ الاجراءات اللازمة لتصحيحها، وبذلك ترتبط وظيفة الرقابة بكل من وظيفة التخطيط ووظيفة التنظيم. وهكذا فإن الرقابة هي نتاج عملية التخطيط والتنظيم والتوجيه السليم بواسطة الإدارة). ويتضمن هذا التعريف خمسة أبعاد للرقابة.

1) إن الإدارة هي المسؤولة عن الرقابة.

2) أن الإجراءات التي تقوم بها الإدارة، تعتبر ضرورية قبل إنشاء وتأسيس الوظيفة الرقابية.

3) ينبغي ربط الأدوات الرقابية بالأهداف التي ترسمها الإدارة.

4) أن ضمان إنجاز الأهداف المرسومة ليس ضماناً مطلقاً، إذ يمكن فقط توفير الضمان المعقول. ولهذا فإن علاقة التكلفة / المنفعة تكون وثيقة الصلة بذلك.

5) للرقابة جانبان هما الأفعال والنتائج.

كما أشار التقرير إلى أن الرقابة ليست وظيفة إدارية منفصلة عن باقي الوظائف الإدارية، بل ينبغي أن يتم إنجازها بالتزامن مع وظائف التخطيط والتنظيم والتوجيه. وبالتالي فإن الرقابة يتم إنجازها على أساس مستمر، على خلاف باقي الوظائف حيث يتم القيام بها متى كانت ضرورية.

انواع الرقابة Control Types

حـدد البيـان الصـادر عـن معهـد المـراجعين الـداخليين الرقابـة – معناهـا وإنعكاسـاتها عـلى الممارسـة المهنيـة للمراجعـة الداخليـة – أنـواع الرقابـة التـي يتضمنها الفكر الإداري بشكل عام ومناقشة خصائصها وذلك على النحو التالي:

- الرقابة الخارجية. وهي ناتج تصرفات وقوى خارجة عـن المنظمـة مثـل التشريعات والقوانين والتقنيات.

- الرقابة التنظيمية: وهي تتأسس على أيدولوجيـة المنظمـة. عـلى سـبيل المثال التزام العاملين بقواعد وآداب السلوك في المنظمة.

- الرقابة الإداريـة: وتختص بأفعـال المـوظفين والعـاملين في الوصـول إلى الأهداف والغايات من خلال العمل ووفقاً للسياسـات السـليمة، (مثـل وظائـف الأفراد المرتبطة بالعاملين، القانون، المحاسبة، التمويل، ورقابة الجودة).

- رقابة التشغيل: وتهدف إلى المساعدة في إدارة الأنشطة والعمليات:(مثل جدولة العمليات، نظام التكاليف المعيارية، أهداف الأداء).

- الرقابة المالية: وتختص بمراقبة الترخيص بالعمليـات الواجـب تسـجيلها بطريقة سليمة وكاملة ودقيقة وفي الوقت المناسب:(مثل المتحصـلات، الشـيكات، الفواتير، بطاقات الوقت).

- رقابة الأمن أو رقابة الحماية: وتختص بتأمين موارد المنشـأة أو حمايتهـا مثل الأصول، المعدات البيانات والأفراد، ومن أمثلة هذه الأدوات الرقابيـة التـأمين على الممتلكات والمفاتيح المزدوجة للخزائن الحديدية.

ويمكن تبويب أنواع الرقابة السابقة داخلياً بحسب الغرض إلى:

(1) رقابـة هادفـة Directive وهـذه تصـم لإحـداث أو تشـجيع النتـائج المرغوبة.

(2) رقابة مانعة Preventive وهذه تصمم لتقليل وقوع الاحـداث غـير المرغوبة مثل الفصل بين الواجبات، وكلمات السر في الحاسوب.

(3) رقابة تصحيحة Corrective. وهذه تصمم لتقليل ومعالجـة الأحـداث غير المرغوبة التي وقعت مثل إعداد التقارير الإستثنائية.

الرقابة الداخلية: محور الاهتمام الرقابي
Internal Control: Focus of Control

الرقابـة هـي إجـراء أو عمـل تقـوم بـه الإدارة لضـمان إنجـاز الأهـداف المرسومة. وقد أدى ظهور المشروعات الكبيرة إلى زيادة الاهتمام بالرقابة الداخلية باعتبارها نظاماً يساعد الإدارة في الوفاء بأهدافها. والرقابة الداخلية تعتبر مرادفاً للرقابة داخل التنظيم. وقد ارتبطت الرقابـة الداخليـة في مراحلهـا الأولى بحمايـة النقدية باعتبارها أكثر الأصول عرضة للتلاعب والاختلاس. وتتحقق هـذه. الحمايـة باتبـاع الوسـائل الكفيلة بحمايـة النقديـة مـن السـرقة والاختـلاس مثل تحديـد واجبات ومسؤوليات أمين الخزينـة، والفضـل بـين الإختصاصـات المتعارضـة مثـل عمليات التحصيل وعمليات السداد وعمليات التسجيل بعـد ذلـك. امتـد اهتمـام الرقابة الداخلية إلى رقابة المخـزون وغـيره مـن الأصـول الأخـرى. وكانـت الرقابـة الداخلية تعرف في ذلك الوقت بأسـم " الضـبط الـداخلي" Internal Check. ثـم توسعت الرقابة الداخليـة بعـد ذلـك لتتضـمن الوسـائل الكفيلـة بضـمان صحة البيانات المحاسبية ودقتها.

ويشير تقرير لجنة إجراءات المراجعة التابعة للمعهد الأمـريكي للمحاسـبين القانونيين، إلى أن تزايد الاهتمام بالرقابة الداخلية يرجع إلى العوامل التالية:

(1) تزايد نطاق المشروعات وحجمها، مما أدى تعقد وتشعب هياكلها التنظيمية. وحتى يمكن مراقبة العمليات بفاعلية، يجب أن تعتمد الإدارة على العديد من التقارير والتحليلات التي تتوافر فيها درجة عالية من الثقة.

(2) تحمل الإدارة المسؤولية الاولى للمحافظة على أصول المنشأة ومنع الأخطاء واكتشاف الإختلاسات. وبالتالي فإن الاحتفاظ بنظام كفء للرقابة الداخلية، أمر لا يمكن الاستغناء عنه وتعتمد عليه الإدارة للوفاء بهذه المسؤولية.

(3) الحاجة إلى توفير الحماية ضد الضعف البشري وذلك من خلال نظام الرقابة الداخلية الذي يعمل بصورة سليمة باستخدام الوسائل الكفيلة بكشف الأخطاء والمخالفات وتقليل احتمالات وقوعها.

(4) أيضاً من الناحية العملية يتعذر على المراجع الخارجي أن يقوم بمراجعة تفصيلية لمعظم الشركات في حدود أتعاب اقتصادية معقولة، والاعتماد على المراجعة الاختبارية، بدلاً من المراجعة الشاملة، وبالتالي كان من الضروري منذ البداية عند معالجة العمليات وجود الضوابط السليمة التي يوفرها نظام الرقابة الداخلية.

وفيما يلي نعرض تعريفين للرقابة الداخلية وردا في تقريرين للجنة إجراءات المراجعة التابعة للمعهد الأمريكي للمحاسبين القانونيين:

الأول:(الرقابة الداخلية هي مجموعة الوسائل والطرق التي تستخدمها المنشأة بقصد حماية النقدية وغيرها من الأصول، وأيضاً لضمان الدقة الحسابية للعمليات الواردة بالسجلات)(1936م).

الثاني:(تتضمن الرقابة الداخلية الخطة التنظيمية للمنشأة، وكافة الوسائل والطرق التي تستخدمها المنشأة بقصد حماية الأصول وضمان دقة البيانات المحاسبية، وتنمية الكفاءة الإنتاجية وتشجيع الالتزام بالسياسات الإدارية المرسومة)(1949م).

وقد أكد المعهد الأمريكي للمحاسبين هذا التعريف في قائمة تقنين مبادئ المراجعة التي أصدرها عامي 1973م، 1983م.

ويركز التعريف الأول على أهداف حماية الأصول وموارد المنشأة من الإختلاس والضياع وسوء الإستخدام، وتقليل الأخطاء واحتمالات وقوعها، بينما يعتبر التعريف الثاني أكثر شمولاً باعتبار أن الرقابة الداخلية تمتد إلى ما وراء الوظيفة المالية والمحاسبية. وكما يتضح من التعريف الثاني أن الرقابة الداخلية تهدف إلى:

(1) حماية أصول المنشأة الملموسة، مثل النقدية والمخزون من السرقة والاختلاس والتلاعب وسوء الإستخدام. وأيضاً حماية حسابات العملاء والسجلات والمستندات المهمة. بالإضافة إلى حماية الأشرطة والإسطوانات والأقراص الخاصة بالحاسوب.

(2) التأكد من صحة البيانات والمعلومات المحاسبية ودقتها، ومدى إمكانية الإعتماد عليها في اتخاذ القرارات الإدارية.

(3) رفع الكفاية الإنتاجية لجميع أقسام وإدارات المنشأة.

(4) تشجيع الالتزام بالسياسات الإدارية في الطريق المرسوم لها.

أقسام الرقابة الداخلية Internal Control Systems

نظام الرقابة الداخلية نظام شامل يتكون من مجموعة من الاقسام او النظم الفرعية التي تحقق أهداف الرقابة الداخلية، بعضها يختص بالجوانب المحاسبية ويطلق عليه الرقابة المحاسبية، وبعضها الآخر يختص بالجوانب المتعلقة بالكفاية الإنتاجية والسياسات الإدارية ويطلق عليه الرقابة الإدارية.

الرقابة الداخلية المحاسبية

Accounting Internal Control

تختص الرقابة المحاسبية بتحقيق أهداف حماية الأصول و السجلات وضمان دقة البيانات المحاسبية.

وتشتمل على الخطة التنظيمية وكافة الطرق والوسائل التي تستخدمها المنشأة لحماية الأصول والسجلات وضمان دقة البيانات المحاسبية. ونعرض فيما يلي لأهم طرق ووسائل الرقابة المحاسبية:

* تقسيم الاختصاصات بين العاملين، بحيث يتم الفصل بين الوظائف والأعمال المتعارضة، ولا يسمح لأي شخص القيام بعملية واحدة من بدايتها حتى نهايتها، منعاً للتلاعب، بالإضافة إلى تحقيق رقابة رقابة كل شخص على غيره من الأشخاص الآخرين.

* استخدام طريقة القيد الثنائي(المزدوج) عند إثبات العمليات بالسجلات المحاسبية لما تحققه من خاصية التوازن والضبط الحسابي.

* استخدام حسابات المراقبة الإجمالية لمراقبة الحسابات الفرعية(حسابياً): مثل حساب إجمالي العملاء لمراقبة الحسابات الشخصية للعملاء في دفتر أستاذ مساعد العملاء. وأيضاً حساب إجمالي الموردين لمراقبة الحسابات الشخصية للموردين.

* إعداد موازين مراجعة دورية: للتأكد من التوازن الحسابي بصفة دورية.

* مطابقة كشوف حساب البنوك مع حسابات البنوك بالدفاتر وإعداد مذكرات التسوية ومتابعتها.

* اتباع نظام الجرد المستمر للمخزون، ومطابقة الأرصدة الدفترية مع نتيجة الجرد وتحديد الفروق وأسبابها.

* اتباع نظام المصادقات مع العملاء والموردين، حيث تحصل المنشأة من الغير على أدلة بشأن صحة أرصدة حسابات العملاء والموردين.

* اعتماد قيود التسوية وتصحيح الأخطاء بواسطة شخص مسؤول، حتى لا تتوافر للشخص الذي أعد هذه القيود فرصة تغطية أي تلاعب يكون قد ارتكبه.

* وجود نظام مستندي سليم. يحدد المستندات والدورات المستندية للعمليات بشكل سليم.

* وجود قسم للمراجعة الداخلية بالمنشأة يتولى مراجعة العمليات المثبتة بالسجلات وفحصها والتأكد من أن السجلات تحوي كل ما كان يجب تسجليه بها.

الرقابة الداخلية الإدارية

Adminstrative Internal Control

تختص الرقابة الإدارية بتحقيق أهداف النهوض بالكفاية الإنتاجية وتشجيع الإلتزام بالسياسات الإدارية المرسومة. وتشتمل على الخطة التنظيمية وكافة الطرق والوسائل التي تحقق هذه الأهداف ونعرض فيما يلي لأهم طرق الرقابة الإدارية ووسائلها:

1) الموازنات التخطيطية Budgets

الموازنة: ترجمة كمية ومالية لخطة المنشأة خلال فترة زمنية مقبلة. وتقوم الموازنة بدور تخطيطي باعتبارها خطة تفصيلية تعكس أهداف المنشأة وكيفية إنجازها، كما تقوم بدور رقابي عن طريق مقارنة نتائج الإداء الفعلي مع الموازنة، ثم تحديد الانحرافات وتحليلها وتحديد المسؤول عنها. وعلى ذلك فإن أهم أسباب إعداد الموازنة أنها تمثل تخطيطاً لكافة أنشطة المنشأة، كما توفر نظاماً متكاملاً للرقابة وتقويم الأداء. وتضم الموازنة الشاملة للمنشأة موازنتين رئيسيتين: هما موازنة

التشغيل، والموازنة المالية تضم موازنة التشغيل، موازنات المبيعات والمخزون السلعي، والإنتاج والخامات، والعمالة المباشرة، والتكاليف الإضافية، وتكاليف الإنتاج المبيع والمصروفات الإدارية، والمصروفات البيعية، وقائمة الدخل التقديرية. وتضم الموازنة المالية موازنة المصروفات الرأسمالية، والموازنة النقدية والميزانية التقديرية، وقائمة التغيرات في المركز المالي.

2) التكاليف المعيارية Standard Cost

هي تكاليف محددة مقدماً تستخدم أساساً(معياراً) للمقارنة مع التكاليف الفعلية. ويخدم نظام التكاليف المعيارية أهداف الرقابة على التكاليف وقرارات التسعير الخارجي والداخلي وتقويم الأداء، بالإضافة إلى أنها تستعد في نشر الوعي التكاليفي، من خلال تبصير العاملين بتكاليف الأنشطة، وما ينبغي أن تكون عليه. كما أن تطبيق نظام الإدارة بالإهداف يتم بشكل أفضل في ظل نظام التكاليف المعيارية: إذ أنها تمكن من تحديد الانحرافات بسرعة وسهولة.

3) الرسوم البيانية والخرائط Graphics

تستخدم هذه الرسوم والخرائط وسيلة لعرض المعلومات على الإدارة، فهي تعطي فكرة سريعة وتقريبية عن موقف معين. فقد تستخدم هذه الرسوم والأشكال في عرض تطورات أحجام الإنتاج والمبيعات وعدد العاملين خلال فترة زمنية كما تستخدم في عمليات الرقابة الإحصائية على الجودة وتعرف هنا بخرائط مراقبة الجودة.

4) دراسات الوقت والحركة Time & Motion Studies

تقوم هذه الدراسات على أساس إخضاع كافة الخطوات والحركات الضرورية للإنتاج للدراسات العلمية والعملية: بهدف تحديد الخطوات والحركات المثلى، والطريقة

الصحيحة لاداء العمل، مع استبعاد الحركات والخطوات غير الضرورية. وتعتبر هـذه الدراسـات إحـدى وسائل الرقابـة الإداريـة التـي تهـدف إلى تنميـة الكفاية الإنتاجية للعاملين.

5) التقارير الدورية Periodic Reports

تعد هذه التقارير على فـترات شـهرية، أو ربـع سـنوية، أو نصـف سـنوية: لتزويد إدارة المنشأة بالبيانات اللازمة مقارنة ببيانات تاريخية أو أرقام مسـتهدفة. وبنـاء عـلى هـذه التقارير تسـتطيع الإدارة الحكـم عـلى الأداء واتخـاذ القرارات اللازمة.

6) البرامج التدريبية للعاملين Employees Training Programs

تعتبر هذه البرامج إحـدى وسـائل الرقابـة الإداريـة، التـي تهـدف إلى رفـع كفاءة أداء العاملين من خلال تحديث معارفهم وتجاربهم من وقت لآخر.

مقومات نظام الرقابة الداخلية
Characteristics of Internal Control

لا شك أنه يتعذر تصميم نظام واحد للرقابة الداخلية، يوفر جميع الضمانات، ويقابل احتياجات كل شركة، بغض النظر عن حجمها ونوعها: فكل شركة لها ظروفها ومشكلاتها الخاصة. وبالتالي كان من الضروري وجود مقومات أساسية عند إقامة نظام الرقابة الداخلية. ويمكن تبويب هذه المقومات التي لاغنى عنها لأي نظام رقابي جيد، إلى مقومات إدارية ومقومات محاسبية.

المقومات الإدارية لنظام الرقابة الداخلية
Administrative Controls
أ- هيكل تنظيمي سليم Adequate Plan of Organization

تقوم المنشآت كبيرة الحجم بوضع هياكلها التنظيمية التي تحـدد الإدارات والأقسام واختصاصات كل منها ومسـؤوليات الأفراد والعلاقـات داخـل التنظيم. وتعتمد

سلامة الهيكل التنظيمي على ملاحظة تطبيق مبادئ الرقابة التنظيمية فيما يتعلق بالجوانب التالية:

(1) تحديد ووضوح اختصاصات ومسؤوليات كل إدارة أو قسم أو فرع أو شخص، دون أية غموض أو تداخل أو تعارض. ويجب أن يكون هنالك دليل مكتوب يوضح هذه الإختصاصات والمسؤوليات، ويساعد هذا الدليل في تطبيق مبدأ المساءلة المحاسبية.

(2) تفويض السلطات: ويتم تفويض السلطات من أعلى إلى أسفل التنظيم. ويراعى ضرورة أن تكون السلطات المفوضة واضحة مفهومة حتى يعرف كل مسؤول حدود سلطاته ومسؤولياته لتكون أساساً عند محاسبته.

(3) مرونة الخطة التنظيمية: وذلك لتوفير إمكانية أن يستوعب الهيكل التنظيمي أي تطوير أو تغيير يحدث مستقبلاً.

(4) الاستقلال الوظيفي لمختلف الإدارات: ويعتبر الاستقلال بين الإدارات من أهم ما يميز الهيكل التنظيمي السليم باعتباره أحد مقومات نظام الرقابة الداخلية. ويقصد بذلك الإدارات التي تصرح بالعمل وتقوم به، والإدارات التي يعهد إليها الإحتفاظ بالأصول، والإدارات التي تقوم بمهمة المحاسبة عن العمليات التي تتم في الإدارات الأخرى. ويهدف تحقيق الاستقلال الوظيفي إلى منع أي إدارة من المحاسبة عن نتائج أعمالها منعاً للتلاعب. والاستقلال الوظيفي لا يعني أن تعمل كل إدارة بعيداً عن غيرها من الإدارات، بل ينبغي أن يكون هنالك تعاون وتناسق في عمل الإدارات المختلفة من أجل تحقيق الأهداف والسياسات الإدارية المرسومة.

ب- مجموعة من العاملين الأكفاء الموثوق بهم Qualified Personal

يعتبر هذا العنصر من المقومات المهمة للرقابة الداخلية، خاصة في حالة ضعف الضوابط الرقابية ؛ إذ أن معولية هؤلاء الأشخاص وأماناتهم ستؤدي إلى عدم حدوث الأخطاء والمخالفات أو تقليلها، وإلى إعداد قوائم مالية سليمة. والعكس في حالة وجود ضوابط رقابية قوية. ولكن مع أشخاص غير أكفاء وغير موثوق بهم فإننا نتوقع تحايلهم على هذا القواعد والضوابط الرقابية. ويتطلب وجود مجموعة من العاملين الأكفاء والوثوق بهم، ضوابط تضعها إدارة المنشأة مثل التحري عن شاغلي الوظائف التي تتطلب قدراً من الأمانة والثقة، التأكد من كفاءة العاملين قبل إختيارهم، توفير البرامج التدريبية لتنمية كفاءة العاملين، وأيضاً التأمين على شاغلي الوظائف المهمة ضد خيانة الأمانة لدى شركات التأمين.

ج- وجود معايير سليمة للأداء Adequate Performance Criteria

يعتبر وجود هذه المعاير ضرورياً لإقامة النظام الجيد للرقابة الداخلية: بالإضافة إلى أهمية وجود نظام لمراقبة الأداء: للتأكد من إتباع الاجراءات والقواعد التي وضعتها الإدارة لأداء المستويات الإدارية المختلفة.

د- الفصل بين الوظائف المتعارضة Segregation of Incompatible Duties

بمعنى ان أداء شخص واحد لها يمكنه من تغطية أي تلاعب أو مخالفة يرتكبها حيث يصعب بل ويتعذر اكتشاف هذا التلاعب، وأيضاً يصعب اكتشاف الأخطاء التي ترتكب بدون قصد. وترتبط سلامة نظام الرقابة الداخلية وقوته بضرورة الفصل بين هذه الوظائف، بمعنى ألا تسند وظيفتان متعارضتان لشخص واحد، بل يجب أن توزع على شخصين: إذ أن ذلك يقلل فرص التلاعب إلى حد كبير. والوظائف المتعارضة بطبيعتها هي وظيفة حيازة الأصول ووظيفة التسجيل المحاسبي، وظيفة الترخيص أو

التصريح بالعملية، ووظيفة الاحتفاظ بالأصول المرتبطة بها، وظائف التسجيل المحاسبي لعملية معينة من بدايتها حتى تنتهي في الأستاذ العام.
ونعرض فيما يلي أمثلة للوظائف المتعارضة التي يجب الفصل بينها:

(1) الفصل بين وظيفة حيازة الأصول ووظيفة التسجيل المحاسبي: يعتبر ذلك من أهم عناصر الرقابة الداخلية: إذ أن قيام شخص واحد بأداء الوظيفتين معاً، يسمح له بالتصرف في الأصل الذي يحتفظ به لحسابه الخاص، ثم يغطي هذا الإختلاس عن طريق التلاعب في التسجيل المحاسبي. فمثلاً إذا قام أمين الخزينة(يتولى حيازة النقدية) بالقيد في دفتر النقدية ودفتر أستاذ مساعد المدينين (وظيفة التسجيل المحاسبي)، فإنه يستطيع أن يحصل مبالغ من العملاء ويختلسها، ثم يغطي هذا الإختلاس عن طريق تسجيل المبلغ المحصل على أنه مردودات مبيعات أو مسموحات، أو ديون معدومه أو خصم مسموح به، كما يمكنه عدم تسجيلها نهائياً انتظاراً لتحصيل مبلغ من عميل آخر فيقوم بتسجيله في حساب العميل الأول، ومثال آخر: هو أن يحظر على الشخص الذي يتولى حيازة الأصل إعداد أو تعديل برامج الحاسب الإلكتروني ولا يصرح له بتداول وسائط إدخال المعلومات إلى الحاسب. وهذا الحظر أو المنع يحول دون تسجيل قيود محاسبية وهمية بالدفاتر وتفادي إسقاط بعض العمليات الصحيحة.

(2) الفصل بين وظيفة الترخيص أو التصريح بالعملية ووظيفة الإحتفاظ بالأصول المرتبطة بها: إذ أن قيام شخص واحد بالوظيفتين معاً يمكنه من إختلاس الأصل الذي يحتفظ به ويغطي ذلك باعتماد عملية وهمية للتصرف في الأصل. أمين الخزينة(حيازة الأصل) على سبيل المثال: إذا قام باعتماد أو الترخيص بسداد فواتير الموردين: فهذا يسمح له باختلاس نقدية وتغطية هذا الإختلاس بالترخيص بصرف فواتير وهمية. أيضاً قيام أمين المخازن (حيازة أصل) بفحص الأصناف الواردة والتصريح بدخولها المخازن (اعتماد العملية) يسمح له باختلاس بضاعة وتغطية

الاختلاس بأذون صرف وهمية. أيضاً لا يجوز للشخص المسؤول عن توزيع الأجور على العمال أن يتولى مهمة الترخيص بتعيين عمال جدد أو إنهاء خدمة العمال.

(3) فصل الواجبات داخل قسم الحسابات: لا شك أن انفراد شخص واحد بتسجيل عملية معينة بالدفاتر من بدايتها حتى نهايتها في الأستاذ العام، يزيد من احتمال عدم اكتشاف الأخطاء التي يرتكبها هذا الشخص بدون قصد. لذلك يجب ألا ينفرد شخص بتسجيل عملية معينة بالدفاتر من بدايتها حتى نهايتها بل يجب توزيعها على عدد من الأفراد يراجع كل منهم الآخر. مثل الفصل بين وظيفة التسجيل باليومية، ووظيفة التسجيل بدفاتر الأستاذ المساعد المرتبطة بها. أيضاً الفصل بين وظائف التسجيل بدفاتر اليومية التي ترتبط ببعضها مثل يومية المتحصلات النقدية ويومية المبيعات.

هـ - تغيير واجبات العاملين Changing Duties

إن قيام شخص واحد بالعمل نفسه لمدة طويلة قد يضعه في مركز يسمح له بالتستر على تلاعب يكون قد ارتكبه. ولذلك يفضل اجراء حركة دورية بين العاملين: فعلى سبيل المثال تتغير مهمة الشخص المختص بإمساك حسابات العملاء إلى إمساك الحسابات الشخصية للموردين. والشخص المختص بإمساك يومية النقدية تتغير مهمته إلى إمساك يومية المشتريات. وتغيير المهام أو الواجبات بصفة دورية يساعد على إكتشاف أي تلاعب ارتكبه الشخص السابق عليه، بالإضافة إلى أن سياسة تغيير المهام والواجبات تحول دون قيام أي شخص بالتستر على التلاعب لأن عمله سيقوم به شخص آخر مستقبلاً.

و- التنظيم الداخلي للأقسام Internal Organizing

يفضل تجميع الأشخاص الذين يقومون بعمل واحد في مكان واحد، مثلاً يخصص مكان لماسكي سجلات الأستاذ، ومكان العاملين بإدارة المبيعات. ويساعد ذلك

في تسهيل عملية الإشراف وتقليل فرص التواطؤ بين العـاملين لتغطيـة التلاعب، وأيضاً يساعد في تسهيل تداول المستندات وأوراق العمل بين العاملين في الأقسام المختلفة.

ز- التأمين ضد المخاطر Risk Insurance

يعتبر ذلك من الوسائل التي تحمي المنشأة من الخسائر عند وقوع الخطـأ المـؤمن ضـدّه، ومثـال ذلك: التـأمين ضـدّ خيانـة الأمانـة عـلى المـوظفين الـذين يحتفظون بالأصول مثل النقدية والمخزون. وأيضاً التـأمين ضـد السرقة والحريق على الأصول.

ح- وسائل لحماية الأصول من السرقة والحريق Protection of Assets

مثل حفظ النقدية في خزائن جيدة، وحفظ البضاعة في مخـازن تتـوفر بهـا وسائل الحماية اللازمة.

ط- تطبيـق الرقابـة الحديـة والرقابـة المزدوجـة Marginal and Dual Controls

الرقابة الحدية تعنـي تحديـد سـلطة المـديرين في اعتماد العمليـات: كـأن يحدد لكل مدير الحد الأقصى لقيمة العملية التي تدخل في نطاق سـلطاته، ومـا يزيد عن ذلك يدخل في سلطة مدير آخر في مستوى أعـلى. أمـا الرقابـة المزدوجـة فتقوم على أداء شخصين للعمل ذاته بحيث لا يستطيع أحدهما القيام به بمفرده. مثل فتح الخزائن بمفتاحين يحتفظ بهما شخصين، بحيث لا يمكن فتح الخزينـة إلا بوجود هذين الشخصين معاً. أيضاً قيام شخصين بالتوقيع على الشيكات بحيث لا يصرف الشيك إلا بوجود هذين التوقيعين.

ي- وجود قسم أو إدارة للمراجعة الداخلية Internal Audit Department

من الضروري أن يتضمن التنظيم الإداري للمنشأة إدارة أو قسم للمراجعة الداخلية يقوم بالتأكد مــن تطبيق كافة الاجراءات واللـوائح والسياسـات التـي رسمتها الإدارة، ومـن دقـة البيانـات المحاسبية، ومـن عـدم وجـود أي تلاعب أو مخالفات. أي أن المراجعة الداخلية تقوم بالتأكد من تطبيق وفعالية نظام الرقابة الداخلية.

المقومات المحاسبية لنظام الرقابة الداخلية
Accounting Controls

تتمثل هذه المقومات في وجود نظام محاسبي سليم يكفل المحاسبة عن كافة انشطة المنشأة واعداد قوائمها المالية، وتحقيق الرقابة على العمليات المختلفة.

وحتى يكون النظام المحاسبي أحد المقومات الرئيسية لنظام الرقابة الداخلية السليم، يجب ان يتضمن هيكل النظام المحاسبي العناصر التالية:

أ- الدليل المحاسبي Accounting Manual

وهو خطة لتبويب الحسابات بما يتفق وطبيعة المنشأة. وبين الحسابات الرئيسية والحسابات الفرعية التي تندرج تحتها، مع إعطاء شرح لكل الحسابات وطبيعة العمليات التي تسجل به. ويشتمل الدليل تبويب الحسابات بالشكل والتفصيل الذي يسمح بالحصول على جميع البيانات اللازمة لاتخاذ القرارات بواسطة إدارة المنشأة.

ليس هنالك دليل محاسبي يصلح لكافة المنشـآت. بـل يختلـف الـدليل بحسب طبيعة نشاطها. فالدليل الذي يصلح لشركة صناعية لا يصلح لبنك تجاري أو منشأة خدمية. ويجب مراعاة الاعتبارات التالية عند إعداد الـدليل المحاسبي لمنشأة ما:

(1) أن يتضمن الحسابات التي تعكس بشكل كاف نتائج أعمال المنشأة ومركزها المالي وتحديد الحسابات المتفرعة منها لتسهيل أعمال الرقابة وإعداد القوائم المالية.

(2) أن يعطي كل حساب المدلول الذي يعبر عنه.

(3) أن يتضمن القواعد المستخدمة للفصل بين عناصر الإنفاق الإيرادي والإنفاق الرأسمالي.

(4) أن يتضمن نظاماً لترقيم الحسابات لتسهيل التعرف على الحسابات، كما يفيد عند استخدام الوسائل الإلكترونية.

(5) أن يشتمل الدليل المحاسبي على حسابات مراقبة إجمالية لمتابعة الحسابات الفرعية المتعلقة بها مثل حساب إجمالي المدينين لمراقبة دفتر أستاذ مساعد المدينين، حساب إجمالي الموردين لمراقبة دفتر أستاذ الموردين المساعد، وحساب السيارات المراقبة سجل السيارات أو دفتر أستاذ مساعد السيارات. وتستخدم حسابات المراقبة باعتبارها وسيلة للرقابة على الحسابات الفرعية المفتوحة بدفاتر الأستاذ المساعد. وتكشف فقط عن الأخطاء التي ترتكب بدون قصد عن طريق ملاحظة عدم التوازن الحسابي. أما الأخطاء العمدية فإنه يصعب اكتشافها عن طريق حسابات المراقبة لأن مرتكبيها عادة ما يقومون بتغطية تلاعبهم بطريقة تسمح بتحقيق التوازن الحسابي منعاً لإثارة الشك.

ب- المستندات والدورات المستندية   Documents and Documentary Cycles

المستندات عنصر أساسي في النظام المحاسبي وتعتبر مصدراً للقيد ودليلاً للإثبات. ويجب أن يراعى في تصميم المستندات اعتبارات أساسية منها:

* استيفاء المستند للنواحي القانونية والشكلية.

* ضرورة أن يخدم المستند غرضاً محدداً.

* ضرورة ترقيم المستندات لتسهيل عملية الرقابة على المستندات المفقودة.

* ضرورة أن يخدم المستند كافة الاستخدامات المحتملة بهدف تقليل عدد المستندات المستخدمة.

* يجب أن يكون المستند واضحاً وبسيطاً لمن يستخدمه أو يطلع عليه.

* يجب أن يحقق المستند الهدف الرقابي: مثلاً وجود خانة لتوقيع المختص.

وتعتبر الدورات المستندية من أساسيات النظام المحاسبي الذي يشتمل على الدورات المستندية للعمليات المختلفة مثل عمليات التحصيل والصرف والشراء والتخزين والمبيعات. ويجب أن يراعى في إعداد هذه الدورات الاعتبارات التالية:

* تحديد خطوات الرقابة الداخلية لكل عملية رئيسة وفرعية.

* مراعاة وضوح خطوط السلطة والمسؤولية لكل عملية رئيسة أو فرعية.

* مراعاة ملائمة المستندات لطبيعة العملية وخطوط السلطة والمسؤولية.

* الربط بين الدورات المستندية ومجموعة الدفاتر والسجلات المحاسبية والإحصائية.

ج- المجموعة الدفترية Books

المجموعة الدفترية من العناصر الرئيسة للنظام المحاسبي لأي منشأة. ولا يمكن لمصمم النظام وضع مجموعة دفترية نمطية تصلح لكل الوحدات الإقتصادية ولكن

عليه أن يدرس العوامل التي تتحكم في تصميم المجموعة الدفترية وهي الشكل القانوني للمنشأة وطبيعة نشاطها وحجمها. ويراعى عند إعداد المجموعة الدفترية للمنشأة بعض الإعتبارات أهمها:

* ضرورة الوفاء بالمتطلبات القانونية من حيث إمساك دفتر يومية ودفتر جرد على الأقل، مع إمساك ما تقتضيه طبيعة نشاط المنشأة من سجلات.

* ضرورة أن يخدم السجل غرضاً محدداً: فمثلاً من الخطأ أن يمسك بنك تجاري دفتر يومية للمبيعات. وفي حالة المنشآت التي تبيع نقداً من الخطأ مسك يومية للمبيعات الآجلة.

* ضرورة ترقيم صفحات الدفاتر قبل استعمالها لتسهيل عمليات الرقابة.

* ضرورة التسجيل وقت حدوث العملية أو بعد ذلك بوقت قصير، حيث أن وجود فجوة زمنية بين تاريخ حدوث العملية وتاريخ تسجيلها بالدفاتر يفقد هذه الدفاتر مصداقيتها، ويزيد من احتمالات وقوع الأخطاء.

* ضرورة مراعاة الوضوح والبساطة عند تصميم الدفاتر: ليسهل استخدامها والاطلاع عليها وفهمها وتوفيرها للبيانات المطلوبة

* هذا ويتطلب نظام الرقابة الداخلية ربط المجموعة المستندية مع المجموعة الدفترية عن طريق الجداول أو خرائط التدفقات. ويفرض ذلك وجود ما يسمى بدليل الإجراءات، الذي يوضح الدورة المستندية لكل عملية، والسجلات المرتبطة بها، والإدارات والأقسام المشتركة فيها.

د- استخدام الوسائل الآلية والإلكترونية

يؤدي إستخدام الوسائل الآلية والألكترونية في إنجاز الأعمال المحاسبية إلى سرعة إنجازها وتقليل الأخطاء، ورفع كفاءة العمل المحاسبي. فاستخدام الآلآت الحاسبة يساعد على إنجاز العمليات الحسابية بدقة كبيرة وسرعة فائقة. كذلك تساعد آلات تسجيل النقدية في ضبط حركة النقدية المحصلة.

كما أن الحاسبات الإلكترونية تعطي نتائج دقيقة وسرعة فائقة.

هـ - الجرد الفعلي للأصول Physical Inventory

يستخدم الجرد الفعلي للأصول وسيلة لمنع الاختلاس أو التلاعب فيها. حيث يتم جرد الأصول التي تسمح طبيعتها بذلك مثل: النقدية بالخزينة والبضاعة، والأوراق المالية، وأوراق القبض، وبعض أنواع الأصول الثابتة. وتقارن نتيجة الجرد الفعلي مع الأرصدة الدفترية ويجري تحديد الفروق وتحديد أسبابها والمسؤولين عنها.

الرقابة الداخلية والإدارة
Management and Internal Control

تعتبر إدارة المنشأة مسؤولة عن وضع نظام الرقابة الداخلية وتصميمه والإشراف عليه. ويحقق النظام أهداف المحافظة على الأصول ومراجعة دقة وإمكانية الاعتماد على البيانات المحاسبية، والنهوض بالكفاية الإنتاجية، وتشجيع الالتزام بالسياسات الإدارية المرسومة. وفي سبيل ذلك تقوم بوضع خطة تنظيمية مناسبة ونظام كاف للترخيص والمستندات والسجلات المطلوبة، وتوفير مجموعة من العاملين الأكفاء، ومعايير سليمة للأداء. بالإضافة إلى نظام محاسبي سليم يكفل المحاسبة عن كافة الأنشطة وإعداد القوائم المالية وتحقق الرقابة على العمليات المختلفة.

وجدير بالذكر أن مسؤولية الادارة لا تنتهي بوضع إجراءات الرقابة التي تعتبر ضرورية، إنما يجب أن تضع نظام الرقابة الداخلية تحت الملاحظة المستمرة حتى يمكن التحقق من:

(1) أن السياسات المرسومة تترجم وتنفذ بشكل سليم.

(2) أن التغيرات في العمليات لا تهدف الى تعقيد الإجراءات أو أن تصبح غير كافية.

(3) عندما تحدث تغيرات في النظام يتم اتخاذ الإجراءات أو المقاييس المصححة فوراً.

المراجعة الداخلية: بؤرة النظام الرقابي
Internal Auditing: Focus of Internal Control

يشـير(Venables and Impey 1991) إلى ان Professor WJM Mackenize في تقديمـه لكتـاب المسـاءلة المحاسـبية والمراجعـة في الوحـدات الحكومية El Normanton قد ذكر بإيجاز انه :

" لا مساءلة بدون مراجعة، ولا رقابة بدون مساءلة، وبدون رقابة: التساؤل أين الإدارة ".

يمكن الحصول على تفهم أفضل للمراجعة الداخليـة عـن طريـق الاعـتراف بها باعتبارها أحد أدوات الرقابـة التنظيميـة التـي تقـوم بقيـاس وتقـويم فعاليـة وسائل الرقابـة الأخـرى. فعنـدما تقـوم الإدارة بـالتخطيط علـى كـل المسـتويات، وتنفيذ خططها في شكل عمليـات: يتعـين علهـا أن تـوفر الآليـات اللازمـة لمراقبـة عملياتها ولضمان إنجاز الأهداف المرسـومة. ويطلـق علـى هـذه الآليـات الأدوات الرقابية.

وتعتبر المراجعة الداخلية في حد ذاتها إحدى الأدوات الرقابية، كما أن للمراجعة الداخلية دوراً معيناً يتعلق بقياس مقدرة هذه الأدوات الرقابية الأخرى على تحقيق أهدافها وتقويمها. وبالتالي فإن المراجعين الداخليين الذين يقومون بعملهم بفعالية يصبحون خبراء في كل ما يتعلق بالتصميم والتنفيذ الأفضل للأدوات الرقابية المختلفة. وتتضمن هذه الخبرة تفهم العلاقات المتداخلة بين الأدوات الرقابية، وكيفية تكاملها في إطار النظام الكلي للرقابة الداخلية. ويتحقق ذلك عن طريق(بوابة الرقابة) أي المراجعة الداخلية من خلال قيام المراجعين الداخليين بفحص الأنشطة التنظيمية وتقويمها لتقديم أقصى خدمة للمنظمة. ولا يتوقع أن تصل خبرة المراجعين الداخليين بفحص جميع الأنشطة التنظيمية وتقويمها لتقديم أقصى ـ خدمة للمنظمة. ولا يتوقع أن تصل خبرة المراجعين الداخليين هنا إلى مستوى الخبراء الفنيين والمختصين، ولكن يمكن أن يقوم المراجعون الداخليون بمساعدة الأشخاص المسؤولين والمختصين على تحقيق نتائج أكثر فعالية من خلال تقويم الأدوات الرقابية الموجودة وتوفير أساس تحسين هذه الأدوات الرقابية. والشكل(2-2) يوضح المراجعة الداخلية باعتبارها بؤرة للنظام الرقابي:

تقدم وظيفة المراجعة الداخلية خدماتها لكل من إدارة المنظمة ومجلس إدارتها. فالمراجعون الداخليون يتحملون مسؤولية تزويدها بالمعلومات المتعلقة بمدى ملائمة نظام الرقابة الداخلية وفعاليتة، ومدى جودة أداء المنشأة. وتختلف

نظام الرقابة الداخلية

المراجعة الداخلية	رقابة داخلية إدارية
	رقابة داخلية محاسبية
	الضبط الداخلي

الشكل 2-2 المراجعة الداخلية بؤرة النظام الرقابي

المعلومـات التـي يوفرهـا المراجعـون الـداخليون للمـديرين ومجلس الإدارة في الشكل والتفاصيل بحسب متطلبـات واحتياجـات كـل مـنهما. ويقـوم المراجـع الداخلي بمساعدة المديرين ومجلس الإدارة عـن طريـق فحـص واسـتعراض نظـام الرقابة الداخلية الذي تصممه الإدارة وتنفذه داخل المنشأة.

دور المراجع الداخلي في عملية الرقابة

يتركـز الإهـتمام الـرئيس للمراجـع الـداخلي في خدمـة الإدارة عـلى عمليـة الرقابة. والأساس المنطقي لاهتمام المراجع الداخلي بعملية الرقابة هو:

(1) أن الرقابة تمثل الجزء الرئيس في العمليـة الإدارية. وهنا يتحمـل كـل مدير مسؤولية وضع برنامج رقابي يساهم بفاعليـة في إنجـاز الأداء أو الأعـمال المسؤول عنها. ويتكون هـذا البرنامـج مـن الرقابـة الكليـة التـي تغطـي الأنشطة المسؤول عنها، بالإضافة إلى جهود الرقابة الفردية.

(2) أن المراجع الداخلي يلتـزم بخدمـة التنظيم وبـدوره خدمـة الإدارة. ولهذا يهتم المراجع الداخلي ويعني بعملية الرقابـة باعتبارهـا جـزءاً ضرورياً مـن هدفه وهو خدمة الإدارة.

(3) أن المراجع الداخلي قادر، بوجه خاص، على تزويد الإدارة بالمساعدة في مجال الرقابة. وتتبع خصوصية هذه القدرة مـن أن المراجـع الـداخلي مسـتقل عن الأنشطة التشغيلية وعلاقتها المتداخلة والأدوات الرقابيـة المرتبطـة بهـا. أيضاً يمتلك المراجع الداخلي مقدرة التحليل والحكـم عـلى سـلامة النشـاط، التـي تعد ضرورية لتقويم فعالية الرقابة.

(4) ان المراجع الداخلي يمتلك خاصية مميزة وهي قدرته عـلى الإقـتراب مـن مختلـف المشـكلات مـن خـلال السـجلات الماليـة الرئيسـة. وهـي إحـدى مسؤوليات المراجع

الداخلي. فعن طريق هـذه السـجلات المالية يسـتطيع المراجع الـداخلي التحرك بفاعلية أولاً إلى الأنشطة المالية(أو ما يرتبط بها من أدوات رقابية ماليـة)، إلى الأنشطة التشغيلية الأخرى(وما يرتبط بها من وسائل رقابة مالية وتشغيلية).

(5) اقتراب المراجع الداخلي من المناطق التشغيلية يعطيـه ميـزة خاصـة في التعامل مع مشكلات المنظمة.

وقد أشار بيان معهد المراجعين الداخليين(الرقابة: معناها وإنعكاساتها على الأداء المهني للمراجعة الداخلية) إلى مسؤولية المراجع الـداخلي عـن الرقابة كمـا يلي: ينبغي أن يختص المراجع الداخلي بكل ما تهتم به الإدارة. ولهـذا ينبغـي أن تقوم المراجعة الداخلية بتقويم الوظائف الإدارية من تخطيط وتنظيم وتوجيـه مـن أجـل تحديـد مـا إذا كانت الأهداف قـد تحققت أم لا. وينبغـي أن يـوفر التقويم الذي تقوم به المراجعة الداخلية الضمان أو التأكيـد المعقول بوجـود مـا يلي:

(1) وضع الأهداف بشكل سليم.

(2) تخطيـط عمليـات الترخـيص والمراقبـة والمقارنـة الدوريـة وإنجازهـا وتوثيقها للوصول للأهداف المرسومة.

(3) تحقيق النتائج المستهدفة.

وهكذا يحقق إهتمام المراجع الداخلي بعملية الرقابة فوائد عاجلة، وأخرى في المدى الطويل. وبالتـالي يجب عـلى المراجع الـداخلي التـفهم الشـامل للعملية الرقابية، وتركيز جهوده على الوسائل التي تجعل الرقابة أكثر فعاليـة في شتى مواطن التشغيل.

تفهم المراجع الداخلي لحاجات الإدارة: دور الشراكة
Understanding Management Needs Partnership

الإدارة هي العميل الرئيس للمراجعة الداخلية. ولا شك ان لهذا العميل طلبات معينة طلبات ذات طبيعة متطورة. والحقيقة أن فعالية الإدارة لاتزال الاهتمام الرئيس لكل الأطراف المعنية. فإذا لم تدار المنظمات بشكل جيد فسوف يعاني جميع أفراد المجتمع. وفي الوقت ذاته أصبح دور الإدارة أكثر تعقيداً بسبب التغيرات السريعة في البيئة الخارجية، والأدوات الجديدة المتاحة للمديرين. كل هذه العوامل تتفاعل لتجعل مساعدة المراجع الداخلي للإدارة بكل الطرق العملية الممكنة ضرورية.

ونقطة البداية في خدمة المراجع الداخلي للإدارة هي ان يتفهم حاجاتها ومشكلاتها، وأن يكون هنالك دور الشراكة بين المديرين والمراجع الداخلي عند كل مستويات التشغيل. ويمتد دور الشراكة لمساعدة الإدارة في تحقيق أهدافها عند أقصى حد ممكن. ويحتاج المراجع الداخلي أن يفكر مثل المديرين كي تقوم علاقة الشراكة هذه فعلاً مع المديرين في جهودهم وسعيهم لتحقيق أهداف الإدارة. ويمكن تحقيق دور الشراكة هنا بعدة طرق. وفيما يلي المقومات الضرورية لإنجاز دور الشراكة وتحقيق النتائج المرغوبة:

(1)   القدرة على تقديم خدمات الحماية الأساسية، ولكن في الوقت ذاته مساعدة الإدارة في إنجاز التحسين المرغوب. بالإضافة إلى ذلك فإن مساهمات الحماية غالباً ما توفر أساساً مهماً لعمل المساهمة البنائية.

(2)   أن يكون يقظاً دائماً لاستخدام نقطة الاستقلال عن مسؤوليات التشغيل كمقدرة خاصة على تعيين القضايا ذات الأهمية الجوهرية للإدارة وتقويمها ودعمها.

(3)   المقدرة على الإرتباط مع المديرين بطريقة مقنعة عند كل المستويات الإدارية. وهذا فرع من الفهم التشغيلي بالإضافة إلى فهم طريقة الفرد وسلوكه.

(4) تجنب إغتصاب دور الإدارة، وتجنب الاستخدام غير الملائم للسلطة المتاحة للإدارة. مثل هذه الأعمال تولد مقاومة الجبهات محل المراجعة وبالتالي تتعذر إقامة علاقات بناءة معها.

(5) تركيز الإستراتيجية يكون على الرقابة لاعتماد مجالات التشغيل وتحليلها واستعراضها. وحيث إن الخبرة الفنية للجهة أو القسم محل المراجعة دائماً تكون نموذجية، فإن التركيز على الرقابة يوفر تبريراً أكثر قبولاً للمساعدة التي تقدمها المراجعة.

(6) الانسجام المستمر بين الاهداف المساعدة عند مستويات الأقسام محل المراجعة، مع ضرورة الإيضاح المتزايد عن الرفاهة التنظيمية الكلية.

ويترتب على ما سبق، أن خدمات المراجعة الداخلية للمنظمة من خلال مساعدة الإدارة في كل المستويات، تعتبر هدفاً رئيساً للمراجعين الداخليين المتهنين. وهذه الأهداف تبرر كل جهد ممكن من جانب المراجع الداخلي، كي يرى وظيفة الإدارة من خلال عيون الإدارة، لتقديم كل مساعدة ممكنه لتعظيم إنجاز أهداف جميع المديرين. إن مشكلات الإدارة معقدة جداً ومتغيرة باستمرار في ضوء كل من عوامل البيئة الخارجية والداخلية. وهذا يعني تزايد احتياجات الإدارة لمساعدة المراجعين الداخليين، وسوف ترحب الإدارة، في أغلب الحالات، بالمراجعة الداخلية عند ظهور مقدرة المراجع الداخلي ومصداقيته.

الرقابة التنظيمية: دور المراجع الداخلي

Organizational Control: The Role of The Internal Auditor

الرقابة أحد العناصر الرئيسة للعملية الإدارية، وتعتمد على مبادئ التفويض والتحفيز والوضوح، وتحديد قنوات الإتصال اللازمة. وتعتبر الرقابة التنظيمية جزاء رئيساً من العملية الرقابية، وتختص بالتغطية التفصيلية لنشاط التنظيم، كما أنها تتعلق

ببيئة عمل المنظمة. وكما أثرنا من قبل: فإن المشكلة الرقابية تعتبر محور الاهتمام الرئيس للمراجعة الداخلية. كما أن الرقابة التنظيمية أحد الأنواع المهمة للرقابة التي تعد من الإهتمامات الرئيسة للمراجع الداخلي.

هذا و يعتبر اهتمام المراجع الداخلي بالرقابة التنظيمية امتداداً منطقياً لاختصاصه بعملية الرقابة الكلية، باعتبارها جزءاً من هدفه الكلي في خدمة الإدارة. والسؤال الذي يطرح نفسه هو: كيف يمكن للمراجع الداخلي أن يجعل مساهمته في مجال الرقابة مهمة جداً. يمكن للمراجع الداخلي أن يحقق ذلك في مجال الرقابة التنظيمية على النحو التالي:

(1) الاهتمام بالتأسيس الفعّال للرقابة التنظيمية: ويتبلوّر هذا الإهتمام في التأكد من أن المنشأة لديها برنامج ملائم للرقابة التنظيمية(يتناول طبيعة ومجال الرقابة التنظيمية). وبالتالي فإن دور المراجع الداخلي هنا، هو نفسه عند أي جزء من النظام الرقابي، المساعدة - ولكن دون تحمل المسؤولية المباشرة - في توفير الرقابة التنظيمية السليمة.

(2) التركيز المباشر على الرقابة التنظيمية: ويتبع ذلك عدم وجود قيود أكثر على سلطة المراجع الداخلي ومسؤوليته عند مراجعة برنامج الرقابة التنظيمية عند اي مستوى عمّا يكون عليه عند الأنواع الأخرى من أنشطة التشغيل. وقد تكون القيود العملية هي نفسها في اي مجال تشغيل، وهي مستوى الكفاءة ومدى الحقائق المرتجعة من الإدارة العليا. ولا شك أن الترتيبات التنظيمية تتضمن بعض القضايا الإدارية الحساسة: إذ يتعين أن تعمل مع الأفراد، خاصة الذين هم في المستويات الإدارية العليا. ومع ذلك فإن هنالك مبرراً قوياً للاهتمام من جانب المراجع الداخلي ؛ وهو أن الترتيبات التنظيمية تعد وحدات البناء الرئيسة للأداء الإداري الفعال.

(3) إحاطة المراجع الداخلي وإطلاعه على الترتيبات التنظيمية للعمليات التي تخضع للمراجعة: يمكن التعبير عن اهتمام المراجع الداخلي في مجال الرقابة التنظيمية من خلال فحوصات المراجعة الداخلية المنتظمة لأنشطة التشغيل الخاصة بالمنشاة. ويتم البدء في ذلك، عندما يقوم المراجع الداخلي بعمله التمهيدي من خلال فحص واستعراض مدى الترتيبات التنظيمية الموجودة ونطاقها. وقد يحدث هذا الفحص جزئياً في إدارة المراجعة الداخلية، كما قد يحدث أيضاً على مستوى الميدان. ويكون الغرض الرئيس في هذه المرحلة هو تفهم طبيعة العمليات الخاصة التي يجب أن تخضع للمراجعة، مع الترتيبات التنظيمية لها، وفي الوقت ذاته تكون لدى المراجع نقطة مرجعية،يمكن أن تستخدم فيما بعد في تحديد آلية عمل الترتيبات التنظيمية في الممارسة الفعلية.

(4) الربط بين الترتيبات التنظيمية وجوانب القصور أو الضعف التشغيلية: يمكن أن يؤدي الفحص المراجعي إلى بيان قصور أو ضعف في الترتيبات التنظيمية: فمثلاً قد لا يجد المراجع الداخلي خريطة تنظيمية حديثة عند القيام بالأعمال التمهيدية للمراجعة. كما أن المراجعة قد تؤدي بشكل مباشر إلى بيان اختلافات جوهرية بين الترتيبات التنظيمية المرسومة والمنفذة. في هذه الحالة ينبغي ان يعالج هذا القصور باهتمام.

ورغم ذلك فإن هنالك نوعاً آخر من التطوير في دور المراجعة الداخلي يمكن أن تترتب عليه نتائج مهمة. ويكون ذلك عندما يجد المراجع الداخلي قصوراً جوهرياً او مشكلة من نوع ما: فإنه يتحقق من العوامل المسببة لذلك: إذ أنه في موقع ممتاز يمكنه من تحديد ما إذا كانت الترتيبات التنظيمية الرئيسة وإدراكها يوفر الأساس لتقويم سلامة ترتيبات تنظيمية معينة سبق وضعها، ويعد ذلك من المساهمات الجيدة للمرجع الداخلي.

(5) تطبيق الرقابة التنظيمية على إدارة أو قسم المراجعة الداخلية: يتطلب ذلك أن يدرك مدير إدارة المراجعة الداخلية مسؤولياته التنظيمية، وأن يكون يقظاً للتطورات والتغيرات التي قد تتطلب تغيير في الترتيبات التنظيمية لإدارته. وسوف نعرض لتنظيم أعمال المراجعة الداخلية وتخطيطها في الفصل الرابع.

الحاجة للمراجعة الداخلية Need of Internal Auditing

تم إدراك الحاجة إلى المراجعة الداخلية في كل من الولايات المتحدة وكندا منذ وقت طويل. ففي الولايات المتحدة وعقب تعرض عدد من الشركات الأمريكية للفشل والإفلاس، حمّل القانون عام(1977 م) إدارات الشركات المساهمة مسؤولية وجود نظم رقابة داخلية ملائمة. وأكد هذا التطور على الحاجة إلى مراجعة فعالة تضمن وجود نظم رقابة داخلية ملائمة وفعالة. ورغم تباطؤ تطور المراجعة الداخلية في المملكة المتحدة، عن امريكا الشمالية، إلا انها الآن معروفة كأداة إدارية مهمة تسهم بفاعلية أكبر في تنفيذ سياسات الشركة وتحقيق أهداف الإدارة.

ويتطلب تحقيق فعالية المراجعة الداخلية أن تكون مستقلة عن العمليات التي تخضع للفحص والمراجعة، ولكن من المتوقع أن تنصح الإدارة وترشدها عن طرق تحسين الأداء التنظيمي. وهذا يتطلب أهمية إعطاء المراجع الداخلي حق الملاحظة، وعمل الإستقصاءات كي يعبر عن رأية ويقدم توصياته. إلا أنه لا ينبغي أن تكون له أي سلطة لعمل تغيرات من أي نوع. ويعتبر العنصر الرئيس في دور المراجع الداخلي هو تأكيد ملائمة الرقابة الداخلية للإدارة وفعاليتها. وفي حالة عدم ملاءمتها أو عدم فاعليتها، يقدم المراجع توصياته بالتحسينات الممكنه التي تساعد في تحقيق أهداف المنشأة وعلى ذلك فإن المراجعة الداخلية أداة نفيسة(لا تقدر بمال) لتعزيز محاولات الإدارة عن طريق تحسين نوعية الرقابة. وفيما يلي بعض الأمثلة المعينة التي تبين الحاجة إلى المراجعة الداخلية:

منع وتقليل الأخطاء
Error Prevention and Detection

تحتاج الإدارة معلومات موثوق بها لمراقبة الأداء بشكل مستمر في نطاق مجالات مسؤولياتها. وأخطاء معالجة المعلومات وتجميعها أو التقرير عنها سوف يقلل من مصداقيتها وينقص منفعتها، كما يؤدي إلى رقابة غير فعالة. وبالتالي تكون هنالك حاجة إلى تقليل الأخطاء ومنع تكرارها.

وقد تحدث الأخطاء بسبب الانحراف عن نظم الشركة وقواعدها بسبب فشل سياسات الفحص. مثل هذه الأخطاء نتيجة ضعف الاجراءات أو الفشل في ملاحظتها، أو نتيجة غياب إجراءات الرقابة الفعالة.

ويتوقع أن تكون للمراجعين الداخليين معرفة كافية وخبرة بإجراءات الرقابة، وأن يكونوا قادرين على تقديم النصح المقبول. وتعتبر أعمال الضبط والفحص الداخلي، ومنع تقليل الأخطاء مسؤوليات إدارية. ويعتمد المديرين على وظيفة المراجعة الداخلية للحصول على التوجية وضمان ملاءمة نظم الرقابة الداخلية، والقدرة على تصحيح الأخطاء ومعالجتها بسرعة.

إستبعاد أسباب الإسراف والضياع Waste Elimination

يتحدد نجاح الإدارة على ضوء أدائها في إنجاز الأهداف المحددة بوضوح. ويعتبر تحقيق أقصى ربح هو الهدف النهائي في تنظيمات قطاع الأعمال، بينما يعتبر تحقيق الاستغلال الأمثل للموارد هو الهدف الرئيس في تنظيمات القطاع العام. وفي جميع الأحوال ستؤدي أسباب الإسراف والضياع إلى عدم كفاءة الأداء. وينشأ الإسراف والضياع بسبب نقص أدوات الرقابة. ويمكن أن ينشأ الإسراف والضياع بسبب:

(1) الضـعف التنظيمـي عنـدما لا تـتم مقابلـة المسـاءلة المحاسـبية مـع السلطة أو مقابلة المهارات بالأعمال والواجبات.

(2) ضعف جودة القرارات بسبب عدم معولية الرقابة.

(3) عدم الاستخدام الكفء للموارد في حالة عدم ملائمة تخطيط وتنسيق عمليات المنشأة.

(4) المغالاة في تكاليف التوظيف بسبب إهمال الحوافز وعدم وضوح وملائمة الإشراف والتوجية.

(5) مخاطر الشراء بسبب عدم التحديد الدقيق للأصناف أوضعف عملية التفويض بالشراء.

(6) الاستهلاك المفرط بسبب عدم دقة المعايير أو عدم التعويل عليها في الرقابة.

(7) انكماش المخزون أو تقليصه بسبب الإهمال.

(8) تآكل قيم الأصول والموارد الأخرى بسبب إهمال الحاجة إلى حمايتها.

(9) المخالفات والسرقات بسبب فشل الإدارة في منع الأخطاء والمخالفات وتعزيز عامل الأمانة.

ويتضمن نطاق المراجعة الداخلية الحديثة الفحص التشغيلي متضمناً الفحص الانتقادي لجوانب الكفاءة والفعالية ويتضمن هذا العمل فحص مدى فعالية تنفيذ سياسات الإدارة، وتحديد كفاءة واقتصادية عمليات المنشأة، وتقويم النتائج في ضوء أهداف الإدارة.

وعن طريق تحديد مواطن حدوث الضياع والإسراف وتحديد والمجالات الرقابية التي تحتاج إلى تدعيم، فإنه يمكن ترتيب الأولويات عند إتخاذ الاجراءات المصححة. وبهذه الطريقة فإن المراجعة التشغيلية توفر خدمة قيمة في مساعدة الإدارة على تحسين الأداء التشغيلي.

الحاجة إلى رقابة موثوق بها(يعول عليها) Reliable Monitoring

قد تضعف عملية إعداد التقارير الإدارية نتيجة لضعف النظام الـذي يعطي معلومات غير دقيقة أو غـير كاملـة، أو حتـى معلومـات زائـدة تزيد مـن عبء الإدارة في التعامل معها. وقد يرجع ضعف النظام إلى التصميم الخاطئ وإلى الحاجـة إلى التعـديل للتمشي- مـع الظروف المتغيـرة والى الإنحرافـات في التطبيق وبذلك فإن المعلومات الناتجة قد تكون مضللة أوغير ذات معنى.

تؤدي أخطاء التقرير هـذه إلى قـرارات إداريـة غـير صـحيحة، وبالتـالي تكون هنالـك حاجـة منفصـلة لمواجهـة تحديات التغـير، لتحقيـق المصداقية والمعولية والرقابة للمعلومات المستخدمة أساساً لإتخاذ القرارات الإدارية. وهذا هو الدور الرئيس للمراجعة الداخلية. كما أن منع فشل الرقابة، وتحديد الأخطاء وتصحيح مواطن الضعف في التقرير، كلها عوامل تساعد الإدارة على إدارة شـؤون المنشأة بشكل أكثر فعالية وعلى الإستخدام الكفء للموارد

الإلتزام بالقوانين Compliance with Laws

يفرض التشريع عبء متزايداً من الإلتزامات القانونية على جميع المنشآت: مثل إلتزامات الضريبة والتزامات حماية البيئة، والتزامات تجاه الجمهور والعملاء والعاملين والمساهمين. وتتحمل إدارة الشركة مسؤولية الوفـاء بهـذه الإلتزامـات، ويتعين أن تكون قادرة على وضع نظم للرقابة الداخلية تضمن الإلتـزام بالقوانين والنظم الموضوعة.

ويعتبر ذلك دوراً رئيساً آخر للمراجعة الداخلية يتضمن فحص ملائمة مثل هذه النظم الرقابية وفعاليتها. وسوف يكشف هذا الفحص عن الحاجة إلى التعديل، وعن مواطن الضعف أو الفجوات. كما أنه سوف يعطي الإدارة تأكيداً مناسباً بمدى الإلتزام بالقوانين.

وفي مجالات الالتزام بالقوانين قد يكون المراجع الخارجي مطلوباً ليقوم بفحص مماثل، وينبغي بذل كل الجهد لتجنب الإسراف في استنفاد الموارد عن طريق ازدواج الجهود اللازمة.

منع الغش والمخالفات Fraud Prevention and Detection

تؤدي العيوب الأخلاقية في شخص القائمين على السلطة، أو على رعاية مواردها إلى وجود الأخطاء والمخالفات. وتعتبر المراجعة الداخلية رادعاً للإنحرافات الخلقية ونقض الثقة، إذ من المفترض أن نعتبر توفير المراجعين الداخليين جزءاً من جدار(بناء) الثقة في الشركة. وتقوم استفسارات المراجعة على إفتراض مسبق أنه لا يحدث نقض للثقة عن طريق التواطؤ أو غيره. كما يجب أن يتجنب المراجعون الداخليون افتراض الغش والتلاعب. مثل هذا الإتجاه قد يدمر مصداقيتهم وينفرهم من كل شخص في موضع ثقة. ومع ذلك فإن كل مراجع داخلي عليه أن يكون يقظاً في جميع الأوقات لاحتمالات حدوث المخالفات.

وتمثل السرقات والإختلاسات والتلاعب والغش وغيرها من الأفعال غير القانونية التي ترتكب ضد الشركة مظاهر للإسراف وعدم الكفاية. وكما هو الحال مع كل التهديدات الأخرى لأداء الإدارة، فإنه ينبغي تقويم احتمال حدوثها، وأيضاً الأخطار المحتملة، ووضع أولويات للإجراءات المصححة عن طريق دعم نظام الرقابة. ومع ذلك فإن العامل المهم عند تقدير المخاطر المحتملة هو الطبيعة المؤثرة للجريمة، وهي في الغالب تتزايد في البيئة التي لا تمنع حدوثها.

من مسؤولية الإدارة منع الغش والتلاعب. ومن الضروري تهيئة منـاخ الأمانة والثقة داخل الشركة لمنع التصرفات الخاطئة. ويتحقق ذلك بصـفة أساسياً عن طريق إظهار أمانة ومعتمدية الإدارة وذلك مـن خـلال السـلوك النمـوذجي، ويجب عليها أيضاً أن تتعامل بحزم وبشكل عـادل مـع كـل الانحرافات لكشـفها، وجعلها معروفة. وتقوم وظيفة المراجعـة الداخليـة بـدور مهـم في دعـم أهـداف الإدارة في هذا المجال. وينبغي ان تكون المراجعة الداخلية على درجة من الكفاءة لتوفير الإرشادات والاجراءات اللازمة لمنع الغش والتلاعب، وإدارة أيـة فحوصـات لتقليل الغش إذا ما توفر سبب يبعث على الإعتقاد بحدوث الغش والتلاعب.

المنافع والمسؤوليات Benefits and Responsibilities

تحتاج الإدارة العليا معرفة مدى فهـم سياسـتها ومتابعتها في التنظيـم ككل، ومدى الوفاء بالالتزامات القانونية. وكلما كان التنظيم أكثر تعقيـداً إزدادت الحاجة إلى هذا التأكيد. إن نوعية القرارات الإدارية لتحديـد الرخـاء المسـتقبلي سوف تعكس معوليـة Reliability التقارير الماليـة التي سـتقوم عـلى أساسـها. فالتقارير المالية غير الموثوق بها من غير المحتمل أن تكـون ذات مغـزى كما أنهـا تكون مضللة.

على المراجع الداخلي تكوين الأحكام والآراء المتعلقة بسلامة نظام الرقابـة الداخلية وفعاليته، وسوف يتوقع المراجع الداخلي مسـاءلة الإدارة عـن إعتمادهـا على أي ضمان أو تأكيد يعطي لها. وبالمثل فإن مقترحـات وتوصيات التغير قـد تكون لها آثار مهمة وذات مغزى، إلا أنها يجب أن تكون ممكنـة وعـلى المراجـع الداخلي أن يؤهل نفسه، وأن يتوقع صعوبات عند توجيهها إلى الإدارات المعنيـة والمسؤولة. ورغم أنه ليس من المتوقع أن يكـون نجـاح المراجـع الـداخلي مؤكـداً فإنـه لـن يؤسـس ويـدعم المصـداقية إلا عـلى أسـاس سـجل بالأحكـام المؤيـدة والسليمة.

إن دعم الإدارة في التنظيم ككل من منظور محايد يضع المراجع الداخلي في موقع مميز لإدراك وفهم مجالات وفرص التحسين. فعند حدوث المشكلات، ومن خلال استخدام الخبرة في التعامل مع المشكلات المشابهة، فإن المراجع الداخلي يكون قادراً على القيام بدور فعال بوصفة أداة للتغير Agent for Change .

كل هذه مسؤوليات شاقة لوظيفة المراجعة الداخلية، تتطلب مهارات معينة، وصفات شخصية في كل القائمين بأعمال المراجعة الداخلية. تحتاج مثل هذه المهارات والخصائص إلى تضمنيها في المعايير اللازمة لممارسة المراجعة الداخلية كأساس لضمان وتأكيد جودة خدمات المراجعة الداخلية.

مفهوم المراجعة الداخلية وطبيعتها و أهدافها
Natural Objectives, Internal Auditing: Meaning

يربط الإتجاه التقليدي للمراجعة الداخلية بين تحديد مفهوم المراجعة الداخلية والشخص أو الجهاز القائم بها من ناحية، كما يربط بين تحديد طبيعة المراجعة الداخلية ومجالها أو نطاقها من ناحية أخرى. وبذلك يمكن تعريف المراجعة الداخلية: بأنها مراجعة يقوم بها شخص أو جهاز داخل المنشأة ويتبع إدارتها. وينحصر ـ اهتمام المراجعة الداخلية بمقدرة المنشأة على الإستجابة للظروف المتغيرة ومتابعة تحقيق الأهداف والسياسات المرسومة للمنشأة.

ويعتبر التعريف الذي قدمه معهد المراجعين الداخليين في الولايات المتحدة الأمريكية في نشوة مسؤوليات المراجع الداخلي من أكثر التعاريف ملائمة:

" وظيفة المراجعة الداخلية هي نشاط تقويمي مستقل يستهدف مراجعة العمليات المحاسبية والمالية وغيرها باعتبارها أساساً لخدمة الإدارة. وهي رقابة إدارية تختص بقياس فعالية الأدوات الرقابية الأخرى وتقويمها ".

وبتأمل المصطلحات الرئيسة في هذا التعريف نجد أن:

(1) "المراجعة" من زاوية ضيقة، تعني فحص الدقة الحسابية أو فحص الأصول الموجودة. ومن زاوية أخرى أوسع تعني إستعراض أنشطة المنشأة وقياسها وتقويمها.

(2) "داخلية" تعني أن أعمال المراجعة ينفذها موظفو المنشأة وذلك لتمييزها عن أعمال المراجعة التي يقوم بها المراجع الخارجي أو أطراف من خارج المنشأة.

(3) "مستقل" تعني عدم خضوع أعمال المراجعة لأية قيود تحد بشكل جوهري من نطاق وفعالية عملية الفحص والتقرير عن النتائج.

(4) "قياس وتقويم" بمعنى المقارنة والاستنتاج الحكمي وتكوين الرأي وهذا هو الدور الفعلي للمراجعين الداخليين وهو القياس والتقويم في مجالات مختلفة.

(5) "الرقابة الإدارية" أي أن المراجعة الداخلية أحد أنواع الرقابة الإدارية وتختص بقياس فعالية أدوات الرقابة الأخرى وتقويمها.

وفقاً لما سبق فإنه يمكن التمييز بين هدفين رئيسين للمراجعة الداخلية هما:

الأول: هدف الحماية

الثاني: هدف البناء

ويتوقف تقديم أحد الهدفين على الآخر على فلسفة الإدارة ومدى حاجاتها لتحقيق احدهما أو كلاهما وفيما يلي عرض موجز لكلا الهدفين:

هدف الحماية

ركـزت وظيفـة المرجعـة الداخليـة عنـد نشـأتها عـلى تحقيـق هـدف الحماية من خلال القيام بأعمال الفحص والمطابقة لما تـم فعـلاً، وتحديـد مـدى إتفاقه مع أو اختلافه عن المقاييس الموضوعة ضد الخطأ والغش. وترتبط أعـمال الفحص والمطابقة هـذه بـأداء طبقـة الإدارة الـدنيا في الهيكـل التنظيمـي، وهـي بطبيعتها تتناول الأداء الماضي. وعلى هذا فإن قبول كل مـن الإدارة العليـا والإدارة الدنيا في التنظيم للاعمال التي تستهدف تنفيذ هدف الحماية يرجع إلى:

(1) أن هـدف الحمايـة يرجـع إلى النشـأة التاريخيـة لوظيفـة المراجعـة الداخلية. إذ أن فحص الأداء الماضي أسهل كثيراً من تقويم أحداث مستقبلية.

(2) أن تحقيق هدف الحماية يعتمد على النظام المحاسبي المالي، ونظـام الرقابة الداخلية وكلاهما من صنع الإدارة ومسؤوليتها، وأن الإدارة غالباً ما تفترض أن مجرد تطابق الأداء الفعلي مع المقاييس الموضوعة التي تتضمنها الأنظمة، هـو مؤشر مهم لمدى نجاح الأنظمة.

(3) أن تحقيـق هـدف الحمايـة مـن خـلال المراجعـة الماليـة وبواسـطة المحاسبين قد اكتسب الشرعية لأنه ارتبط تاريخياً بنشأة المحاسبة المالية.

وتتضمن أهداف الحماية المحافظة على مايلي وضبطه:

1- سياسات الشركة.   2- الإجراءات المحاسبية

3- نظم الضبط الداخلي.   4- العناية بالسجلات.

5- العناية بقيم الشركة.   6- أنشطة التشغيل.

7- وظائف أخرى.

هدف البناء

يتحقق هدف البناء من خلال اقتراح وظيفة المراجعة الداخلية للعلاج، والتوصيات بنتيجة الفحص والتقويم وبصفة خاصة أثناء عمليات مراجعة الأنشطة فإن المراجع الداخلي يواجه بمعارضة الإدارة الوسطى والدنيا في التنظيم، ذلك لأن المراجع الداخلي عند قيامه بوظيفة مراجعة العمليات، لا يقوم بفحص النظام الموضوع بواسطة الإدارة وتقويمه - كما هو الحال في المراجعة المالية- أنما يقوم بمراجعة وتقويم مدى تطابق العمل الإداري مع النظام، أي تقويم عمل الأدارة ذاته.فإذا وجد المراجع خطأ ما في العملية الإدارية أي لا تتفق مع الأنظمة والسياسات، فأنه يرفع تقريره عن الخطأ في إدارة هذا النشاط، ولهذا فإن رجال الإدارة الوسطى والدنيا غالباً ما يعارضون قيام المراجع الداخلي بهذه المهمة ضمن وظيفته.

وفي الوقت الذي تقبل فيه الإدارة بسلطة المراجع الداخلي في القيام بالمراجعة المالية لتحقيق هدف الحماية فإنها قد تعارض سلطة المراجع الداخلي في القيام بالمراجعة التشغيلية لتحقيق هدف البناء.

وطبقاً لنشرة معهد المراجعين الداخليين فإن وظيفة المراجعة الداخلية تتضمن الأنشطة التالية:

(1) مراجعة العمليات المحاسبية والمالية.

(2) الفحص والتقويم لمدى السلامة والكفاية في تطبيق ادوات الرقابة المحاسبية والمالية.

(3) تحقيق مدى الالتزام بالسياسات والإجراءات والخطط المرسومة.

(4) التقويم لمدى الملاءمة والسلامة والكفاية في إجراءات المحاسبة عـن الأصول وحمايتها.

(5) تناول أداء التنظيم ككل ومقترحات تطوير وتحسين الأداء.

إطار عملية المراجعة الداخلية
Internal Auditing Framework

يمكن تقسيم نشاط المراجعة الداخلية بحسب طبيعة العمليات إلى أربعة أقسام، تحدد إطار المراجعة الداخلية كما يظهر في الشكل(3/2):

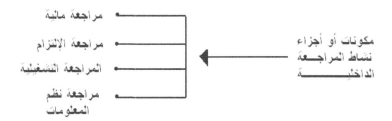

الشكل 3/2 إطار عملية المراجعة الداخلية

المراجعة المالية Financial Audit

وتتمثل في النشاط الذي يقوم بـه المراجع الـداخلي في الفحص والمراجعة للجوانب المالية ونظم الضبط والرقابة في المنشأة. وتتركز اهتمامات المراجع الداخلي في التأكد من تـوفر الحماية الكافيـة للأصول والسجلات، والعمـل عـلى إكتشاف ومنع الأخطاء والمخالفات.

مراجعة الإلتزام Compliance Audit

وتتمثل في النشـاط الـذي يقـوم بـه المراجـع الـداخلي لمراجعة الالتـزام بالمتطلبات النظامية والقانونية، وأيضاً ضمان الإلتزام بالسياسات والإجراءات التي ترسمها الإدارة ومجلس المديرين.

المراجعة التشغيلية Operational Audit

وهي إمتداد للمراجعـة الداخليـة لتشـمل مراجعـة الأنشطة والسياسـات والإجراءات والعمليات للتحقق من كفايتها وانتظامهـا، وذلـك بهـدف مراجعتها وإعداد التقرير وتقديم التوصيات اللازمة للإدارة.

وبالتالي فإن المراجعة الداخلية يمكنها أن تتوسع لتشمل الجوانـب الإداريـة عند القيام بالإختبارات التي تجري عـلى المخزون،يقـوم أيضاً بتقويم مسـتويات المخزون ومـدى كفايـة التسـهيلات المخزنيـة بالمنشـأة. وبالتـالي يمكـن أن يتوسع المراجع الداخلي في نشاط التقويم ليغطي الجوانب الإدارية لعمليات المنشأة.

مراجعة نظم المعلومات Information System Audit

وتتمثل في ذلك النشاط الذي يقوم به المراجع الـداخلي في المنشآت التـي تتبع نظم الحاسوب للتأكد من إكتمال هـذه النظم ومأمونيتهـا، وأيضاً الرقابـة الداخلية في بيئة الحاسوب، بالإضافة إلى الفعالية الفنية للنظم الإلكترونية.

وجدير بالذكر أنه عند تصميم برنـامج المراجعة الداخليـة، توافق الإدارة على إستخدام هذه الأنواع الأربعة لإنجاز مهام وظيفة المراجعة الداخلية. ويمكن تصنيف هذه الأنواع الأربعة من حيث الوظيفة إلى:

(1) المراجعة المستمرة Continuous

(2) المراجعة الدورية Periodic

كما أن المراجعة المستمرة يمكن تصنيفها إلى:

(أ) المراجعة السابقة.

(ب) المراجعة اللاحقة.

وعادة ما تستخدم المراجعة المستمرة(السابقة) عند الرغبة في التحقق من جميع العمليات بشكل مستقل قبل الانتهاء منها. ويتم القيام بهذا الشكل من المراجعة عند تنظيم المراجعة الداخلية على مستوى القسم، مثل مراجعة النفقات ومراجعة حسابات الدائنين ومراجعة الرواتب. أما المراجعة المستمرة(اللاحقة) فهي تختلف عن سابقتها من حيث توقيت القيام بها فقط إذ يقوم بها المراجع بعد الإنتهاء من العملية محل الفحص. أما المراجعة الدورية فيقوم بها المراجع المستقل بشكل دوري لتحقيق الفحص الدوري للعمليات.

وبشكل عام فإن إستخدام نوع من المراجعة الداخلية يعتمد كلية على الوضع التنظيمي للمراجعة الداخلية والأهداف المنوطة بها. فالمراجعة الداخلية لا تعمل في شكل(قوالب جاهزة) بل ينبغي أن تكون من نوع(التفاصيل بحسب الحاجة) حتى تكون فعالة وقادرة على خدمة أهداف الإدارة.

معايير التدقيق الداخلي الدولية الصادرة عن معهد المدققين الداخليين في الولايات المتحدة الأمريكية:IIA

أن توافر معايير للإداء المهني يعتبر من المقومات الاساسية التي ينبغي توافرها لأي عمل مهني متطور ناجح ولتنفيذ اعمال التدقيق الداخلي في بيئات متعددة

الأشكال داخل المنشـآت والتي تختلـف في الهـدف والحجـم والهيكـل وبواسطة أفراد من داخل المنشأة. هذا الاختلاف ممكن أن يوفر ممارسة التدقيق الداخلي في كل بيئة.

أهداف المعايير:

1. رسم الخطوط العريضة للمبادىء الاساسية لممارسة التدقيق الداخلي.
2. وضع إطار عام لإيجاد وتعزيز مدى أنشطة التدقيق الداخلي.
3. وضع الاساس لقياس إداء التدقيق الداخلي.

تتألف المعايير الدولية للتدقيق الداخلي:

(A)معايير الخواص: وهي المعايير التي تختص بالصفات الخاصة بالمنشآت والأفراد الذي يؤدون اعمال التدقيق الداخلي وتشمل:

1. وثيقة التدقيق وهي تشمل الأهداف والصلاحيات والمسؤوليات.
2. موقع دائرة التدقيق على الهيكل التنظيمي وموضوعية المدققين.
3. البراعة المهنية المطلوبة من المدققين لإنجاز اعمالهم بكفاءة ومهارة وخبره.
5. التدقيق على التدقيق من خلال برنامج الرقابة النوعية.

(B)معايير الإداء: فهي تصف طبيعة أنشطة التدقيق الداخلي وتضع المقاييس النوعية التي يمكن أن يقاس إداء التدقيق الداخلي بواسطتها وتشمل:

1. إدارة نشاط التدقيق من خلال إعداد الخطة السنوية المبنية على اساس تعميم المخاطر.
2. طبيعة العمل وذلك من خلال فحص وتعميم مدى وفعالية نظام الرقابة الداخلية والتوصية والتقييم.
3. التخطيط للمهمة (اعداد برامج التدقيق والذي يحتوي على الأهداف نطاق المهمة والإجراءات)
4. تنفيذ المهمة من خلال تقييم وتدوين معلومات كافية لتحقيق أهداف المهمة في الملف الدائم والجاري.

5. إيصال النتائج (التقارير)

6. المتابعة.

7. توضيح لقبول الإدارة بعدم تنفيذ بعض من توصيات المدققين (قبول درجة الخطر)

(C) معايير التطبيق: فهي تطبيق كل من معايير الخواص ومعايير الإداء في حالات محدده، مثل: اختيارات الإلتزام، التحقيق بالغش والاحتيال أو مشروع التقييم الذاتي للرقابة.

الفصل الثاني

2

فعالية وأنشطة المراجعة الداخلية

Auditing Effectiveness and Activities of the Internal

2

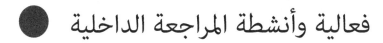 فعالية وأنشطة المراجعة الداخلية

Effectiveness and Activities of the Internal Auditing

مقدمة

أصبحت وظيفة المراجعة الداخلية من الوظائف المهمة لأغراض الرقابة والمساءلة المحاسبية. وبالتالي أصبح من الضروري التعرف على العوامل المحددة لفعالية وظيفة المراجعة الداخلية من ناحية، واستعراض الأنشطة الفنية المستخدمة في تنفيذ عملية المراجعة الداخلية بفاعلية في المجال المالي والمحاسبي والمجال التشغيلي من ناحية أخرى. ويستهدف ذلك دعم دور المراجعة الداخلية في خدمة أغراض الرقابة والمساءلة المحاسبية.

فعالية وظيفة المراجعة الداخلية

يقصد بفاعلية وظيفة المراجعة الداخلية مقدرتها على تحقيق الأهداف المنوطة بها وتعتمد فعالية وظيفة المراجعة الداخلية على العوامل الأربعة التالية:

(1)   تحديد أهداف واضحة للمراجعة الداخلية

(2)   تفويض السلطة للمراجع الداخلي.

(3)   استقلال المراجع الداخلي.

(4)   توفير الموارد اللازمة لوظيفة المراجعة الداخلية.

يحتاج دور وظيفة المراجعة الداخلية في المنشآت المختلفة إلى توصيف رسمي في الدستور الخاص بوظيفة المراجعة الداخلية. متضمناً تحديد أهدافها ونطاقها. كما يجب تحديد الترتيبات التي تكفل الإستقلال للمراجع الداخلي، وكذلك تحديد مسؤولياته وواجباته. وإقرار ميثاق أو دستور وظيفة المراجعة الداخلية يعزز مصدر السلطة المفوضة للمراجع الداخلي. ويجب على رئيس المراجعة الداخلية أن

يضمن – بالإتفاق مع الإدارة العليا – أن الموارد المطلوبة للوفاء بالأهداف متاحة. ونعرض فيما يلي لأهم العوامل المحددة لفعالية وظيفة المراجعة الداخلية.

تحديد اهداف واضحة للمراجعة الداخلية

يجب أن تقوم الإدارة بتحديد أهداف واضحة لوظيفة المراجعة الداخلية عند إنشائها مع أخذ المخاطر المفترضة في الإعتبار. وسوف تحدد هذه الإهداف نطاق وظيفة المراجعة الداخلية الذي ينبغي تحديده في دستور وظيفة المراجعة الداخلية.

وينبغي أن تتطابق أهداف المراجعة الداخلية مع أهداف الشركة وأغراضها، وأن تبدو تدعيماً لمساعي الإدارة نحو إنجاز السياسات والأهداف المرسومة. وبالتالي فإن أهداف وظيفة المراجعة الداخلية قد تتضمن السعي نحو الضمان أو التأكيد لأي مما يلي أو كلها:

(1)   دقة السجلات

(2)   منع الضياع وتقليل إرتكاب الأخطاء والمخالفات.

(3)   الإلتزام بالإجراءات الرقابية.

(4)   الإلتزام بسياسة المنشأة وأهدافها.

(5)   معولية إعداد التقارير للإدارة.

(6)   سلامة نظم الرقابة وفعاليتها.

(7)   الاقتصاد والكفاية والفعالية لعمليات المنشأة.

تفويض السلطة للمراجع الداخلي
Authority Delegation

تفويض السلطة داخل التنظيم أمر ضروري للقيام بالعمل وإنجازة. وتفويض السلطة الذي يعتمد على المهارة والمعرفة والخبرة ومعايير الأداء يعد ضرورياً للوفاء بالمسؤوليات الوظيفية. ويحتاج المراجعون الداخليون إلى تفويض السلطة لمباشرة أعمالهم، ومقابلة أفراد التنظيم، وفحص المستندات، وملاحظة العمليات من أجل جمع الأدلة للإثبات. وغالباً ما يفوض مجلس الإدارة السلطة للمراجع الداخلي ويصدق عليها.

وفي جميع الأحوال من الضروري للإدارة العليا ضمان الفهم والإدراك لدور وظيفة المراجعة الداخلية وغرضها عبر التنظيم كله. ويجب أن تكون حقوق المراجع الداخلي في الأصول للمعلومات والإتصال بالإفراد معروفة جيداً، كما ينبغي بيان حدود ذلك بوضوح تام. ولا شك أن الوفاء بمسؤوليات وظيفة المراجعة الداخلية يجعل من الضروري قيام المراجعين الداخليين بتكوين الأحكام والآراء اعتماد على تفسيرهم للأدلة والقرائن التي تم تجميعها. وسوف تعتمد فعالية وظيفة المراجعة الداخلية على مصداقيتها والتعويل عليها. ويعتمد ذلك على تأكد مديري المجالات والإدارات والعمليات التي تخضع للمراجعة من كفاءة المراجع الداخلي ومقدرته على عمل مثل هذه الأحكام والآراء عن العمليات المسؤولون عنها. ويتطلب ذلك أن يكون أفراد هيئة(إدارة) المراجعة الداخلية ذوي مهارات ومعرفة وخبرة ومكانة ملائمة.

هذا وينبغي ألا يكون للمراجع الداخلي سلطة تغيير أي شئ في المجالات الخاضعة للفحص. فالتغيير أمر إختياري تماماً للإدارة المسؤولة. أما دور المراجع الداخلي فهو الملاحظة وإعداد التوصيات اللازمة فقط.

وفيما يلي بعض الأمثلة على مصدر سلطة المراجعة الداخلية في أنواع مختلفة من التنظيمات في بريطانيا:

(1) تنظيمات قطاع الأعمال. تتعدد سلطة المراجعة الداخلية ومسؤولياتها في شركات قطاع الأعمال في شكل تعليمات وتوجيهات تصدرها الإدارة العليا. وفي تنظيمات القطاع الخاص تنشأ وظيفة المراجعة الداخلية فقط عندما يستشعر المديرون الحاجة إليها، ويفضل تحديد سلطة وظيفة المراجعة الداخلية ومسؤوليتها في دستور وظيفة المراجعة الداخلية الذي يعطي للمرجع الداخلي حق الحصول على المعلومات، والوصول إلى الأفراد والعمليات في ظل حدود واضحة. أيضاً يحدد نطاق فحوصات المراجعة الداخلية ومسؤوليات إعداد التقارير.

(2) تنظيمات الخدمة الصحية القومية. في عام 1956م أدركت وزارة الصحة رسمياً الحاجة إلى وظيفة المراجعة الداخلية في هذه التنظيمات ومجال نطاقها. وتتضمن مهمة مراقب الخدمات الصحية إقامة وظيفة المراجعة الداخلية بما يضمن وجود نظام مناسب للضبط الداخلي، مع تحديد بعض مجالات الخطر التي يجب أن تحظى بانتباه وظيفة المراجعة الداخلية مثال عدم فعالية المحاسبة عن الدخل، وعدم فعالية الرقابة على الإيرادات، وعدم الفصل بين المسؤوليات الوظيفية وضعف الرقابة على العمليات وأصول المستشفيات، وعدم ملاءمة سجلات المخزون.

(3) تنظيمات التعليم العالي، وضعت لجنة تمويل الجامعات في بريطانيا دليل ممارسة وظيفة المراجعة الداخلية وحددت المعايير التالية:

* الحاجة إلى وضع نظم سليمة للرقابة المالية والإدارية.

* شرط توفير نظام ملائم للمراجعة الداخلية.

* يجب أن توفر المراجعة الداخلية تقويماً مستمراً لكل العمليات لخدمة الإدارة.

* إيجاد قنوات ملائمة للإتصال بالإدارة العليا.

* اتباع مدخل النظم.

(4) في الحكومة المركزية. تتيح سلطة وظيفة المراجعة الداخلية في الحكومة المركزية في بريطانيا من توصيات لجنة الحسابات العامة CPA وفي عام 1983م انتقدت اللجنة نقص المهنية في المراجعة الداخلية في الحكومة المركزية وطالبت بزيادة عدد الأفراد المؤهلين. وبجانب هذه اللجنة طالبت لجنة خدمات المحاسبة الحكومية بأهمية توفير الأفراد المؤهلين تأهيلاً كاملاً للقيام بمراجعة داخلية حديثة وذات كفاءة. وقد حدد دليل المراجعة الداخلية الحكومة مسؤوليات المراجع الداخلي عن توفير المعلومات للإدارات الحكومية. كما أن هذا الدليل يغطي الأهداف، والمعايير، والممارسات، والمصطلحات المستخدمة.

(5) في قطاعات البناء تتحدد سلطة المراجعة الداخلية ومسؤوليتها في قطاعات البناء بواسطة التشريع Stature وتتضمن مسؤولية المراجعة الداخلية ضمان ملائمة الإجراءات المرتبطة بنظم الرقابة وفعاليتها، وتوفير المعلومات للإدارة، ومنع الأخطاء والتلاعب والإسراف.

إستقلال المراجع الداخلي Independence

ينبغي أن يتمتع المراجع الداخلي بالاستقلال على أساس الوضع التنظيمي، وعلى أساس الموضوعية التي تمكنه من الأداء السليم لواجباته. وكي تخدم المراجعة الداخلية هدف البناء: ينبغي أن تكون أحكامها غير متحيزة، ويتحقق ذلك فقط من خلال الموضوعية. واستقلال وظيفة المراجعة الداخلية يعني:

(1)   حرية التخطيط وتنفيذ العمل.

(2)   الإتصال بأعلى مستويات الإدارة.

(3)   التحرر من كل مسؤوليات التشغيل.

(4)   حرية تقرير التعيين والعزل والحفـز والمكافـأة لجميـع أعضـاء إدارة المراجعة الداخلية.

يجب أن يكون المراجعون الداخليون مستقلين تماماً عـن العمليـات التي يراجعونها، ويجب أن نراهم مستقلين. وأي إفتراض بتعـارض المصـالح يقلل من مصداقية النتائج والتوصيات التي تقدمها المراجعة الداخلية. ينبغي أن يتمتع المراجعون الداخليون بالأمانة الشخصية، والإعتقاد السليم في نتـائج العمـل الـذي يقومون بـه. وهكـذا ينبغـي عـلى وظيفـة المراجعـة الداخليـة حمايـة إسـتقلالها والحفاظ عليه، مما يجعلها قـادرة عـلى عمـل أحكـام وآراء غـير متحيـزة، والتـي يفترض أن تكون موضوعية. ولا ينبغـي أبـداً حـدوث أي تعـدي عـلى دور المـدير التنفيذي.

شروط إستقلال المراجع الداخلي

ينبغي توافر الشروط التالية لضمان إستقلال المراجع الداخلي وتأكيده:

(1)   يجب أن ترتفع المكانة التنظيمية للمراجع الداخلي وأن يتبع الإدارة العليا، وأن يتحرر من أية رقابة إشرافية أو مـن أي تـأثير مـن الإدارة في اي مجـال يخضع للمراجعة.

(2)   ينبغي أن يحظى المراجع الداخلي بالتأييد الكامل من الإدارة في كـل القطاعات. ويتضمن ذلك وضع دستور وظيفة المراجعـة الداخليـة الـذي يتضـمن تحديداً

واضحاً ورسمياً لأهداف وظيفة المراجعة الداخلية وسلطاتها ومسؤولياتها والوضع التنظيمي للمراجع الداخلي، ونطاق وظيفة المراجعة الداخلية.

(3) يجب أن يكون تعيين رئيس إدارة المراجعة الداخلية وعزله من اختصاص المدير العام أو لجنة المراجعة.

(4) يجب أن يكون تعيين أعضاء إدارة المراجعة الداخلية وعزلهم من إختصاص رئيس إدارة المراجعة الداخلية.

(5) يجب أن تكون لمدير المراجعة الداخلية حرية تحديد أولويات وظيفة المراجعة الداخلية بالتشاور مع المدير العام أو لجنة المراجعة.

(6) يجب أن يكون لمدير المراجعة الداخلية اتصال غير محدود بجميع مستويات الإدارة العليا متضمنة مجلس الإدارة ولجنة المراجعة.

(7) يجب أن يتمتع المراجع الداخلي بالاستقلال الذهني، وأن يكون قادراً على صنع الأحكام وإبداء الرأي بدون تحيز.

(8) يجب أن يتحرر المراجع الداخلي من تعارض المصالح الناشئ عن العلاقات المهنية أو الشخصية أو مع أي جهة أو مصلحة في مجالات تخضع للمراجعة.

(9) يجب أن يتحرر المراجعون الداخليون من التأثيرات غير الضرورية التي يمكن أن تؤثر جوهرياً على نطاق عملهم أو الأحكام أو الأداء التي يتم إصدارها في تقرير المراجعة.

دعامات إستقلال المراجع الداخلي

يرتبط تحقيق استقلال المراجع الداخلي بثلاث دعامات، أساسية هي: الموضوعية وتجنب تعارض المصالح والوضع التنظيمي للمراجع الداخلي، وسوف نعرض لهذه الدعامات على النحو التالي:

موضوعية المراجع الداخلي Objectivity

هنالك إجماع عام على الرغبة في موضوعية المراجع الداخلي. وعلى الرغم من اعتبار الموضوعية حالة من الإستقلال الذهني للمراجع، فإنه ينبغي استخدام جميع الوسائل القابلة للتطبيق لحماية هذه الموضوعية. والوسائل المطلوبة لتحقيق هذه الموضوعية تقع، إلى حد كبير، في أيدي المراجعين الداخليين أنفسهم. وفي حالات أخرى قد تكون الترتيبات أو الوسائل التي تضمن الموضوعية في أيدي أفراد أو مجموعات أخرى في المنشأة، والمهم في الحالة الأخيرة أن يستخدم المراجعون جميع الوسائل الممكنة لتوجيه الأطراف الأخرى في المنظمة وإعلامهم وإخبارهم بتأثيرهم على موضوعية المراجعين الداخليين وعند القيام بذلك يمكن للمراجعين الداخليين، أن يضمنوا الوضع المطلوب لتحقيق المستويات السليمة للموضوعية. وعموماً تمثل الموضوعية أو الإستقلال الذهني المقدرة على تطويره تمثل تحدياً كبيراً أمام المراجع الداخلي المهني فعلاً.

وتتطلب الموضوعية من المراجعين الداخليين أداء أعمال المراجعة بطريقة تعكس ثقتهم وإيمانهم في نتائج المراجعة وعدم خضوعها لتأثيرات الآخرين. وينبغي ألا يسمح بوضع يجعل المراجعين الداخليين يشعرون بعدم القدرة على إبداء أحكامهم وآرائهم المهنية بموضوعية. ويتضمن ذلك:

(1)   توزيع مهام المراجعة على كل المراجعين الداخليين مع مراعـاة عنـد تضارب المصالح والتحيز.

(2)   يرفع كل مراجع داخلي إلى رئيس المراجعة الداخليـة الحـالات التـي تتضمن تعارضاً في المصـالح. وهنا يقوم رئيس إدارة المراجعـة الداخليـة بإعـادة توزيع أعباء المراجعة على المراجعين الداخليين.

(3)   يجـب تـداول أعـمال المراجعـة أو تناوبهـا دوريـاً بـين المـراجعين الداخليين كلما أمكن.

(4)   يفترض ألا يكون للمرجع الداخلي أي سلطة تنفيذية. ورغم ذلك إذا تم تكليفه بأعمال أخرى بخلاف المراجعة، يجب أن يكون مفهوماً أنه يؤدي هذه الأعمال ليس بوصفه مراجعاً داخلياً.

(5)   يتطلب تأكيد الموضوعية ضرورة مراجعة النتائج التـي يـتم التوصـل إليها من عملية المراجعة قبل كتابة تقرير المراجعة.

وفي التنظيمات الصـغيرة التي تعـاني نقصـاً في المـوارد، وقـد يكون المراجع الداخلي أحد أفراد فريق صغير من العاملين غير التشغيليين الذي يملكون الخـبرة والمعرفـة. وهنا قـد يكون المراجـع الـداخلي مطالبـاً بالمشاركة في إدارة العمليات في أوقات ذروة النشاط أو عند حدوث مشكلات معينة.

وفي مثل هذا الموقف يجب أن يوضح المراجـع الـداخلي للإدارة أن قيامـه بهذا العمل لا يعتبر عملاً من أعمال المراجعة، وأن مشاركته وتضمينه في النشاط التشغيلي يحمل مخاطر بالنسبة لاستقلال وظيفة المراجعة الداخلية ومصداقيتها. بمعنى أنه يجب أن يفهم أن المراجع الداخلي إنما يقوم بهذا العمل، ليس بصـفته مراجعاً داخلياً.

فالموضوعية تقتضي عدم قيام المراجع الداخلي بمراجعة أعمال أو أنشطة له عليها سلطة او مسؤول عنها.

تجنب تعارض المصالح

ينبغي إعطاء عناية كبيرة لجميع المجالات أو المواطن التي يحتمل ان يحدث فيها تعارض للمصالح. وغالباً ما يتعين عمل تعديلات جوهرية على نظام الرقابة الداخلية أو عمل إجراءات معينة: وذلك للتكيف مع الظروف المتغيرة. ومن الطبيعي توجيه النصح بإستشارة وظيفة المراجعة الداخلية من أجل الحصول على الضمان والتأكيد بأن النظم أو الإجراءات المقترحة ستوفر أساساً ملائماً للرقابة الفعالة ووسائل فعالة للوفاء بأهداف الإدارة. ويراعى عدم الإجحاف بموضوعية المراجع الداخلي إذا ما تبين ضرورة إجراء تعديلات إضافية على نظم الرقابة أو على إجراءات معينة.

الوضع التنظيمي للمراجع الداخلي

يشير(Perrin 1972) إلى ثلاث درجات متاحة للوضع التنظيمـي للمراجـع الداخلي وتظهر في الشكل(3-1):

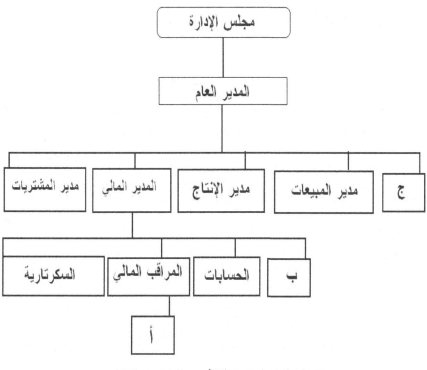

الشكل 1/3 الوضع التنظيمي للمراجع الداخلي

(أ)   تمثل أدنى مستوى تنظيمي للمراجع الـداخلي، الـذي يمكنـه مراجعـة النظام المحاسبي ولا يمكنـه مراجعـة بـاقي النـواحي الماليـة والمحاسـبية، وهـذا المستوى لا يساعد على تحقيق أهداف وظيفة المرجعة الداخلية.

67

(ب) تمثل الوضع التنظيمي التقليدي للمراجع الداخلي وهو تبعيته للمدير المالي. وفيه يتمتع المراجع بقدر من الإستقلال لمراجعة كل من النظم المحاسبية والوظيفة المالية والسجلات والمستندات، إلا أن عمله يصبح، تقريباً، تحت إشراف مباشر للمدير المالي، ورغم أنه الوضع التنظيمي الغالب للمراجع الداخلي إلا أنه لا يناسب تحقيق المراجع الداخلي الوظيفة المتطورة للمراجعة الداخلية.

(ج) وهو أعلى مستوى تنظيمي يجب فيه وجود المراجع الداخلي كي يطلق عليه أسم "المراجع الإداري" ويفضل معظم المديرون وجود المراجع الداخلي في هذا المستوى كي يضمنوا وجوده مرشداً لهم يقدم خدماته الفعاله وليس رقيباً عليهم.

فيما يلي الوضع التنظيمي المنشود لإدارة المراجعة الداخلية كما يظهر في الشكل(3-2).

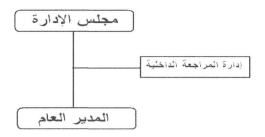

الشكل 2/3 : الوضع التنظيمي المنشود لإدارة المراجعة الداخلية

في ظل هذا الشكل يتبع المراجع الداخلي لمجلس الإدارة مباشرة وتظهر أهمية هذا الوضع التنظيمي للمراجع الداخلي فيما يلي:

(1) يوفر هذا الوضع التنظيمي حرية الحركة للمراجع الداخلي، فيرى المشروع كله أمامه ممتداً ومجالاً لفحصه ومراجعته.

(2) يحقق هذا الوضع التنظيمي للمراجع الداخلي خاصية الاقتراب من الإدارة، وبالتالي يرى بعين الإدارة ويعمل على تحسين العملية الإدارية، ومساعدة الإدارة من خلال ما يقدمه من مقترحات وتوصيات وحلول للمشاكل المختلفة.

(3) هذا الوضع التنظيمي يمكن من تزويد الإدارة العليا بالتقارير بشكل مباشر عن جميع مراحل العمل، سواء ما يتعلق بالجوانب الإدارية أو المالية.

(4) هذا الوضع التنظيمي يمكن المراجع الداخلي من الإتجاه نحو المهنية في المراجعة الداخلية.

وفيما يتعلق بموقف معهد المراجعين الداخليين من قضية استقلال المراجع الداخلي، فقد أصدر المعهد القائمة التي توضح المكانة الحقيقية للمراجع الداخلي في الهيكل التنظيمي، وقد جاء بالقائمة ما يلي:

السلطة والمسؤولية

تعدّ المراجعة الداخلية وظيفة استشارية أكثر منها وظيفة تنفيذية. أيضاً لا يمارس المراجع الداخلي سلطة مباشرة على أشخاص آخرين في التنظيم يقوم بفحص عملهم ومراجعته. وان للمراجع الداخلي حرية الفحص والتقويم للسياسات والخطط والإجراءات والسجلات.

الاستقلال

الاستقلال عنصر رئيس لفعالية برنامج المراجعة الداخلية، ولهذا الإستقلال مظهران أساسيان:

الأول: المركز التنظيمي للمراجع الداخلي، ومقدار التأييد الذي يحظى به من الإدارة نتيجة لقيمة الخدمات التي تحصل عليها الإدارة من وظيفة المراجع الداخلي وأهميتها. ولذلك يجب أن يكون رئيس إدارة الخدمات التي تحصل عليها الإدارة من وظيفة المراجع الداخلي وأهيمتها. ولذلك يجب أن يكون رئيس إدارة المراجعة الداخلية مسؤولاً امام شخص له مكانة كافية للتنظيم، ويمكنه أن يأخذ بعين الاعتبار نتائج المراجعة وتوصياتها للقيام بعمل فعّال.

الثاني: طالما أن الموضوعية ضرورية للمراجعة الداخلية فلا ينبغي لإدارة المراجعة الداخلية القيام بأعمال تنفيذية في أي نشاط سوف تقوم بمراجعته.

إستقلال المراجع: الواقع والتطلعات

رأينا كيف أن الإستقلال يمثل الأساس الضروري للمراجعة الحديثة الفعالة. ورأينا أيضاً كيف أن الإستقلال يتحقق عن طريق الشروط المفروضة على قسم المراجعة الداخلية بواسطة المنظمة من ناحية، وعن طريق المراجعين الداخليين من ناحية أخرى.ولهذا فإنه من الضروري بذل الجهود الضرورية المستمرة للحفاظ على تلك الجوانب التي تؤثر على تحقيق الإستقلال المطلوب والعمل على تحسينها. ومع ذلك يتعين علينا- رغم ذلك- أن نعي تماماً حقيقة تعذر تحقيق الاستقلال الكامل. وهذا أمر حقيقي لأنه دائماً ما توجد ظروف وأحوال تقيد، إلى حد ما، من إستقلال المراجع. فعلى سبيل المثال فإن مجلس الإدارة يخضع لقيود المساءلة أمام المساهمين والحكومة والمجتمع. والمدير العام يخضع للقيود ذاتها بالإضافة إلى قيود المجلس نفسه.

ولا يمكن أن يغيب عن المراجع الداخلي أن العميل هو الذي يدفع أتعابه وأن هذه الأتعاب ضرورية ليظل كمنشأة مراجعة تريد أن تنمو وتستمر. كما أن المراجع الداخلي يرفع تقريره إلى الإدارة التي يعتمد عليها في اكتساب معيشته إلى حد كبير. أيضاً هنالك دائماً بعض من الحرج أو المشكلات عند مقاومة ضغوط زملاء

المراجع الداخلي في التنظيم، في الوقت الذي يرغب فيه المراجع الداخلي في الإحتفاظ بعلاقات عمل طيبة معهم. استقلال المراجع أمر نسبي وليس مطلق ومع ذلك يجب أن تستمر جهود المراجعين الداخليين لتدعيم الاستقلال المطلوب وتعزيزه رغم أنه دائماً ما توجد قيود على هذا الإستقلال. والمراجع الداخلي نفسه يبذل هذا الجهود عن طريق:

(1)   الحصول على الشجاعة في مواجهة الضغوط.

(2)   عن طريق بذل كل الجهود العملية اللازمة للحصول على الوضع التنظيمي الذي يكفل أقصى استقلال له.

وفي كلا الحالتين فإن هذه الجهود تدعم إستقلال المراجع لتوفير خدمات فعالة يمكن أن تؤدي إلى تحقيق أقصى رفاهة للتنظيم.

الأنشطة الفنية للمراجعة الداخلية

تمثل الأنشطة الفنية للمراجعة الداخلية الطرق التي يتبعها المراجع الداخلي لتنفيذ عملية المراجعة الداخلية. ويتركز اهتمامنا على الطرق الفنية ذات الإستخدام العام، بالنسبة لكل أنواع الفحوص والإستعراضات التي تتضمنها المراجعة الداخلية والتي يشتمل عليها برنامج المراجعة. وسوف نتناول فيما يلي الأنشطة الفنية للمراجعة الداخلية، بشئ من الإيجاز.

نشاط الإطلاع(المعرفة)Familiarization

ربما يعتبر نشاط الاطلاع النشاط الرئيس للمراجع الداخلي ويعني أن يحيط المراجع نفسه بالنشاط محل الفحص(أي الحصول على خلفية عن النشاط محل الفحص). وهنالك مستويان لنشاط الاطلاع. أحدهما يتضمن كل شئ يتم القيام به قبل

الوصول إلى الميدان أو موقع القسم، والآخر يتضمن مـا يـتم القيـام بـه في موقع العمل On Location

- المستوى الأول لنشاط الإطلاع (قبل الوصول إلى موقع العمل)

ويتضمن المستوى الأول لنشاط الإطلاع ما يلي:

(1)   التعرف على الغرض الكلي للفحص، ويقوم بـذلك مـدير المراجعـة الداخلية أو أحد مديري المراجعة الأول. وقد يتحدد الغرض مـن الفحـص مـن بعض مستويات الإدارة ذات الإهتمام(المعنية). وفي كـلا الجـانبين ينبغي الإتفـاق على نطاق العمل بين المراجعة الداخلية والمستوى الإداري المناسب.

(2)   مناقشة الأفراد الآخرين المعنيين. ويجب أن تتضمن المناقشات مـع الأفراد الآخرين في الشركة، مستوى المسؤولية ونطاقهـا ومسـتوى الإدارة في موقع العمل. وأيضاً التعرف على الموارد والإشخاص الرئيسين ومدى اشتراكهم في تحديـد نطاق العمل، وتخدم هذه المناقشـات عـدة أغـراض ولكنها أساسـاً لحـث هـؤلاء الأفراد وتنبيههم إلى عمليـة الفحـص التـي تسـتهدف الحصـول عـلى المعلومـات المفيدة، إما عن طريق الأسئلة والإستفسارات.

(3)   تجميع كل البيانات ذات الصلة. ربما يرغب المراجـع الـداخلي في الحصول على أي من المعلومات أو إستعراضها والتي يعتقد أنه يمكـن اسـتخدامها في مجال أو ميدان الفحص. كـما قـد يرغـب في إسـتعراض أوراق العمـل وتقـارير الفحص السـابق أو مراجعتها. قد يرغب أيضاً في إستعراض أنواع أخرى مـن التقارير أو البيانات من مصادر أخرى قد تكون ملائمة.

(4) الترتيبـات السـابقة عـلى موقـع العمـل مـا لم تكـن هنالـك أسـباب معقولة فإن الفحص يجب أن يتم على أساس فجـائي. المراجـع الـداخلي عـادة مـا يتصل بموقع العمل ويقدم النصيحة للمسؤول عن تخطيط الفحص.

- المستوى الثاني لنشاط الاطلاع(في ميدان العمل)
Familiarization at the field location

المراجع الداخلي جاهز الآن للإنتقال إلى موقع العمل حيـث توجـد عمليـة المراجعة الداخلية ضمن نشاط الاطلاع هنا الترتيبات التالية:

(1) مناقشة المـدير المسـؤول. وقـد يكـون هـو المـدير الـذي يرفـع إليـه التقرير النهائي. وتتضمن المناقشة الغرض الكلي مـن الفحـص والترتيبـات الأخـرى. سيحصل المراجـع الـداخلي أولاً عـلى توصيف المدير لأنشـطة التشـغيل، والعلاقـات التنظيمية، ومواطن المشكلات ومواطن الإهتمام الأخرى.

(2) مناقشة الأشخاص الرئيسين الآخرين. هذه المناقشة عادة مـا سـتوفر تفاصيل إضافية عن مختلف الأنشطة الفرعية وتستخدم لضبط ورقابة المعلومات السابق الحصول عليها.

(3) اسـتعراض السياسـات والإجـراءات. سـيكون مـن الضـروري تكملـة المناقشات مع الأشخاص في كافـة المسـتويات وإلحاقهـا بالسياسـات والاجـراءات المكتوبة من كـل الأنـواع التي تتعلـق بالإدارة والرقابـة لمختلـف أنـواع أنشـطة التشغيل التي تنفذها المنظمة حالياً.

(4) الاطلاع المسـتمر. الآن يمتـد نشـاط الاطلاع إلى الإسـتعراض الفعـلي للمراجعة الداخلية. وهذا يعني ان تنفيذ برنامج الفحص المنتظم يتضمن الاعتياد والاطلاع عـلى الأنشطة التفصـيلية التـي لم تـتم تغطيتهـا تمامـاً بواسـطة الأفـراد الرئيسين في الجانب الأسبق.

وتتمثل أهداف نشاط الاطلاع في ان يدرك المراجع الداخلي ما يتضمنه النشاط محل الفحص وكيف يدار كما ينبغي.

- نشاط التحقق Verification

تعتمد الإدارة في المشروعات المختلفة اعتماداً كبيراً على البيانات المستخرجة من الدفاتر والسجلات سواء كانت محاسبية أو إحصائية. وتعتمد سلامة القرارات الإدارية إلى حد كبير على مدى دقة البيانات التي تم الإعتماد عليها وصحتها وسلامتها، لذلك فإن جانباً مهماً من نشاط المراجع الداخلي يجب أن يخصص لهذه المهمة. ويطلق على هذا الجانب من المراجعة الداخلية نشاط التحقق، وهو التحديد المستقل لمدى مطابقة الواقع لما تم تحديده. ويتم هذا التحقق بعدة طرق، إلا أن جوهر هذا التحقق هو توفير أدلة أو قرائن كافية. ومصدر هذه الإدلة الاستفسارات الشفهية، والملاحظات، والمصادقات، وتتبع معالجة البيانات، والاختبارات. وتختلف جودة الدليل باختلاف نوع الدليل، وأيضاً باختلاف طريقة الحصول على هذا الدليل. وكل هذه الجوانب لها صفة تحكم كبيرة فيما يتعلق بجودة الدليل، وإلى أي مدى ينبغي بذل الجهد في الحصول على أدلة إضافية. ويعتمد إستخدام الحكم الضروري بدوره على المستوى الخاص للمهارة والكفاءة المهنية التي يملكها المراجع الداخلي.

وتظهر أهمية نشاط التحقق بشكل أكبر في المنشآت ذوات الفروع مثل البنوك. وإنتشار الفروع قد يؤدي إلى ضعف درجة رقابة المركز الرئيس وسيطرته على الفروع. ولهذا فإن المراجع يمكنه،من خلال نشاط التحقق، بعث الثقة في صحة سجلات الفروع وسلامتها ومصداقيتها، ومن ثم اطمئنان المركز الرئيس إلى إستخدامها عند اتخاذ القرارات ورسم سياسة الفروع.

وعند قيام المراجع بنشاط التحقق فإنه يتضمن ما يلي:

(1) تحقيق السجلات المحاسبية للتأكد من مصادر التسجيل فيها من خلال مراجعة المستندات وسلامة التوجيه المحاسبي لها، وكذلك تتبع البيانات الأولية المستخرجة من المستندات خلال الدورة المحاسبية من تسجيل وترحيل وترصد وتبويب وعرض.

(2) تحقيق بيانات التقارير (المحاسبية أو الإحصائية) والتأكد من صحتها بالرجوع إلى مصادرها الأصلية.

(3) تحقيق سلامة المستندات من حيث استيفائها الشكل السليم وسلامة توقيعات الأشخاص المفوضين وسلامة بياناتها وارتباطها بعمليات المنشأة وتسلسلها.

(4) تحقيق صحة الأصول من خلال الجرد الفعلي لعناصر الأصول المناسبة والمخزون والنقدية.

(5) تحقيق سلامة المراسلات وما تحويه من بيانات باعتبارها نوعاً من أدلة الإثبات.

وتتشابه إجراءات وطرق المراجعة للتحقق مع ما يقوم به المراجع الخارجي إلا أن المراجع الداخلي، نظراً لإتساع عامل الوقت، يمكنه زيادة درجة دقة اختباراته، والقيام بالتحليلات اللازمة للبيانات لتسهيل استيعابها وفهمها واستخدامها بواسطة الإدارة.

- نشاط التحليل Analysis

نشاط التحليل هو أحد الجوانب الفنية لمدخل المراجع الداخلي وهو فحص تفصيلي للمعلومات في ضوء عناصرها أو مكوناتها. وغالباً ما يتم تنفيذ نشاط التحليل باعتباره جزءاً من نشاط التحقق، فعلى سبيل المثال، التحليل التفصيلي لرصيد حساب ما قد يستخدم أيضاً في تحقيق صحة هذا الحساب وسلامته. ومن ناحية أخرى في موقف تشغيلي ما، فإن التحليل التفصيلي للأداء في ظل أنواع مختلفة من شروط

التشغيل، يمكن أن يوفر أساساً لتحديد أفضل الطرق لرقابة نوع معين من الأداء. وفي كل أنواع التحليل يوجد جانب كبير من الحكم والتقدير الشخصي عند اتخاذ القرار، وأيضاً عند تحديد كيفية تحليل نوع معين من المعلومات أو نشاط معين. وبالتالي الحصول على منافع من القيام بهذا التحليل، والتحليل هو الطريق الرئيس لفاعلية المراجعة الداخلية.

- نشاط التقويم Evaluation

يعتبر نشاط التقويم الجانب المهم في عمل المراجع الداخلي في سعيه نحو رسم النتائج التي قد توفر أساساً لخدمة إدارية دقيقة. ويتضمن نشاط التقويم بواسطة المراجع الداخلي نظم الضبط الداخلي، والرقابة المحاسبية، ومدى كفاية استخدام الحاسب الآلي، وتقويم مدى كفاية العمل المحاسبي بشكل عام في الشركة. ويمتد نشاط التقويم بواسطة المراجع الداخلي ليتضمن تقويم أداء الوحدات التنظيمية المختلفة في المنشأة ومدى إسهام كل منها في تحقيق الأهداف العامة للشركة.

ويمكن الحصول على تفهم لنطاق عملية التقويم بالنظر إليها كما تنفذ عند ثلاث مستويات:

(1)   ما مدى حسن النتائج التي تحرز حالياً. وقد يكون هذا التساؤل ضيقاً مثل التساؤل عن حسن أو سلامة الالتزام بإجراء معين، أو قد يكون سؤال أكثر أهمية مثل التساؤل عن كفاءة تنفيذ نشاط تشغيلي معين. أو قد يرتبط بالحكم الكلي على مدى فعالية الأداء الكلي لنشاط تشغيلي ما تحت الفحص.

(2)   لماذا النتائج على ما هي عليه، لماذا هي جيدة أم رديئة. ولماذا لا تكون أفضل. ويتضمن ذلك تقويم العوامل المسببة مع تقويم نطاق فعالية التحكم في هذه العوامل المسببة.

(3) ما هو الأفضل الذي يمكن أداؤه، وهـو المسـتوى الأعـلى في التقويم ويتعلق بتحديد ما الذي يمكن القيام به لإنجاز نتائج أفضل مستقبلاً. هـل يمكن جعل تغيير الإجراءات أكثر فعالية. هـل ينبغـي تغيير سياسـة معينـة في بعـض الوجوه. ما مدى سلامة قيام الأفراد الحاليين بالأداء. هـل لـديهم تدريب سـليم. بعض هذه النتائج قد يكون معقولاً ويمكن أن يصبح أساساً لتوصيات معينة. وفي حالات أخرى قد تطلب معلومات إضافية. وفي الحالات الأخيرة قـد يكون عمليـاً للمراجع الداخلي أن يكشف عـن المزيـد مـن الحاجـة إلى عمـل دراسـة إضـافية. وتعتمد هذه التحديدات المتعلقة بنطاق التوصيات، بشكل كثير، عـلى الموقـف الذي يكون فيه المراجع الداخلي وعلى مقدرته.

ويتبع قيام المراجع الداخلي بمهمة التقـويم أن يقـدم توصـياته ومقترحاتـه بشأن رفع كفاية انظمة الرقابة الإدارية والمحاسبية وسلامة الأداء.

- نشاط التحقق من الإلتزام بالسياسات Compliance

تقـوم الإدارة العليـا برسـم السياسـات وتحديـد مجموعـة الإجـراءات التنظيمية المختلفـة وتفـويض السـلطات للمسـتويات الإداريـة المختلفـة. وتكون مهمة المراجع الداخلي أن يضمن ويؤكد للإدارة العليـا مـدى الإلتزام بالسياسـات والإجراءات المرسومة ومدى تطابق التنفيذ الفعلي للأعمال مع هـذه السياسـات والإجراءات وإنجاز هذه المهمة بواسطة المراجع الداخلي يعتمد على ما يقوم به من فحص ومراجعة ما يراه ضرورياً من مستندات وسـجلات وتقـارير إلى جانـب الاستفسارات والتتبع والملاحظة الشخصية.

ويختلف نشاط التحقق من الإلتزام بالسياسات عن نشاط التقـويم في أن الأول يركز على مدى الإلتزام بالسياسات والإجراءات والنظم المختلفـة في الشركة، بينما يهتم الثاني بالبحث عن قيمة أو جدوى أو كفاية السياسات أو الإجراءات أو الأداء.

77

- نشاط الحماية Safeguarding

يقصد بنشاط الحماية تأكد المراجع الداخلي من توفر الضمانات والحمايـة الكافية لجميع أصول المنشأة وممتلكاتها ويتطلب تنفيذ نشاط الحماية تفويض الإدارة العليا السلطة الكافية لإدارة المراجعـة الداخليـة للقيـام بـأعمال الفحـص والمطابقة لما تم تنفيذه فعلاً، وتحديد مـدى اتفاقـه أو إختلافه عـن المقـاييس الموضوعة ضد الخطأ والغش. وقد اكتسب تحقيق هـدف الحمايـة عـن طريـق المراجعة المالية وبواسطة المحاسبين صفة شرعية لارتباطه بالمحاسبة المالية مـن الناحية التاريخية. ويتضمن نشاط الحماية بواسطة المراجع الداخلي:

(1)   التأكد من كفاية الإجراءات في نظام الرقابـة الداخليـة الـذي يهـدف أصلاً إلى حماية أصول المنشأة من الغـش والتلاعـب والتزويـر، علـى أسـاس عـدم وجود ثغرات في نظام الرقابة تستغل في السرقة والتلاعب.

(2)   التأكد مـن كفايـة وسائب حمايـة أصـول المنشـأة لـدى الغـير أو بالطريق مثل البضاعة بالطريق وبضاعة الأمانة.

(3)   تأكد المراجع الداخلي من حماية المنشـأة مـن ظهـور أيـة إلتزامـات وهمية عليها.

وطبقـاً لـرأي لجنـة المراجعـة المنبثقـة عـن المعهـد الأمـريكي للمحاسـبين القانونيين، فإن مصطلح الحماية يعني وقاية الأصول من الخسائر التـي قـد تنتـج عن أخطاء متعمدة وغير متعمدة وأمور أخرى غـير مرغـوب فيهـا. ويستند هـذا الرأي إلى التوسع في مفهوم مصطلح الحماية على إعتبار أن إدارة المنشأة مسؤولة عن الحماية المادية للأصول وما يرتبط بها من تصرفات أو إستخدامات.

- نشاط إعداد التقارير Reporting

يعتبر نشاط إعداد التقارير وسيلة المراجع الداخلي لتلخيص ماتم انجازه وجعل معلوماته متاحة للمستويات الإدارية العليا وللأطراف المعنية. وتتحدد محتويات التقرير مباشرة على أساس نطاق العمل الـذي يتم أو مـداه، والأعمال التي لم تتم وتتطلب إستكمالاً. ويمكن إعداد التقارير بعدة طرق ولكن هنا مـن المفيد أن ندرك أن التقارير وسيلة رئيسة تربط المراجع الداخلي بـالأفراد المعنيين في الشركة وخاصة المديرين الذين يسأل أمامهم المراجع الـداخلي مباشرة. ولهـذا فإن التقارير تحتاج إلى عناية معينة عند إعدادها. ومن ناحية أخرى فإن المراجـع الداخلي يركز بدرجة أكبر على ما يمكن إنجازه على مستوى موقع العمل وبشكل أقل على ما يتم التقريـر عنـه. وهـذا يعنـي أن المراجـع الـداخلي يخـدم مصالح الشركة بشكل أفضـل في معظم الحالات والمواقـف عـن طريـق مسـاعدة الإدارة المسؤولة في مستوى موقع العمل. وفي ظل هذه الظروف فإن التقرير عن العمـل الذي تم لا يحتاج ان يكون مفصلاً كما هو الحال عنـدما يتخذ أساسـاً للتوصية بإجراء عمل أو القيام به. وتحتاج الإدارة العليا تفهـم هـذا المـدخل الجديـد مـن أجل تدعيمه.

الفصل الثالث

3

إدارة وظيفة المراجعة الداخلية

Internal Audit Management

3

● إدارة وظيفة المراجعة الداخلية ●

Internal Audit Management

مقدمة

إدارة وظيفة المراجعة الداخلية أو مايمكن أن يطلق عليه الأنشطة الإدارية للمراجعة الداخلية تعني إستخدام أوتطبيق الإطار التقليدي للعملية الإدارية (التخطيط، التنظيم، توفير الموارد، التوجيه والتنسيق) عند القيام بوظيفة المراجعة الداخلية ؛ وذلك لتوفير مراجعة داخلية فعالة وتقديم أقصى خدماتها للإدارة.

وقد جاء في قائمة المعايير التي أصدرها معهد المراجعين الداخليين(المعيار IIA- UK500):(ينبغي أن يقوم المراجع الداخلي الرئيس بإدارة قسم المراجعة الداخلية بشكل سليم)، وسوف نتناول فيما يلي الأنشطة الإدارية للمراجعة الداخلية متضمنة:

أولاً   -   التخطيط.
ثانياً   -   التنظيم.
ثالثاً   -   التشكيل.
رابعاً   -   التوجيه.
خامساً   -   رقابة قسم المراجعة الداخلية.

تخطيط أعمال المراجعة الداخلية
Planning Internal audits

المدخل الديناميكي Dynamic Approach

ينبغي أن يكون دور المراجع الداخلي ديناميكياً: أي أن يتغير باستمرار لمقابلة حاجات المنشأة. إذا كانت المراجعة العادية لمجال معين قد توفر تأكيداً معيناً، فإن هنالك حاجة للتغير مع تغير الظروف. وقد تتضمن هذه التغيرات تغطية مجالات جديدة، مساعدة الإدارة في حل مشكلات جديدة، وتطوير أساليب جديدة للمراجعة،

وبعد التخطيط مهما لمواجهة حالة عدم التأكد، وتفرض متطلبات إستمرارية حياة المنشآت الحديثة على المراجع الداخلي تغيير خططه كلما ظهرت الحاجة التي تستدعي ذلك، فعندما تتغير حاجات الإدارة يتعين على المراجع الداخلي تحليل الاتجاهات وتوفير المرونة لخططه وتعديلها لتتوافق مع الظروف الجديدة.

عملية التخطيط: طبيعتها وبيئتها وأهميتها

يعد المراجع الداخلي مسؤولاً عن تخطيط وإدارة عملية المراجعة. وفي داخل إدارة المراجعة الداخلية ينبغي تخطيط أنشطة المراجعة لمقابلة الأهداف المحددة لوظيفة المراجعة الداخلية. وتختص عملية التخطيط بتكوين وصياغة الأهداف التي تحقق المقابلة بين الفرص البيئية والموارد المتاحة، لتحقيق أقصى إستخدام فعال لتلك الموارد، وتتمثل موارد المراجعة الداخلية في المراجعين الداخليين، وموازنة قسم المراجعة الداخلية، وسمعته التي إكتسبها مع أفراد المنشأة، ووتضمن هذه الموارد ما هو موجود فعلاً، وما هو متوقع منها نتيجة لمزيد من دعم الإدارة وتأييدها.

والبيئة التي يسعى المراجع الداخلي إلى تقويمها تتضمن المنشأة التي هو جزء منها، وبشكل أوسع المجتمع أو العالم الذي تعد المنشأة جزءاً منه، وداخل المنشأة تتضمن البيئة المراجع الداخلي، وزملاؤه، وأفراداً آخرين عند كل المستويات، فهنالك الأشخاص التنفيذين المسؤولين عن المواقع الوسطى، وأفراد إدارة الموارد البشرية، بعض هؤلاء قد يكون مؤيداً لدور المراجع الداخلي، والبعض الآخر قد يكون معارضاً، وآخرون موقفهم مختلف، أيضاً بعض الأفراد قد يكون في مراكز وظيفية تجعل إتجاهاتهم مهمة جداً للمراجع الداخلي، وبالتالي فإنه يمكن تكوين الأهداف وصياغتها من خلال الدراسة والتقويم للموارد المتاحة والبيئة التي يسعى المراجع إلى تقويمها، وتتضمن عملية التخطيط ما هو أبعد من تكوين الأهداف وصياغتها. إنها تتضمن وضع الإستراتيجيات المؤيدة وتطويرها، كذلك السياسات والإجراءات والبرامج التي

تضمن توجيه المراجعة الداخلية نحو إنجاز أهداف المستقبل، وهكذا فإن التخطيط يعني للمراجع الداخلي توقع وتحسب خطواته المستقبلية وإقتفاء وتتبع الوسائل التي تساعده مستقبلاً بشكل أفضل، ويتبلور ذلك في شكل خطة تحدد طبيعة ونوع أعمال المراجعة الواجب القيام بها في فترة زمنية معينة وباستخدام موارد معينة.

<u>ويمكن القول أن هنالك نوعين لخطة المراجعة يشيع استخدامها:</u>

الأول: خطة المراجعة على أساس القسم Department حيث يتم تحديد نشاط المراجعة وتعيينه على أساس الأقسام: مثل قسم الإنتاج، الخدمات الإجتماعية، قسم البحوث والتطوير.

الثاني: خطة المراجعة على أساس وظيفي Functional حيث يرتبط نشاط المراجعة بمجال المراجعة أو نوعها مثل مراجعة التعاقدات.

ونعرض فيما يلي للأطراف المعنية المستفيدة من تخطيط المراجعة:

(1) مدير المراجعة الداخلية، وذلك لأغراض:

- المقابلة بين الموارد والنتائج.
- حفز الأفراد نحو إنجاز الهدف المرسوم.
- الرقابة عن طريق قياس الأداء.
- إظهار كفاءة إدارة المراجعة الداخلية للآخرين.
- إحاطة الإدارة بالمجالات التي يجب مراجعتها.

(2) المراجع الداخلي، وذلك لأغراض:

- تعيين المجالات التي أن تخضع للمراجعة الداخلية.
- تجنب إزدواجية العمل المراجعي.
- تشجيع علاقات العمل المهنية.

(3) المدير المالي وذلك بغرض توفير وسائل لمراجعة وفحص الوضع المالي وتأمينه.

(4) مديروا الإدارة العليا الآخرون بغرض إتاحة مناقشة دور المراجعين الداخليين من أجل تعظيم منفعتهم للمنشأة.

مراحل عملية التخطيط

(تتضمن عملية التخطيط وضع الأهداف وجداول أعمال المراجعة، وخطط المراجعين وإعدادتقارير النشاط) معهد المراجعين الداخليين،(إرشادات المراجعة 02ر, UK520).

- الإتفاق على الأهداف Agreement on Objective

عندما يعمل قسم المراجعة الداخلية ينبغي أن يكون هنالك تفهم واضح للأهداف، ما الذي تتوقعه الإدارة من المراجع الداخلي. ما هي أنواع التغطية الملائمة والتنائج المطلوبة. وعند تكوين الأهداف وصياغتها، يجب أخذ الجوانب التالية في الإعتبار:

(1) نوع المساعدة المطلوبة للإدارة. يجب الربط بين حاجات الإدارة والخدمات التي تطلبها أو تتوقعها من المراجع الداخلي وبين سعيه نحو مساعدة الإدارة. وقد تكون هذه المساعدة تأكيد أو ضمان المراجع الداخلي للإدارة الالتزام بالسياسات المرسومة. والتقرير عن إمكانات التحسين والتطوير في الكفاية التشغيلية للسياسات والاجراءات التشغيلية الحالية، بالإضافة إلى إعادة تقويم السياسات المرسومة.

(2) المستوى التنظيمي الذي تقدم له خدمة المراجعة الداخلية. بمعنى تحديد ما إذا كانت عملية إعادة التقويم التي يقوم بها المراجع الداخلي سوف تتضمن مستويات تنظيمية معينة. وتحديد إلى مدى ينبغي أن يذهب المراجع الداخلي في المنشأة عند تنفيذ عملية الفحص التي يقوم بها.

(3) درجة الإستقلال. يعتبر تحديد مدى الإستقلال الذي يسعى إليه المراجع الداخلي جزءاً مهماً عند تحديد الأهداف، ويتضمن ذلك حق الوصول إلى الأجزاء المختلفة من عمليات الشركة، وسلطة التقرير عن كل الأمور المرتبطة برفاهة الشركة، ومثل هذا الإستقلال يعد حيوياً لتقديم خدمة كاملة للإدارة.

(4) الموارد الواجب توفيرها: ينبغي أن تتضمن الأهداف أيضاً تحديد نوع قسم المراجعة الداخلية من حيث حجم القسم ومستوى تأهيل افراده، ومستوى دعم موازنته. ومن الضروري ربط هذه المحددات بتوقعات نمو المنشأة مستقبلاً.

(5) جودة الخدمة وامتيازها: من الجوانب المهمة للأهداف، نوعية الخدمة المقدمة للإدارة وجودتها، فالمراجع الداخلي معنى بالوفاء باحتياجات الإدارة، وبالتالي فإنه يسعى نحو تحسين مساهمة أعمال المراجعة في خدمة الإدارة، والتزام المراجع الداخلي بالمعايير المهنية سوف يساعده على ذلك. بالإضافة إلى ذلك فإن المراجع الداخلي قد يرغب في تحقيق جودة الخدمة من خلال تجريب استخدام أساليب جديدة للمراجعة، وإعادة فحصه لمخرجات عملية المراجعة، ومدى قدرتها على الوفاء بتوقعات الإدارة بشكل أفضل.

جودة أفراد المراجعة الداخلي: أن عملية الاختيار والتدريب لأفراد هيئة المراجعة الداخلية تعد عاملاً مهماً للمراجعة الداخلية. وتحدد جودة أفراد المراجعة الداخلية ما إذا كان عمل مراجعي معين اما أعمال المراجعة بشكل عام ستكون منتجة

أو إيجابية. وهكذا يجب أن تأخذ الأهداف في إعتبارها مستوى جودة أفراد إدارة المراجعة الداخلية.

- الإستراتيجية Formulating Strategy

الإستراتيجية في المفهوم الإداري تعني المداخل التشغيلية الرئيسية التي يتم عن طريقها إنجاز الأهداف عبر الزمن. وهي ترتبط تماماً بالأهداف، بل وتؤخذ في الإعتبار عند تكوين الأهداف وصياغتها. وقد يتم التعبير عن الإستراتيجيات والأهداف باعتبارهما مترادفتين رغم أنهما نظرياً مختلفتان. فالأهداف ترسم الطريق بينما الإستراتيجيات وسيلة لإنجاز الأهداف المرغوبة. وبالنسبة للمراجع الداخلي فإن الإستراتيجيات تتضمن أخذ العوامل التالية في الإعتبار:

(1)   طريقة تنظيم قسم المراجعة الداخلية.

(2)   سياسات الأفراد في قسم المراجعة الداخلية.

(3)   طريقة إدارة أنشطة المراجعة الداخلية(تخطيط، تنظيم، تنسيق، رقابة).

(4)   نطاق إجراءات المراجعة في شكل مكتوب.

(5)   طريقة إعداد التقارير ورفعها للأطراف المعنية.

(6)   التخطيط المرن لمقابلة التغيرات.

(7)   مستوى جهد الأفراد في قسم المراجعة الداخلية.

(8)   تقديم التوصيات والتقرير عن الظروف المصاحبة لها.

(9)   تحديد الفترات الزمنية.

- وضع السياسات والإجراءات المدعمة وتطويرها
Developing of Supporting Polices Procedures

يرتبط وضع وتطوير السياسات والإجراءات التي تغطي أنشطة المراجع الداخلي إرتباطاً تاماً بالسياسات والإجراءات الموجودة بالشركة. وتتحدد سياسات المراجعة الداخلية وإجراءاتها في دستور أو لائحة المراجعة الداخلية Internal Audit Charter وهو وثيقة مكتوبة تتضمن الغرض من قسم المراجعة الداخلية وسلطته ومسؤوليته، وتقع على عاتق رئيس قسم المراجعة مسؤولية الحصول على موافقة الإدارة ومجلس الإدارة على هذه اللائحة إذ أن ذلك يعطي إدارة المراجعة الداخلية المصداقية بين باقي أقسام المنشأة وإدارتها. ولا تعتبر هذه اللائحة مرشداً لوظيفة المراجعة الداخلية فحسب، بل هي وثيقة توضيحية لدور المراجعة الداخلية بالنسبة لمختلف مستويات الإدارة. وفيما يلي نعرض نموذجاً(الشكل 4-1) للائحة وظيفة المراجعة الداخلية:

الشكل 1/4: لائحة وظيفة المراجعة الداخلية

- وضع الموازنة السنوية Annual Budget

وضع الموازنة السنوية تعني للمراجع الداخلي ضرورة تخطيط برنامج المراجعة الكلي الواجب تنفيذه خلال السنة القادمة. ويتضمن ذلك كيفية تنفيذ هذا البرنامج في شكل عدد أفراد المراجعين المطلوبين، نفقات التنقلات، والخدمات المطلوبة. ويتعين عليه تبرير صحة خطة المراجعة المقترحة منه ودقتها ومدى كفاءة تنفيذها. أيضاً تحديد الفروع التي يجب أن يغطيها ونوع العمل المراجعي المطلوب

أداؤه، والفترة الزمنية لعملية المراجعة. ويتطلب كل ذلك تحليلاً عميقاً للعوامل الرئيسة المتعلقة بقسم المراجعة الداخلية.

- وضع وتطوير برامج العمل Developing Working Programs

تلعب برامج العمل دوراً مهماً في إنجاح عملية المراجعة الداخلية. وبدون هذه البرامج ربما تبخرت جهود المراجعين. ومن الأرجح أن يختلف برنامج عمل المراجعة الداخلية للمنشأة من سنة الأخرى إذ أنه من المتعذر أن تتم مراجعة أعمال وأداء كافة الأقسام أو الإدارات التي تحتاج إلى عناية المراجع الداخلي خلال سنة واحدة. بالإضافة إلى أن الإدارة العليا قد تكلف المراجعة الداخلية بمهام خاصة خلال كل عام. وقد يرى البعض أن المراجع الداخلي يمكنه الإنتهاء من مراجعة كافة أقسام الشركة وإدارتها في كل عام. إلا أن متطلبات تحقيق تحقيق دقة الفحص والتغطية الشاملة، وتقديم إقتراحات البناءة، تفرض على المراجع الداخلي التأني وعدم التسرع في إنهاء أعمال المراجعة في وقت أقل مما يجب. وتتضمن برامج العمل ما يلي:

(1) الفترات التي يغطيها البرنامج: البرنامج أساساً وثيقة تخطيطية تتحدد في المجالات والمواطن التي يجب أن تغطيها المراجعة عن فترة ما، عادة ما تكون سنة. وقد تطول هذه الفترة في بعض الحالات من سنتين إلى خمس سنوات. ورغم ذلك فقد يصعب التخطيط لفترة أكثر من سنة مقدماً: بسبب المطالبات الخاصة بالإدارة، التغيرات في عمليات المنشأة، وتناقص أفراد المراجعين والتأخير في إنجاز وأتمام أعمال المراجعة. وقد توضع أولويات لأعمال المراجعة عند إعداد البرامج السنوية.

(2) التنسيق قبل وضع البرنامج: يجب أن يستفسر المراجع عن مقترحات الإدارة للمجالات التي تحتاج إلى عناية وتركيز المراجع سواء أكانت الإدارة العليا أو الوسطى، بسبب قربها من العمليات. ويجب أن يرفع مديروا المراجعة المسؤولون

مقترحاتهم بشأن تغطية أعمال المراجعة إلى الإدارة. كما ينبغي تنسيق جهود المراجعة مع مجموعات أخرى من المراجعين مثل المراجع الخارجي والمراجع الحكومي وذلك لتجنب تكرار الجهود وازدواجها من ناحية، والمساعدة في توفير المعلومات لهذه المجموعات من تقارير المراجع الداخلي من ناحية أخرى.

(3) وضع الأولويات: عند إختيار أعمال المراجعة لأغراض وضع برنامج العمل السنوي، يجب أخذ عدة عوامل في الاعتبار. وفيما يلي بعض المعايير التي يجب إستخدامها:

أ- النتائج السابقة: قد توضح مواطن عدم الكفاءة، التي تم التقرير عنها في المراجعة السابقة، الحاجة إلى متابعة الفحص. ويعد ذلك مهما بوجه خاص عندما يوضح التقرير نتائج جوهرية لأكثر من سنة سابقة.

ب- طلبات الإدارة: قد تطلب الادارة إنجاز أعمال مراجعة معينة، بالإضافة إلى أن لجنة المراجعة قد تطلب تغطية مجالات مختلفة. وقد يطالب مديروا الفروع بأعمال مراجعة معينة.

ج- التغطية السابقة: قد تحدث تأخيرات جوهرية عند المراجعة أو إعادة فحص مجال معين بسبب الأولويات الكبيرة. وكلما زاد الوقت بين أعمال المراجعة وجب إعطاء هذا المجال أهمية إضافية.

د- أعمال المراجعة الداخلية المطلوبة: قد يسند إلى قسم المراجعة الداخلية التحقق من الإلتزام بتشريعات معينة أو متطلبات حكومية. أيضاً قد يكون للقسم دور محدد يجب أن يقوم به لتقديم المساعدة للمراجع الداخلي عند القيام بالمراجعة السنوية.

هـ - المجالات الحساسة: قد تكون هنالك مجالات حساسة داخل الشركة تتطلب أعمال المراجعة، مثل تعارض المصالح عند شراء أشياء غير مرغوبة عقب

حدوث الكوارث. مثل هذه المجالات الحساسة قد تغير من اهتمامات أعمال المراجعة. ويعتبر الحكم الشخصي للمراجع وتقديره أساسياً في تحديد مثل هذه المجالات.

مستويات تخطيط المراجعة

تحدد خطة المراجعة طبيعة ونوع العمل الواجب القيام به في فترة معينة باستخدام موارد معينة، وعندما يؤخذ البعد الزمني في تخطيط أعمال المراجعة فإنه يمكن تعيين أو تمييز ثلاثة مستويات هي التخطيط الإستراتيجي والتخطيط التكتيكي، والتخطيط التشغيلي.

الخطة الإستراتيجية للمراجعة Strategic Plan

تختص الخطة الإستراتيجية للمراجعة ببيان الطريقة التي يجب أن تنفذ بها أعمال المراجعة وفقاً للائحة وظيفة المراجع الداخلية، ولاستعراض البيئة المتغيرة التي تعمل من أجلها المراجعة. وهي توضح مواطن تركيز المراجعة خلال فترة زمنية من سنتين إلى خمس سنوات قادمة.

الخطة التكتيكية للمراجعة Tactical Plan

تستخدم الخطة التكتيكية في أطار الخطة الإستراتيجية. وتشير إلى برنامج العمل الواجب القيام به خلال فترة سنة. أي خطة المراجعة. وهي توضح أعمال المراجعة الواجب القيام بها، والموارد المخططة(أيام المراجعة)، والأحداث غير المتوقعة. وبين(الشكل 4-2) الخطة التكتيكية للمراجعة.

1- أيام المراجعة المتاحة

	الأيام لكل مراجع	إجمالي أيام الفريق
إجازة سنوية	25	250
إجازة رسمية	8	80
إجازة مرضية	3	30
تدريب	5	50
بحث	4	40
مؤتمرات	4	40
إدارة	1	10
أيام المراجعة:	210	2100
	260	2600

:2- تخصيص أيام المراجعة

الرقم المرجعي	أيام المراجعة	التاريخ	المراجع
4200	5	2008/7	أ
4201	7	2008/2	ب
4202	10	2008/9	ج
4300	5	2008/10	د
4301	10	2008/10	هـ
4302	30	2009/3	و
4304	10	2009/10	ز
4304	10	2009/10	ح
الإجمالي	2100	-----	-----

الشكل 2/4: خطة المراجعة 2009/2008

الخطة التشغيلية للمراجعة Operational Plan

تصف هذه الخطة العمل الحالي للمراجعة. وقد تغطي نطاق المراجعة والإختبارات التي يجب إستخدامها.

وعند تحديد المجالات التي يجب أن تخضع للفحص ينبغي على المراجع الداخلي أن يأخذ بعين الإعتبار المعايير التالية:

(1) المعايير المالية: حجم العمليات، قيمة الأصول.

(2) الرقابة الداخلية: التقويم، مراجعة النظم.

(3) الأمانة: حدوث المخالفات، مراجعة النقدية.

(4) الخسارة الناتجة: الحماية من الخطر، أمن الحاسب.

(5) طبيعة النظم: الوظيفة ودرجة الإعتماد.

(6) المقدرة الإدارية: تنفيذ سياسات واجراءات إعداد التقارير.

(7) الكفاية والإقتصاد: التخلص من الإسراف.

(8) فحوص خاصة: مطالبات من الإدارة.

أوراق العمل: أداة مساعدة في تخطيط المراجعة
Working Papers: Assistant with planning

يمكن الاستعانة بأوراق العمل السابقة عند إعداد خطط التشغيل للمراجعة إذ أن أوراق العمل:

(1) توفر وصفاً تفصيلياً لنظام العميل في المراجعة السابقة.

(2) توفر توثيقاً للنظام المالي كأساس بإعداد التقارير.

(3) توفر البيانات المفيدة في تحديد مواطن الضعف الجوهرية في النظام.

(4) تساعد في تقدير الموارد اللازمة للقيام المهمة.

(5) توفر تفاصيل بيئة عمل عميل للمراجعة.

ويوضح الشكل(3-4) العملية التخطيطية عند مستوياتها الثلاثة.

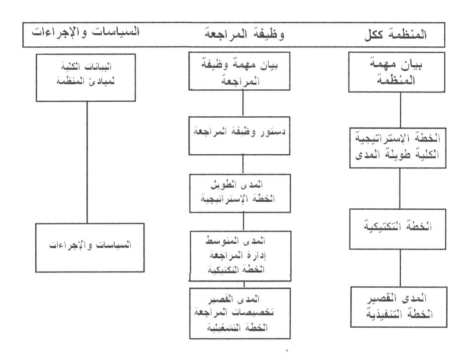

شكل 3/4 : العملية التخطيطية عند المستويات الثلاثة

التخطيط وخطر المراجعة Planning and Audit Risk

يحتاج المراجعون الداخليون إلى الإهتمام بتحليل الخطر وقياسه باعتبار المراجعة الداخلية نشاطاً تقويمياً مستقلاً ينشأ داخل المنشأة لخدمة الإدارة بوصفها أداة رقابة تفحص وتقّوم ملائمة أدوات الرقابة الأخرى وفعاليتها. وبالتالي فإن المراجعين الداخليين يعتبرون جزءاً من ميكانيكية الرقابة التي تؤسسها إدارة المنشأة. بالإضافة إلى أنه كي يكون المراجعون الداخليون في خدمة الادارة فانهم لا بد ان يكونوا قادرين على مساعدة أعضاء الإدارة والمنشأة في الوفاء الفعّال بمسؤولياتهم، والطريق إلى

ذلك هو المساعدة في التخفيض أو الإستبعاد - ان أمكن- لوسائل إنجاز الأنشطة غير الفعالة والأخطاء والمخالفات العمدية وغير العمدية.

ويحتاج تخطيط المراجعة معرفة المواطن أو المجالات الحساسة وسريعة التأثر في المنشأة، وتقدير فرصة أو احتمال حدوث الخطر وأثر ذلك على المنشأة، مع تقدير الخبرة والموارد المتاحة لرئيس إدارة المراجعة الداخلية. وينبغي تحقيق التوازن بين الخطر والمجالات الحساسة والموارد المتاحة.

تقويم الخطر The Evaluation of Risk

يجب على إدارة المراجعة الداخلية اتباع المدخل القائم على الخطر عند تخصيص مواردها بسبب محدودية هذه الموارد. ويتيح ذلك للمراجع التركيز على المجالات الحساسة وسريعة التأثر في المنشأة. وفي هذه العملية يتم تعيين خمسة عناصر:

(1) تعيين طبيعة الخطر، مثلاً النقدية المستلمة.

(2) قياس الخطر. ويتضمن ذلك محاولة قياس احتمال حدوث الخطر وشدة الخطر.

وينبغي عمل موائمة بين هذين العنصرين. فعلى سبيل المثال قد تكون آثار الكارثة التي تحدثها الزلازل شديدة، واحتمال مثل هذا الحدث أمر غير مرغوب فيه، وحيث أنه لم يقع بعد فإنه ينبغي عملياً، القيام بعمل ما لمنع الكارثة مثل إقامة السدود للمساعدة في الوقاية من آثار الفيضانات.

(3)   وضع الاجراءات اللازمة لتجنب النتائج أو الآثار الخطيرة.

(4)   تقليل الخطر المتوقع باتباع إجراءات معينة – على سبيل المثال – يمكن تقليل إرتكاب المخالفات في المنشأة عن طريق الدعم والتقوية لنظام الرقابة الداخلية.

(5)   التكييف أو التوافق. يتعامل هذا العنصر مع تأمين الخطر، فإذا تم تنفيذ جميع المقاييس العملية، يمكن أن تلجأ المنشأة إلى سياسة التأمين كي تحمي نفسها. والممارسات الشائعة تتطلب التأمين ضد الأخطار الكبيرة، إلا أنه في حالة الأخطار المنخفضة قد تقرر المنشأة تحمل النتائج ولا تؤمن ضد الخطر. مثال ذلك التأمين فقط على العاملين الذين يشغلون وظائف تحتمل الاختلاس والتلاعب.

تحليل خطر المراجعة Audit Risk Analysis

بعد تقويم الخطر تحتاج المراجعة الداخلية إلى تعظيم مواردها في المناطق أو المجالات عالية الخطر.

الهدف من المراجعة

إعداد قائمة بمخاطر المراجعة بما يسمح بقياس ومقارنة هذه المخاطر وذلك لخدمة الأغراض التالية:

(1)   إعطاء أولوية متقدمة لبعض أعمال المراجعة.

(2)   تبرير الحاجة لأعمال مراجعة معينة.

(3)   احتساب الموارد المطلوبة(أيام عمل المراجع).

(4)   السماح بالأهمية النسبية لبعض أعمال المراجعة.

(5)   الحكم على فعالية أدوات الرقابة الداخلية.

وجدير بالذكر أن عوامل الخطر التي ينبغي أن يحددها المراجع الـداخلي، عند تقرير مستوى الخطر المصاحب للمراجعة، ليست واحدة بين المنشـآت، كمـا أنها ليست واحدة على مر الزمن بالنسبة للمنشأة نفسها. ووفقاً لدراسات عديدة فإن عوامل الخطر ترتب بحسب الأهمية أو ترتب بين قطاعات مختلفة. ويعتبر ترتيب عوامل الخطر أو تدريجها خطوة مهمة في قياس درجـة الخطر المصاحب لهذه العوامل ودرجة خطورة هذا الخطر. ويرتبط بعض هـذه العوامل بـالإدارة مثل الهيكـل التنظيمـي للمنشـأة وفعاليـة المنشـأة أو النظـام، وبعضها يـرتبط بالعمليات مثل الخطط والسياسات والإجراءات الخاصة بالتشـغيل والموازنـات، وبعضـها يـرتبط بعوامـل ماليـة مثـل التصـديق والترخيـص بالمعـاملات وسلامة السجلات ودقتها وجودة أدوات الرقابة الداخلية على المعلومـات وأمـن المعـدات والإذعان للتشريعات.

تحليل الخطر

من البديهي أن يعتمـد مـدير المراجعـة علـى حكمـه الشخصي ـ في تحديـد المجالات الحساسة، أو العوامـل المسببة لحـدوث الخطر. ومـع ذلك فإنـه يـدعم خبرته وحكمه بالتحليل العلمي الذي يكشف مواطن الخطر، ويمكن مـن وضـع أولويات للفحص المراجعي لتحديده. ويتم مثل هذا الإجراء عـن طريـق محاولـة قياس التغير في الحدث وتكلفته بالنسبة للمنشأة عن الإخفاق المحتمل، بمعنـى أن المجالات الحساسة هي نـاتج فرصة تجسيد الخطر مضروب في التكلفـة المقـدرة للإخفاق أو الفشل. ويهدف مثل هذا التحليل إلى إعداد قائمـة بإخطار المراجعـة تتيح قياس هذه الأخطار ومقارنتها: لخدمة الأغراض التالية:

(1)   تخصيص أولويات لأعمال مراجعة معينة.

(2)   تبرير الحاجة إلى أعمال مراجعة معينة.

(3)   احتساب الموارد المطلوبة.

(4)   السماح بالأهمية النسبية لبعض أعمال المراجعة.

العناصر المستخدمة في وضع دليل الخطر

Elements used in risk indexing

يمكن تعيين هذه العناصر من المجالات الستة التالية:

(1) المجال المالي: حجم العمليات، طبيعة العمليات، قيمة الأصول، الأهمية بالنسبة لمنظمة.

(2) طبيعة الإدارة: المقدرة على الإدارة بفاعلية، المساءلة وجودة أدوات الرقابة الداخلية، معدل دوران الأفراد، الخبرة والأخلاقيات.

(3) مجال التشغيل: تعقد العمليات وأهمية مثل هذا النشاط للأداء التنظيمي.

(4) الأثر على المنشأة: أهمية النظام محل الفشل للمنشأة.

(5) أدوات الرقابة الداخلية: مى ملائمة الرقابة الداخلية.

(6) العوامل الخارجية: أثر العوامل الخارجية على النظم الداخلية.

تحديد العوامل المهمة

Determining the Weighting Factors

بعد تقرير منهجية تعين مجالات الخطر، نجد أن العنصر الآخر هو تحديد احتمال حدوث الخطر وأثره على المنشأة ويعتمد ذلك على:

(1) الأهمية النسبية: تكلفة الكارثة (الإخفاق).

(2) الأثر على المنشأة في الأجل الطويل والمتوسط.

(3) الترتيبات الممكنة الفعلية أو المتاحة.

(4) ملائمة نظام الرقابة الداخلية.

عمل دليل الخطرIndexing of Risk

يمكن تقسيم دليل الخطر بحسب طبيعته ونوعه إلى مجالين هما المراجعة المالية والمراجعة التشغيلية.

دليل المراجعة المالية Financial Audit Index

دليل الخطر عبارة عن قائمة بأعمال المراجعة المحتملة مرتبة بحسب درجاتها في صيغة الخطر. وبالتالي يجب التوصل إلى صيغة جيدة إلى خطر المراجعة(1982, Vinten and , Selim , Chamber)، ويتطلب إيجاد دليل الخطر في مجال المراجعة المالية أخذ الأمور التالية في الإعتبار مع إعطائها أوزاناً كما يظهر في الشكل(4-4):

	الأمور المرتبطة بالمراجعة المالية	الأوزان
أ	الدخل السنوي مقسم إلى دخل نقدي ودخل آجل	س
ب	الدخل السنوي الآجل	0.5 س
ج	الإنفاق السنوي	0.1 س
د	قيمة العناصر النفسية والتي يمكن نقلها	س
هـ	النقدية الموجودة بشكل دائم	س
و	درجة الضبط الداخلي	س(1-4)
ز	الأمور الإستثنائية	س(صفر-3)
ح	الحاجة للمساعدة	س(صفر -5000)

الشكل 4-4 عوامل وأوزان دليل الخطر في مجال المراجعة المالية

ولقد أخذت هذه العوامل في الإعتبار بواسطة (Berkshire CC (Local Government Finance Act) (1973)) وأعطيت أوزاناً لإعداد دليل الخطر في مجال المراجعة المالية باستخدام الصيغة التالية:(أ+ب+ج+د+هـ)×(و+ز)+ح

ويوضح الشكل(4-5)كيفية التوصل إلى دليل خطر المراجعة في ضوء تقديرات العوامل لثلاثة أنشطة على أساس صيغة خطر المراجعة السابقة:

العوامل	النشاط	النشاط الثاني	النشاط الثالث
أ	230	1200	42000
ب	-	3500	40000
ج	215	7000	6000
د			
هـ	380	10000	10000
	400	180	3000
المجموع	1225	21880	101000
×(و+ز)	(1-4)	(+1)	(+1.5 صفر)
=	6125	21880	151500
ح	4000	2000	2500
دليل الخطر	10125	23880	154000

الشكل(4-5) دليل خطر المراجعة المالية

ويشير((Professor A D Chambers (1984) في كتابه المراجعة الداخلية إلى أن ح قد لا تكون كافية وينبغي إستبدالها بمضاعف مثال س(1-5) وكما أشرنا من قبل فإن الطرق تحكمية، إلا أنه ينبغي أن تكون مناسبة أو مفصلة لكل منظمة على حدة مع إعطاء تعزيز كمي لحكم وتقدير المراجع.

ونعرض فيما يلي دليلاً بديلاً وذلك لأغراض المقارنة:

أ- عدد الأفراد(مرتبة 1-10).

ب- تعقد العملية(1-10)،10= معقد جداً.

ج-   مستوى الأمان المطلوب (1-10)، = ضروري جداً.

د-   مقدار النقدية وغيرها من الوسائل الأخرى.

(المتحصلات والمدفوعات، على سبيل المثال تتحـول الـدينارات وفقـاً لمـدى من(1-10).

هـ-   مستوى الخطأ(1-10)، 10=عال.

و-   حجم الموازنة الرأسـمالية والإيرادات في ظل رقابـة الإدارة (1-10)، حيث أن 10 تعد كبيرة.

ز-   مدى السلطة الذي يجب أن يخول للمنشأة(1-10).

ح-   عوامل أخرى(1-10).

ولا يعني التوصل إلى صيغة جيدة لخطر المراجعة أنه قد تم الـتخلص مـن التقدير الشخصيـ عنـد تخطيط المراجعـة بصـفة مطلقـة، إذ أن حجـم المراجـع وتقديره الشخصي متطلب ضروري. وجود هذه الصيغة يعني أن تخطيط أعـمال المراجعة يتم بشكل جيد.

دليل المراجعة التشغيلية Operational Audit Index

في حالة المراجعة التشغيلية تستخدم نفس الطريقة المستخدمة عند إعداد دليل المراجعة المالية، مع إختلاف واحد وهو التركيـز عـلى المقـدرة الإداريـة عـلى النحو التالي:

أ-   رأس المال المستخدم (يجب وضـع تعريـف متفـق عليـة لـرأس المـال المستخدم مع إتساق استخدامه).

ب-   خبرة الإدارة(عدد السنوات).

ج-   الخبرة الفنية المطلوبة (1-5).

د-   درجة الرقابة الداخلية (1-5).

هـ- مدى مقدرة الإدارة في التأثير على الأحداث (1-5).

و- عوامل خاصة (1-5).

ز- الحاجة للمساعدة(1-5).

ح- درجة الخطر الذي تتعرض له المنشأة بواسطة الإدارة (1-5).

ويتم تقديم الخطر الإجمالي للمراجعة التشغيلية على أساس الصيغة التالية:

(أ+3ب+5هـ+5و+8ز)×(7ج+10د)×5ح

ومن أجل زيادة فعالية كل من دليل المراجعة المالية ودليل المراجعة التشغيلية، ينبغي إدخال وزن إضافي مثل الوقت المنقضي منذ آخر مراجعة. ويسهل تعيين وتحديد أساليب إعداد دليل الخطر في ظل الأساليب القائمة على إستخدام الحاسب. ويعتبر تحليل الخطر مهماً للمراجع الداخلي كي يضمن تركيز موارد المراجعة في المجالات التي تتعرض لخطر متزايد.

ويحقق إستخدام دليل خطر المراجعة عند تخطيط أعمال المراجعة الداخلية مجموعة من الفوائد أهمها:

1- إقتناع الإدارة بأن إدارة المراجعة الداخلية تحاول تطبيق أفضل الطرق والأساليب المهنية.

2- قد تشارك الإدارة العليا في وضع صيغة الخطر، وبالتالي يكون لها تأثير ملائم عند تحديد العوامل التي تقرر أولويات المراجعة.

3- قد تلقي صيغة الخطر الضوء على بعض أولويات أعمال المراجعة غير المتوقعة، كما أنها توضح أعمال المراجعة التي تستحق تغطية أقل من تلك التي تتلقاها حالياً.

4- يوفر دليل المراجعة النـاتج عـن صيغة الخطـر ذاتها تبريراً مناسباً لخطة المراجعة المستقبلية.

5- إستخدام صيغة الخطر مع مرور الوقت يوفر أساساً لإدارة المراجعـة للتحكم في التغطية المراجعية. فعلى سـبيل المثال الـدرجات التـي تحصل عليها أعمال المراجعة في صيغة الخطر عند مستوى معين قد تجعل هذه الأعمال تلقـى إنتباهاً أقل مع توسع أعمال الشركة، أو تناقص كفاءة أفراد المراجعين، أو تتنـاقص عددهم.

مزايا وعيوب دليل خطر المراجعة

المزايا

(1) محاولة التقويم أفضل من عدم المحاولة.

(2) توفير أساس لتخطيط استخدام موارد المراجعة من خلال توفير دليل خطر أسمى يتيح توجيه الموارد إلى الخطر الأعلى تدريجياً.

العيوب

(1) حكم المراجع عامل ذو وزن وتقدير كبير جـداً وهـذه القـدرة عـلى الحكم تختلف من مراجع لآخر، مما يضعف من إمكانية عمل المقارنات.

(2) إن توفير دليل مناسب وإعداده سيقلل الوقت المنقضي في المراجعة.

وفي النهاية ينبغي تركيز موارد المراجعة في المجـالات ذات الحاجـة الكبـيرة لهـا، كـما أن عمليـة إعـداد الـدليل تعـد أسـلوباً علميـاً لتحجيم(قيـاس) الحكـم الشخصي.

105

تحليل التعرض للخطر Risk Exposure Analysis

يعتبر تحليل التعرض للخطر تطويراً لتحليل الخطر، وفيه يتم تصنيف عناصر الخطر إلى ثلاثة عناصر يرتبط بها التحليل وهي:

(1) مدى التعرض للخطر (E) Exposure .

(2) احتمال الخسارة Vulnerability .

(3) تقدير الرقابة الداخلية (C) Control Assesment .

حيث:

(1) التعرض Exposure هذا العنصر يمثل قيمة مالية مخصصة على أساس معدل الدوران، الإنفاق أو صافي القيمة الحالية للأصل أو التدفقات النقدية على سبيل المثال. ويتم ترتيب القيم وفقاً لما يلي:

منخفض= 1 افترض أقل من 5ر مليون ريال.

متوسط = 2 افترض من 5ر - 5 مليون ريال.

عال = 3 افترض أكثر من 5 مليون ريال.

(2) العنصر الثاني احتمال الخسارة Vulnerability أكثر صعوبة عند تقويمه لأنه بطبيعته أقل قابلية للقياس، ويتعين تقويمه بصفة شخصية أي بناء على حكم المراجع ويتأسس هذا التقويم على مزيج من العوامل التالية: تعقد العمليات، وطبيعة العمليات، ومستوى الرقابة على الأفراد المتضمنين داخلياً/خارجياً، والمواقع الجغرافية، والعلاقات الصناعية، وكمية الإشراف ونوعيته، مستويات الفحص،

والإتصالات وغيرها من العوامل. ويأخذ الترتيب هذا الشكل التالي: منخفض(1)، متوسط(2)، عال(3).

(3) تقدير الرقابة Control Assessment ويتحدد هذا العنصر بصفة شخصية أو ذاتية تماماً إذ يحدد المراجع ما إذا كانت الرقابة ملائمة(القيمة 1)، أم ضعيفة(القيمة 2)، ويقوم مثل هذا التقويم على أساس عوامل معينة: مثل مراجعة السابقة والوقت المنقضي منذ آخر مراجعة، وإنجاز الأهداف واهتمامات الإدارة، ففي شركة(شل) البريطانية لإكتشاف البترول وإنتاجه، استخدم تحليل الخطر. وكانت وجهة نظر الشركة أن الخطر يمكن ترتيبه عن طريق مزج عناصر الخطر الثلاثة السابقة، وأن الصعوبة الحقيقية هي في تعيين قيم رقمية لهذه العناصر الثلاثة التي يتم الترتيب على أساسها. وبعد ذلك أمكن وضع قائمة أو جدول بالترتيب يوضح وحدة المراجعة(العملية أو النشاط أوالمنشأة محل الفحص) وترتيباتها وقياس عناصر الخطر الثلاث. ونعرض فيما يلي لهذا الجدول:

جدول(4-1): الترتيب على أساس الخطر

وحدة المراجعة	الترتيب	عناصر الخطر الثلاثية			المجموع	النتائج
أ ب ج	1	عال (3)	عال (3)	ضعيف (2)	8	18
ف ج ح	2	وسط (3)	وسط (2)	ضعيف (2)	7	12
خ د ذ	3	وسط (2)	وسط (2)	ضعيف (2)	6	6
ر ز س	4	عال (3)	وسط (2)	ملائم (1)	6	6
ش ص ض	5	عال (3)	منخفض(1)	ضعيف (2)	6	6
ع غ ف	6	عال (3)	منخفض(1)	ملائم(1)	5	3
ق ك ل	7	وسط (2)	منخفض(1)	ملائم (1)	4	2

Source: Risk Exposure Analysis Shell UK Exploration and Production

ويمكن أن يستخدم جدول الترتيب هذا في تحديد نقطة النهاية أو التوقف Cut of point بمعنى أن موارد المراجعة المتاحة تفي بمتطلبات الخطة. يتطلب استخدام هذه الطريقة، لتقدير الخطر، تحديثاً دورياً، إذ أن القيم والمتغيرات المؤثرة على عوامل نموذج التعرض للخطر تتغير أما بسبب عامل الوقت، أو بسبب الحصول على معلومات جديدة تؤدي إلى تغيير الأحكام الشخصية المستخدمة عند ترتيب بعض العوامل.

مثال

وحدة المراجعة: بضاعة بالطريق.

قيمة التعرض للخطر مقاسة نقداً: أربعة مليون ريال.

تقدير وسط 2

الخسائر في الأفراد الموجودين:

تقدير منخفض 1

تقدير ملائمة الرقابة من عدمه: في ضوء توصيات

المراجعة السابقة. ومضي فترة سنتين منذ آخر مراجعة.

تقدير ملائم 1

المطلوب: وضع ترتيب لخطر المراجعة.

[ترتيب الخطر= 2+1+1=4]

ووفقاً لما سبق يمكن المساعدة في بناء خطة المراجعة وتخطيطها عن طريق تعيين نقطة التوقف، حيث تفي الموارد المتاحة للمراجعة بمتطلبات الخطة. وإمتياز أسلوب تحليل التعرض للخطر ببساطته وسهولة فهمه، مقارنة بتحليل الخطر المعقد. وجدير بالذكر أن عوامل أخرى، مثل فعاليات الإدارة، تؤثر أيضاً على تحديد خطة المراجعة. ورغم ذلك فأسلوب تحليل التعرض للخطر يمكن من تنظيم عملية المراجعة وترتيبها بواسطة الخطر.

تنظيم أعمال المراجعة الداخلية

تعتبر إجراءات تنظيم أعمال المراجعة الداخلية ضرورية لإنجاز أهداف جهود المراجعة الداخلية وأعمالها. وفي الوقت ذاته فإن السياسات والإجراءات المدعمة تدور حول مداخل التنظيم أو طرقه وبالإضافة إلى ذلك فإن تنظيم قسم المراجعة الداخلية يجب أن يعنى كثيراً بطريقة تخصيص المهام والمسؤوليات إلى أفراد المراجعين، ورقابة أفراد المراجعة الداخلية وتحقيق المساءلة المحاسبية، وأيضاً الوضع التنظيمي والعلاقات مع باقي الأفراد والإدارات بالتنظيم. وبالتالي من الضروري التركيز على المداخل البديلة لتنظيم أعمال المراجعة الداخلية بالإضافة إلى هيكل وتنظيم قسم المراجعة الداخلية.

المداخل البديلة للتنظيم

هنالك أربعة مداخل على الأقل يشيع إستخدامها في تنظيم أنشطة المراجعة الداخلية وأعمالها:

الأول: التنظيم بحسب نوع المراجعة.

الثاني: التنظيم بحسب الإتساق مع هيكل الشركة.

الثالث: التنظيم بحسب الموقع الجغرافي.

الرابع: الجمع بين المداخل السابقة.

ولا حاجة بنا أن نذكر بإمكانية استخدام هذه المداخل بشكل مستقل أو الجمع بينها في حدود المدى المرغوب.

المدخل الأول: التنظيم بحسب نوع المراجعة

Type of Audit Approach

يقوم هذا المدخل على منطق عملي جداً: وهو أن أفراد المراجعين الداخليين يكونون أكثر فعالية، إذا ما تم تخصيصهم لفحص نوع معين من العمليات ومراجعته. ويعتبر ذلك إعترافاً بالكفاءة التي تتحقق من خلال التخصص، وبالتالي يمكن دراسة المشكلات التي تتعلق بعملية معينة في الشركة بدقة، ويصبح المراجع الداخلي خبيراً في التعامل مع هذا النوع من العمليات.

ورغم الكفاءة التي تتحقق من خلال تخصص المراجع الداخلي، هنالك مساوئ معينة عند استخدام مداخل التنظيم (بحسب نوع المراجعة) منها:

1- هنالك يعض الأزدواجية التي يتعذر تجنبها في تكاليف التنقلات، وما يرتبط بها من خسارة الوقت، وذلك عند وجود أنواع من أعمال المراجعة في موقع عمل ما، وضرورة أن ينتقل إليه المراجع الخبير المتخصص.

2- أكثر المساوئ أهمية افتقاد المراجع القدرة على تنويع أعمال مراجعته وتنفيذ عدة أعمال مراجعية مختلفة، إذ التنوع في أعمال المراجعة يجعل المراجع الداخلي يؤدي عمله بشكل أفضل ويتطور مهنياً.

المدخل الثاني: التنظيم بحسب الإتساق مع هيكل الشركة Company Organization Approach

في حالة الشركات الكبيرة يكون البديل الأكثر واقعية هو تخصيص مسؤوليات المراجعة الداخلية، بموازاة وباتساق مع الهيكل التنظيمي للشركة. وبالتالي يكون هنالك مراجعون داخليون أو مجموعات من المراجعة الداخلية، يخصصون لخط أو جزء معين في الشركة. وبالتالي تتوفر للمراجع الداخلي فائدة الفهم العميق لنوع معين من أنشطة التشغيل بجانب تطوير خبرة كبيرة. ميزة أخرى لهذا المدخل هي أن المديرين التنفيذيين في مختلف الأنشطة والعمليات، يمكنهم تطوير علاقات عمل أكثر فعالية مع المراجع الداخلي المسؤول، وعندما يتكلم المراجع الداخلي لغة نوع معين من العمليات، فإنه يكون أكثر فائدة للإدارة المعنية. وكذلك يمكن للمراجع الداخلي تطوير علاقات عمل أكثر فعالية مع المديرين المسؤولين في كل المستويات.

ورغم المزايا السابقة هنالك بعض المساوئ مثل تلك الموجودة في حالة التنظيم بحسب نوع المراجعة. كما أن هنالك عيباً رئيساً هو أنه كلما ازدادت علاقة المراجع الداخلي بقسم معين، أو أفراد معينين، فإن هذا يمكن أن يضعف من موضوعية المراجع الداخلي واستقلاله. إلا أن وجود إدارة مركزية قوية لقسم المراجعة الداخلية يمكن أن يحقق التوازن والتلاؤم المطلوب في علاقات المراجع الداخلي.

المدخل الثالث: التنظيم بحسب الموقع الجغرافي
Area Approach Organizing

طبقاً لهذا المدخل تخصص عمليات الشركة في منطقة جغرافية معينة لمراجع داخلي معين، أو مجموعة معينة من أفراد المراجعين الداخليين. ويتضمن هذا المدخل إقامة المكاتب الإقليمية للمراجعة في هذه المناطق. وفي بعض الحالات يمكن أن يتحول هذا المدخل تلقائياً ليصبح، إلى حد ما، مدخل التنظيم بحسب نوع المراجعة، إلا

أنه عادة ما يكون هنالك بعض التنوع في مهام المراجعة على مستوى المنطقة الجغرافية الواحدة. ويمكن توضيح مزايا المدخل الجغرافي وعيوبه عن طريق تقويم المدخلين السابقين الأول والثاني. وعند وضع هذا المدخل في الميزان فقد يبدوا أنه المدخل الأفضل والأكثر استخداماً في الحياة العملية.

ومن المشكلات المهمة المرتبطة بالمدخل الجغرافي، مشكلة أفراد المراجعين المتخصصين وظيفياً. قد يوجد نوع من المشكلات يتطلب نوعاً معيناً من الخبرة أو الكفاءة، كما هو الحال عند الحاجة إلى الخبرة بالحاسب الآلي. وبالتالي يكون التساؤل ما إذا كان ينبغي أن تكون لكل مراجع خبرة كافية بالحاسب: للتعامل مع المشكلات القائمة، أم أن البديل هو وجود خبير أو أكثر بالحاسب في المركز الرئيس يمكن أن يغطي الموقع الجغرافي المطلوب فيه. والبديل الأخير هو أكثر الحلول عملية وهنالك حالات أخرى تتطلب خبرة خاصة مثل التدريب، والمعاينة الإحصائية، لمساعدة المراجعين الميدانيين عند القيام بأعمال المراجعة الميدانية.

وفيما يلي نموذج لخريطة تنظيمية توضيحية لقسم المراجعة الداخلية في حالة تنظيم أعمال المراجعة الداخلية بحسب الموقع الجغرافي كما تظهر في الشكل(4-5).

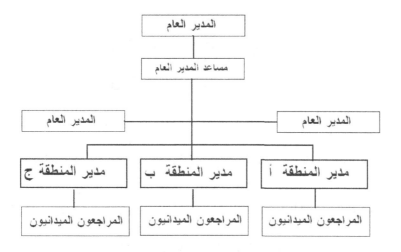

الشكل 4-5 : تنظيم أعمال المراجعة الداخلية بحسب الموقع الجغرافي

الوضع التنظيمي للمراجعة الداخلية
Status of Internal Audit

(ينبغي أن يكون الوضع التنظيمي لقسم المراجعة الداخلية كافياً بشكل يسمح بإنجاز مسؤولياته).

ويعتبر الوضع التنظيمي للمراجعة الداخلية أمراً جوهرياً إذ يلعب دوراً رئيساً في مقدرة المراجعة الداخلية على إنجاز أهدافها، أي على فعالية وظيفة المراجعة الداخلية. وهنالك ثلاثة مستويات معروفة للوضع التنظيمي للمراجعة الداخلية نعرض لها في الجزء التالي.

التقرير مباشرة إلى المدير العام التنفيذي
Chief Executive

ويعتبر هذا هو الوضع التنظيمي المثالي للمراجعة الداخلية، ومع ذلك قد لا يتأكد أو يثبت أنه ناجح تماماً للأسباب التالية:

1- ملاحقة غايات المراجعة قد تؤدي إلى الإضرار بأداة التشغيل.

2- من المفترض أن يكون المراجع ذا سلطة محدودة.

3- قد تنشأ صعوبات عند إقامة علاقات مع الأقسام الأخرى.

قد تعكس الصعوبات السابقة موقفاً سلبياً تجاه المراجعة الداخلية، للإضرار بمقدرة الإدارة التنفيذية على إتخاذ القرارات، بمعنى أن التنظيم غير قادر على الوفاء بأهدافه، بسبب أهداف المراجعة التي تسبق أهداف التشغيل.

التقرير إلى مدير القسم أو المدير المحلي
Department of Local Manager

في هذه الحالة يكون المراجع مسؤولاً أمام مدير القسم، ويعتبر هذا أسوأ وضع تنظيمي للمراجعة وللمنشأة. احد مزايا ذلك المعرفة المحلية المتخصصة. والعيب الرئيس هو ضعف استقلال المراجعة، فالمراجع يكون مرتبطاً بشدة بإدارة أحد الأقسام. ثانياً: خبرة المراجعة المهنية المكتسبة في مثل هذا القسم من غير المحتمل مقارنتها بالتوقعات الطموحة المقدمة داخل القسم المركزي. ويتبع ذلك صعوبة جذب المراجعين المؤهلين: مما قد يؤدي إلى معايير مراجعة ضعيفة.

التقرير إلى المدير المالي Director of Finance

يعد هذا الوضع التنظيمي للمراجعة الداخلية أكثر الأوضاع شيوعاً.

المزايا

(1)   يملك قسم التمويل محاسبين مهرة وله قنوات اتصالات فعالة.

(2)   يختص المدير المالي بالرقابة المالية للتنظيم ككل، ويعمل بطريقة غير متحيزة بين الأقسام.

وفي الواقع يتحمل المدير المالي مسؤولية رسمية عن الإحتفاظ بالمراجعة الداخلية كما هو الحال في الحكومات المحلية.

(3) تتوفر للقسم المالي الخبرة والموارد، التي يمكن على أساسها أن يحقق كل من المراجع الداخلي والمحاسب المنافع والمصلحة للتنظيم ككل.

<u>العيوب</u>

قد يرى المديرون التنفيذيون الخاضعون للمراجعة أنهم معرضون للإنتقاد، بينما لا يتعرض قسم التمويل لذلك. وبالتالي على المراجع الداخلي الرئيس أن يقدم خدمات غير متحيزة تدحض هذا الإدعاء. بالإضافة إلى أن أعمال قسم التمويل تخضع لمراجعة محايدة مستقلة بواسطة مراجع خارجي.

هيكل وتنظيم قسم المراجعة الداخلية

بعد الموافقة على أهداف المراجعة الداخلية ينبغي وضع هيكل قسم المراجعة الداخلية بشكل يتيح تنفيذ الخطة للوفاء بالأهداف المتفق عليها.

تنظيم القسم

يتعين على رئيس قسم المراجعة الداخلية أن يحدد عدد ونوعية الأفراد المطلوبين من أجل التنفيذ الفعال والكفء للمراجعة الداخلية. ويجب أن تؤخذ العوامل التالية بعين الإعتبار:

(1) المنطقة الجغرافية اللازمة تغطيتها. وكلما كانت المنطقة الجغرافية كبيرة، زاد الوقت غير المنتج المطلوب للإنتقال والسفر.

(2) حجم العمليات المنشأة. كلما زاد حجم العمليات زادت الحاجة إلى الرقابة.

(3)   قيمة عمليات المنشأة. كلما زادت قيمتها زادت الحاجة إلى حمايتها وتأمينها.

(4)   درجة تخصص العمل المطلوب-مراجعة كمبيوتر، مراجعة تعاقدات.

(5)   طبيعة النظم المعمول بها في المنشأة ونوعيتها.

(6)   موقف الإدارة تجاه المراجعة الداخلية.

توصيف وظيفة رئيس المراجعة الداخلية(المدير)

Job Description – Chief Internal Auditor

(1)   تحمل المسؤولية، أمام الإدارة العليا، عن توفر وظيفة المراجعة الداخلية مطابقة لمعايير المراجعة الداخلية.

(2)   التحضير ومراقبة الأداء وفقاً لخطة المراجعة.

(3)   الحفاظ والإبقاء على معايير المراجعة.

(4)   إقامة علاقات متبادلة مع المراجع الخارجي.

(5)   الاستعراض المستمر لتعليمات الإدارة والإجراءات المالية.

(6)   تعيين أفراد المراجعين وتوفير معدات تدريبية ملائمة.

(7)   تقويم سلامة نظم المعلومات الإدارية وتشغيلها وكذلك نظم الرقابة.

(8)   توجيه أعمال الفحص إلى مواطن الخطأ والمخالفات.

(9)   الاحتفاظ بمستوى ملائم من المراجعة بالكمبيوتر.

توصيف وظيفة المراجع الداخلي
Job Description – Internal Auditor

(1) فحص نظم الرقابة الإدارية والعمليات.

(2) تحليل الفعالية والكفاءة والإقتصاد.

(3) عمل أحكام غير متحيزة وتقديم توصيات بناءة بغرض التحسينات.

(4) عرض النتائج على الإدارة وبيان مغزاها.

توصيف وظيفة مراجع التعاقدات(المتخصص)
Job Description – Contracts Auditor(Specialist)

(1) تحمـل المسـؤولية، امـام مـدير المراجعـة، عـن مراجعـة إيـرادات التعاقدات ونفقاتها.

(2) المحافظة على سجلات التعاقدات الحالية، والقيام بزيـارات ميدانيـة للمشروعات الرئيسة.

(3) استعراض برامج المراجعة لجميع مجالات مراجعة التعاقدات.

(4) إعداد دليل مراجعة الإنفاق الرأسمالي.

(5) المساعدة في إعداد خطة المراجعة.

(6) التشاور مـع المـراجعين الـداخليين بشـأن الأمـور المرتبطـة بمراجعـة التعاقدات.

(7) الإشراف الملائم على الأفراد.

(8) تعيين الموضوعات الممكنة والمشاركة في دراسات الكفـاءة والفعاليـة والإقتصاد.

توصيف وظيفة مراجع الكمبيوتر (المتخصص)
(Job Description – Computer Auditor –Specialist-)

(1)   تحمل المسؤولية أمام مدير المراجعة، عن مراجعة تسهيلات الحاسوب وفقاً لإرشادات مراجعة الحاسوب.

(2)   العمل ممثلاً أو مندوباً عن المراجع الداخلي الرئيس متى كان ذلك مطلوباً.

(3)   المساعدة في إعداد خطط المراجعة ومراقبتها.

(4)   التشاور مع غيره من المراجعين الداخليين بشأن المراجعة بالحاسوب، لضمان التغطية الملائمة وتقليل إزدواج الجهود.

(5)   الإشراف على المراجعين الأول.

(6)   تعيين المواطن الممكنة لتحسين الكفاءة والفعالية.

(7)   الإشراف على أعمال الفحص.

(8)   الإشراف على أعمال التدريب.

تكلفة المراجعة الداخلية
The Cost Of Internal Audit

التكلفة إلى حد كبير تكون دالة في الحجم وتتكون من العناصر التالية:

(1)   المرتبات وما في حكمها.

(2)   نفقات السفر والإقامة.

(3)   التجهيزات الإدارية.

(4) المصروفات الإدارية والمكتبية.

(5) الأعباء الإدارية الرئيسة (وقود، إضاءة، تدفئة، خدمات الحاسوب).

إن عبء تبرير التكلفة قد يتقرر عن طريق تخصيص تكاليف المراجعة الداخلية باعتبارها عبئاً على وحدات التشغيل التي تخضع لفحص والمراجعة. وربما يتيح ذلك، للجهة أو القسم محل الفحص والمراجعة، الفرصة لتقويم الخدمات المقدمة في مقابل عبء المراجعة. والبديل هو محاولة قياس الخسائر المحتملة بسبب النظم الضعيفة والفشل في تقليل المخالفات والإسراف، ومقارنة ذلك بالتكلفة الفعلية للمراجعة الداخلية.

وظيفة التشكيل: توفير الاحتياجات من المراجعين الداخليين Staffing

يعتبر توفير الموارد اللازمة لقسم المراجعة الداخلية من الضمانات القوية لفعالية وظيفة المراجعة الداخلية. ورغم إمكانية توفير التسهيلات المكتبية اللازمة، إلا أن المشكلة الرئيسة عند توفير الموارد اللازمة، تتمثل في توفير الاحتياجات من أفراد المراجعين.

(يجب أن يقوم رئيس المراجعة الداخلية بوضع برنامج لاختيار أفراد المراجعين في قسم المراجعة الداخلية وتطويرهم) (معهد المراجعين الداخليين - المعيار UK 540).

تتعلق عملية تشكيل أفراد هيئة المراجعين الداخليين بتوفير الأفراد اللازمين للاستمرار في أنشطة القسم، وذلك لإنجاز الأهداف المرسومة. ويعتمد هذا الجانب من الوظيفة الإدارية مباشرة على الخطة المنظمة. وتتضمن عملية تشكيل أفراد هيئة المراجعين الداخليين، إستقطاب أفراد المراجعين الداخليين عن طريق التدريب والتطوير والتطوير والسياسات المتعلقة باستمرار توظيفهم أو إنهائه عندما يترك

الأفراد القسم اختياراً أو جبراً. وتتضمن عملية تشكيل قسم المراجعة الداخلية الخطوات التالية:

(1) استقطاب المراجعين.

(2) توصيف الوظائف.

(3) التدريب والتطوير.

ونعرض فيما يلي لهذه الخطوات.

إستقطاب المراجعين

الخطوة الأولى لعملية تشكيل أفراد قسم المراجعة الداخلية هي استقطاب الأفراد، ويرتبط ذلك بنوع الأفراد المطلوبين ونطاق خبرة والتدريب للأفراد الموجودين. وفيما يلي أهم مصادر إستقطاب أفراد المراجعين:

إستقطاب الأفراد من داخل الشركة

ويفضل بعض المراجعين الداخليين الرئيسين شغل الوظائف من أفراد الشركة: نظراً لمعرفتهم وتعودهم على عمليات الشركة وإجراءاتها، وبالتالي يجب أن يعطوا فرصة شغل الوظائف الشاغرة. ويتضمن الإستقطاب من داخل الشركة ما يلي:

ترفيع المراجعين الداخليين وحفزهم Promotion

هنا يتم التركيز في تطوير المراجعة الداخلية على شغل أغلب الوظائف العليا الخالية بحسب ترتيبات وأولويات معينة. ومع وجود برنامج تدريب قوي، يعطي الأفراد مهام أكبر لإعدادهم للعمل عند مستوى أعلى، وعندما تظهر وظائف عالية شاغرة يعطون فرصة شغلها. وتصبح هذه العملية أيسر ـ إذا كان قسم المراجعة الداخلية

يحتفظ بملفات تقدم أفراد المراجعين وتطورهم في ظل برنامج تدريب مكثف لأفراد المراجعين.

نقل الأفراد ذوي الخبرة Transfers Of Experienced Personal

يعتبر النقل من الأقسام الأخرى للشركة أحد مصادر توفير أفراد مؤهلين للعمل بقسم المراجعة الداخلية. ويتميز هذا المصدر بأن شخصية الفرد المرشح ودرجة تخصصه ومؤهلاته الشخصية عادة ما تكون معروفة بشكل أكبر. كذلك إمكانية تقويم خبرة الفرد ومؤهلات عمله بشكل أكثر دقة. أيضاً ألفه المرشح لجانب معين من أنشطة الشركة يمكن أن يكون الشئ المطلوب تماماً فيما يتعلق بالخبرة والدراية بسياسات الشركة وممارستها. وهذا المصدر مفيد للشركة ككل. ويمكن أن يوفر تحريك أفراد الشركة ونقلهم إلى إدارة المراجعة الداخلية عمليات التدريب الخاصة ويدعم المنظور الواسع لعمليات الشركة.

ويعتبر هذا المصدر مزدوج الإتجاه: فالأفراد الذين يتركون قسم المراجعة الداخلية يعودون للعمل على مختلف مهام الشركة وأعمالها، وهذا التدفق الخارج يمكن أن يكون أيضاً مفيداً في إقامة تفهم أفضل لدور المراجعة الداخلية مع باقي أفراد الشركة، كما يدعم أيضاً الجانب الأخلاقي للأفراد بسبب الفرص المهنية والتي تتوفر للمراجعين الداخليين داخل القسم وكذلك في الوظائف الإدارية الأعلى في الشركة.

إستخدام الأفراد المتدربين Management Trainees

في بعض الشركات يمكن اختيار المساعدين مباشرة من خريجي الكليات والجامعات، ويدرجون في البرنامج التدريبي للشركة. وفي ظل هذا البرنامج يمنحون الفرصة للتناوب على مختلف أقسام الشركة قبل التخصيص الدائم. وتوفر نوبة عملهم

القصيرة في قسم المراجعة الداخلية التدريب الممتاز في تحليل أدوات الرقابة وتقويمها وكذلك تزويد القسم بموارد قيمة ومهمه.

إستقطاب الأفراد من خارج الشركة

يمكن أن تمتد مصادر إستقطاب الأفراد إلى خارج الشركة، إلا أنه ينبغي على قسم المراجعة الداخلية تقويم مزايا وعيوب هذه المصادر. ومن هذه المصادر الخارجية ما يلي:

المحاسب القانوني Public Accountant

تشير بدايات المراجعة الداخلية إلى أن المحاسبين القانونيين مصدر خصب لإستقطاب أفراد للعمل بقسم المراجعة الداخلية. وتمثل خبراتهم في تنفيذ إجراءات المراجعة، وجمع أدلة الإثبات وفقاً للمعايير الفنية أصلاً مفيداً عند إنتقالهم إلى المراجعة الداخلية. غالباً ما تكون هنالك علاقة تنسيق وتكامل بين المحاسب القانوني والمراجع الداخلي، ويعرف كلاهما قدرات الآخر وإمكاناته. وبالتالي عندما تكون هنالك وظائف شاغرة في قسم المراجعة الداخلية تتطلع كثير من الشركات إلى المراجعين الخارجيين باعتبارهم مرشحين قادرين على شغل هذه الوظائف.

خريجوا الكليات والجامعات الجدد   Universities and Colleges

يعتمد توظيف خريجي الكليات والجامعات الجدد - جزئياً - على برامج التدريب والتطوير ومن وجهة نظر قسم المراجعة الداخلية هنالك ميزة أو خاصية الحصول على أفراد ذوي كفاءة حديثة ومهارات جديدة مثل بحوث العمليات، والحاسب الآلي، والسلوك الإنساني، والإتصالات وغيرها. وتتوفر للمرشح فرص تعلم ما يتعلق بكل عمليات الشركة، بالإضافة إلى تحديد توجهاته المستقبلية هل تكون بالشركة. أم أي مكان آخر.

ويتطلب هـذا المصدر مقابلات الطلاب في كليـاتهم الجامعيـة، وإقامـة علاقات طيبة معهم وإعطاء أحاديث أمام طلاب تخصص المحاسبة. ويوفر ذلك للكلية وللطلاب فرصة التعرف على الشركة وإعطاء المراجعين الـداخليين بالشركة فرصة التعرف على الطلاب. وعن طريق مثل هـذه الاتصـالات يستطيع قسـم المراجعة الداخلية الحصول عـلى خـدمات الطلاب الممتازين للعمل كمراجعين داخليين.

المراجعون الداخليون Internal Auditors

في بعض الحالات يلجأ المحاسب الحكومي العام إلى طلـب خـدمات أفراد لديهم خبرهم سابقة بالمراجعة الداخلية، وقد يطالب المرشح بشهادة زمالة معهد المراجعين الداخليين. وقد أصبحت هذه الشهادة العلامة المميـزة للمهنـة ودليلاً على ان لدى طالب الوظيفة تفهماً أفضل لمفاهيم المراجعة الداخلية وإجراءاتها. ويمكن الحصول على المرشحين الملائمين في لقاءات وإجتماعـات ومؤتمرات معهـد المراجعين الداخليين ومن خلال الإعلان في دورية المعهد(المراجع الداخلي).

من غير المحاسبين Non – Accountants

أظهـر النطـاق الحـديث والواسـع لأنشطة المراجعة الداخلية الحاجـة المتزايدة إلى أشخاص لديهم المؤهلات من أنواع وتخصصات أخرى غير محاسبية مثل عمليات الحاسوب، والإنتاج والتسويق، الإتصالات ومراقبة الجودة، والشؤون القانونية وما إلى ذلك.

ويـؤدي تنويـع تخصصـات أفراد المراجعين الـداخليين إلى دعـم قدراتهم وتوسيع نطاق ومجالات خدماتهم لإدارة الشركة. ومثل هـذه القدرات الخاصـة يمكن أن تكون مفيدة بوجه خاص إذا إمتزجت ببعض الجوانب الماليـة. ومفيدة أيضاً في إثبات أن قدرات المحاسب ليست فقط(إمساك السجلات) إنما إمكانية أن يغطي مدى واسعاً من

123

مجالات التشغيل الأخرى. النقطة المهمة هي أن النطاق المتزايد للمهارات مطلوب للمراجعة الداخلية، وأن تجنيد الجهود وتطويعها ينبغي أن يركز على المهارات المطلوبة بصرف النظر عن الدلالة النمطية، وفي الوقت ذاته ينبغي أن يركز على المهارات المطلوبة بصرف النظر عن الدلالة النمطية، وفي الوقت ذاته ينبغي الإعتراف بأن مجموعة المراجعة الداخلية لا تتوقع أن يكون لديها خبرة خاصة في جميع المجالات التشغيلية للشركة وأن الشئ المعقول هو الإعتدال في الخبرة.

التدريب والتطوير Training and Development

عبر معهد المراجعين الداخليين عن هذا الجانب من إدارة وظيفة المراجعة الداخلية:(ينبغي أن يضع مدير قسم المراجعة الداخلية برنامج إختيار وتطوير أفراد المراجعة الداخلية، ويجب أن يتضمن البرنامج توفير:

(1) تطوير الوصف المكتوب لوظيفة كل مستوى من مستويات المراجعين الداخليين.

(2) اختيار الأفراد المؤهلين والأكفاء.

(3) التدريب وتوفير فرص التعليم المستمر للمراجع الداخلي.

(4) تقويم أداء المراجع الداخلي مرة سنوياً على الأقل.

(5) توفير مجلس للمراجعين الداخليين لتطوير أدائهم المهني.

(معهد المراجعين الداخليين المعيار UK 540)

ويعتبر نشاط التدريب والتطوير إحدى الوسائل الرئيسة التي تسد بها إدارة المراجعة الداخلية الفجوة بين مصادر الأفراد الموجودين والمطلوبين. بالإضافة إلى أن برنامج التدريب الفعال يمكن قدرات الأفراد وتطويرها. ومن الأهمية عند وضع

برنامج التدريب عدم المغالاة في تحديد أهداف التدريب، أيضاً يراعى ألا تكون هذه الأهداف ثابتة بل يتم تغييرها وفقاً للتقدم الذي يحرزه الموظف في أداء عمله. بالإضافة إلى ذلك ينبغي أخذ الفروق الفردية في الإعتبار نظراً لاختلاف الخلفيات التعليمية وقدرات وخبرات المتدربين. وهذا ويمكن توفير وتقديم التدريب بعدة طرق منها:

(1)   التدريب على رأس الوظيفة.

(2)   التدريب الرسمي.

(3)   التطوير الذاتي.

ونعرض فيما يلي لكل طريقة بشكل مختصر:

التدريب على رأس الوظيفة On-Job Training

بالإضافة إلى الحاجة إلى التعليم والتدريب الكثيف في ممارسات المراجعة الداخلية، فإن التدريب على رأس الوظيفة أيضاً في غاية الأهمية. ورغم أن فصول الدراسة تحاول محاكاة الواقع إلا أنها لا يمكن أن تقدم الخبرة التي تكتسب يومياً. والتدريب على رأس الوظيفة يعني أن لدى المراجع فرصة حل المشكلات تحت ضغوط الوقت. والإشراف على الأفراد، والعمل مع الإدارة للتوصل إلى النتائج واكتساب قبول النتائج.

وترتبط طريقة التدريب على رأس الوظيفة بمشكلات عمل تقويم نوعي للخبرة. فما هي معايير الخبرة المرضية للمراجعين الداخليين. وكيف يفي قسم المراجعة الداخلية بهذه المعايير بشكل جيد. وما الذي تقوم به المهنة لتحسين الخبرة والتدريب المعطى لأفرد المراجعين الداخليين.

(1)‏ تخطيط مهام التطوير: ينبغي تخطيط مهام التطوير لإحداث التطوير المستمر للمراجع. وغالباً يتعذر عمل ذلك بسبب عبء العمل ومشكلة الحصول على الأفراد. ويعتبر تخصيص المراجع على مشرفين مختلفين أداة تعليمية معترف بها. ومع ذلك إذا لم يدرك المشرف طريقة عمل المراجع في الماضي والمجالات التي يحتاج فيها إلى تحسين فإن العائد من عملية التخصيص يكون أقل.

(2)‏ التنويع: يتطلب تطوير أفراد المراجعين إلى مديرين لديهم تدريباً في القدرة على حل مشكلات أكثر تعقيداً. ويتحقق ذلك من خلال تنويع تخصيصات المراجعة ليعتاد المراجعون على مشكلات المجالات المختلفة وكيفية التعامل معها. فالمراجع الذي يعمل في مراجعة المخزون لمدة عام مثلاً يحصل على خبرة متخصصة في هذا المجال

(3)‏ الإشراف: هنالك عدة فرص للمراجع المشرف للمساعدة في التدريب على رأس الوظيفة في التدريب الميداني للأفراد، وأن وضعه الوظيفي مرتبط بقدرته على تطوير مساعديه. وقد يأخذ هذا التدريب شكل توجيه، وتوضيح، وتشجيع، وإنتقاد، ونصيحه.

(4)‏ تفويض المسؤوليات: ينبغي ان يكون المشرفون يقظين لمواطن القوة والضعف في أفراد المراجعين. ومحاولة تخصيصهم على أعمال صعبة كالتحدي للمراجعين حتى يستفيدوا من المهمة. لذا يجب على المشرف إعطاء المراجع الحرية في القيام بالعمل، وتزويده بالمساعدة والتوجيه المطلوب. وينبغي أن يفوض المراجع بعض المسؤوليات لتطوير قدراته.

التدريب الرسمي Formal Training

هنالك مجموعة من الأسباب تتطلب وجود برنامج للتدريب الرسمي في قسم المراجعة الداخلية مثل التقنية الجديدة والتغيرات المهنية والحاجة إلى إستخدامها في المهام اليومية، أيضاً أهمية إنتشار المداخل الفعّالة لإنجاز أعمال المراجعة بين أفراد المراجعين.

وقد وجدت الأقسام الكبيرة أنه من الأفضل أن ترعى بعض الحقائب التدريبية داخل الشركة، ومن أجل فعالية التكلفة يمكن تفصيل التدريب لمقابلة حاجات معينة في الشركة. وفي بعض الحالات يستخدم المراجعون الداخليون في القسم معلمين أما المادة التدريبية فيتم تنميطها. وفي حالات أخرى يتم إستئجار مدربين من الخارج لتوفير الحقائب التدريبية في موضوعات مختارة مثل المعاينة الإحصائية. ويمكن تطوير المقدرة الداخلية لتعلم الحقائب التدريبية التالية.

ينبغي إعادة التظر دورياً في المناهج المهنية المتاحة في المجتمع. في بعض الحالات تقوم الكليات بجدولة المقررات التي يمكن تطبيقها على المراجعة الداخلية. كما ينبغي أن تنشر المنظمات المهنية جداول تدريب للمراجعين. ومن بين هذه المنظمات معهد المراجعين الداخليين ومعهد المحاسبين القانونيين واتحاد مراجعي الحاسوب وغيرهم.

التطوير الذاتي Self-Improvement

يتخذ التطوير الذاتي لأفراد المراجعين الأشكال التالية:

(1) إجتياز اختبار زمالة معهد المراجعين الداخليين. ويتطلب ذلك فهم راسخ بمفاهيم ومعايير وإجراءات المراجعة الداخلية. وقد صارت الزمالة مقبولة في كثير من الشركات باعتبارها متطلباً للترفيع لمستويات أعلى.

(2) برنامج القـراءة الذاتيـة. تفـرض التطـورات الحديثـة في المحاسـبة والمراجعـة على المراجـع أهميـة إتبـاع برنامـج للقـراءة يغطـي الـدوريات المهنيـة والكتب والمراجع الجديدة في هذا المجال.

(3) برنامج دراسة الماجستير. وهـذه الدراسـات تـزود المراجـع بالأسـاس الفكـري لـلإدارة والأسـاليب الكميـة والحاسـوب ومفـاهيم المحاسبة والمراجعـة المتقدمة.

(4) إجتياز اختبار زمالة المعهـد الأمـريكي للمحاسـبين القـانونيين. ويمثـل ذلك هدفاً للكثير من المراجعين. والآن هنالـك بـرامج ومقـررات ودورات منظمـة للتدريب على إجتياز الاختبـارات اللازمـة للحصـول عـلى هـذه الزمالـة. وينبغـي النظر إلى التدريب على إختبارCPA(زمالـة المحاسـبة القانونيـة) باعتبـاره مكمـلاً لزمالة معهد المراجعين الداخليينCIA وليس بديلاً عنه.

مثال: برنامج تدريبي للمراجعة الداخلية

الهدف من البرنامج: تطوير الأفراد وتزويدهم بمهارات أساسية كي يصبحوا مراجعين داخليين فاعلين من خلال تحقيق الأغراض التالية:

1. إستكمال متطلبات الخبرة التي لم تستوف في مواقع سابقة
2. تنمية مهارات الفحص الدقيق والتحليل الفّعال
3. تطوير المقدرة على صنع الأحكام والآراء الملائمة
4. تطوير مهارات العرض والإتصال الفعال

الجانب الأول: المساعدة في أعمال المراجعة المختارة في ظل التوجيه المباشر من المراجع المسؤول. تتضمن هذه المرحلة تعلم أساليب الفحص المراجعي وإستخدامها. يجب أن تتضمن الخبرة في هذا الجانب عينة مناسبة من المواطن والمجالات محل الفحص.

الجانب الثاني: التعزيز والدعم لأعمال المراجعة المختارة تحت إشراف المراجع القيادي المسؤول عن المراجعة. ويتضمن هذا الجانب تحمل مسؤولية تغطية مجالات معينة، عمل أحكام المراجعة وعرض النتائج على الإدارة. تتضمن الخبرة في هذا الجانب عينة مناسبة لتغطية المجالات التي لم تغطى في الجانب الأول.

الجانب الثالث: تحمل المسؤولية الكامل عن أعمال المراجعة الصغيرة تحت إشراف مدير المراجعة وتوجيهه تتضمن هذه المرحلة بيع الأفكار وتسويقها من أجل تحسين كفاءة إعداد التقارير الشفهية والمكتوبة.

يختلف الوقت المطلوب لكل جانب تدريبي من فرد لآخر إعتماداً على الخبرة والتدريب السابقين ويتم مراقبة التقدم عن طريق مدير المراجعة

والاستعراض المنتظم لعملية التدريب. هذا وينبغي تحقيق الفهم الكامل في كل جانب من جوانب التدريب الثلاثة قبل الإنتقال من جانب لآخر.

التقويم الدوري لأداء المراجعين الداخليين
Periodic Appraisal of Performance

تستخدم وسائل تقويم الأداء لإحاطة المستويات الإدارية المختلفة والمشرفين بقدرات الأفراد وما يقومون بإنجازه. وهكذا فإن وسائل التقويم توفر أساساً مهماً لعمليات حفز ومكافأة ونقل الأفراد وإنهاء عقودهم. أيضاً تخدم وسائل تقويم الأداء كأداة مفيدة في تدريب الأفراد من خلال:

- متطلب للتقويم الدوري ولتوثيق مواطن القوة والضعف.
- المساعدة في تحديد الحاجات التدريبية الأساسية وتخطيط الطرق أساسية لتحسين الأداء.
- أساس لتخصيص الأفراد على المهام.
- المساعدة في مشاورة العاملين عن قدراتهم في الوفاء بمعايير الأداء.
- سجل دائم باتجاهات الأفراد.

وعادة ما تستكمل وسائل تقويم الأداء عند إنتهاء المهمة أو العملية. بالإضافة إلى ذلك يتم إعداد تقديرات مركبة عادة على أساس سنوي لتوفير تقويم شامل للعمل لدى مختلف المشرفين. ويمكن ان تزداد أهمية وسائل تقويم الأداء بشكل جوهري إذا تم تزويد المشرفين بتعليمات تتعلق بكيفية التعامل مع هذه الوسائل ونماذج إستخدامها.

ويتطلب وجود نظام فعّال لتقويم الأداء ضرورة وضع معايير لتقويم الأداء. هذه المعايير تسمح بالتقويم الدقيق لأداء العمل على أساس موضوعي بدلاً من الأساس الشخصي. ورغم أن ذلك قد لا يكون ممكناً بسهولة بالنسبة لوظائف المراجعة الداخلية، إلا أنه ينبغي القيام بمحاولة لتطوير مقاييس ومعايير عملية لتقويم أداء المراجعين الداخليين. ينبغي تشجيع العاملين للمشاركة في وضع هذه المقاييس أو المعايير وذلك من أجل الحصول على دعم لنظام تقويم الأداء من ناحية، وأيضاً لتأكيد العدالة والمساواة في التعامل. وعند وضع معايير الأداء يلزم إستعراض توصيف

الوظائف اولاً ثم إعداد قائمة بالمسؤوليات الرئيسة. ثم يتم وضع معيار لكل هدف أما على أساس كمي أو على اساس نوعي. وأخيراً يتم وضع نقاط لكل هدف. وبسبب المستويات العديدة الواردة بوسائل التقويم قد لا يكون عملياً وضع معايير لكل عنصر.

ويعرض الشكل(4-7) معايير تخطيط وتوجيه عملية المراجعة، وقد تم تحديدها بشكل نوعي بالنسبة لمشرف المراجعة.

المسؤولية

-. تخطيط وتنظيم ورقابة عملية المراجعة بالنسبة لإثنين أو أكثر من أعمال المراجعة المالية

الأهداف

-. المساعدة في تطوير برنامج المراجعة

-. إستعراض خطة ونتائج المسح والتوصيات للمشرفين بالمجالات التي يحتاج مزيد من الفحص

-. تحديد ملائمة التغطية المراجعية والحاجات من الأفراد

-. إستعراض النقاط الأساسية والتواريخ المستهدفة وتقدير الوقت المطلوب بالنسبة لأهداف المراجعة المختارة

:المعايير

1.- أخذ جميع المعايير المهنية وإجراءات الشركة في الإعتبار

2.- عمل كاف عن التخطيط وإجراء المسح وتنفيذ أهداف المراجعة

3.- وضع أولويات لضمان إستغلال الموارد المتاحة بكفاءة

4.- محاولات إيجاد أساليب جديدة للمراجعة

5.- توفير قيادة قوية للأفراد ويتضمن ذلك تعويض السلطة ومواقبة العمل

:الأداء المرضي

1.- أخذ جميع المعايير المهنية وإجراءات الشركة الجوهرية في الإعتبار

2.- وضع متطلبات خاصة لإعداد التقارير مثل شكل التقرير

3.- وضع تعليمات للأفراد تكون مفهومة وممكن إعمالها

:الأداء غير المرضي

-. عدم الإتساق في إستخدام المعايير المهنية وإجراءات الشركة

-. إسقاط بعض جوانب عملية التخطيط

-. عدم ملائمة نظام إعداد التقارير للظروف

-. عدم تبين أساليب جديدة للمراجعة

الشكل 4-7: معايير تخطيط وتوجيه عملية المراجعة

وظيفة التوجيه Directing

مهارة توجيه الأفراد في قسم المراجعة الداخلية أحد الجوانب الإدارية المهمة في إدارة وظيفة المراجعة الداخلية مثل التخطيط والتنظيم والتشكيل وبالتالي فإن دستور المراجعة الداخلية يحقق كلاً من الكفاءة والفعالية. ولقد عبر معهد المراجعين الداخليين عن أهمية هذا الجانب من الإدارة:(ينبغي أن يوفر رئيس المراجعة الداخلية السياسات والإجراءات المكتوبة لتوجيه أفراد المراجعين).

(المعيار 530 - معهد المراجعين الداخليينUK).

تم توسيع هذا المعيار وتطويره على النحو التالي:(ينبغي أن يكون شكل ومحتوى السياسات والإجراءات المكتوبة ملائماً لحجم وهيكل قسم المراجعة الداخلية ومدى تعقد عمله. قد لا تكون كتيبات المراجعة الإدارية والفنية الرسمية مطلوبة بواسطة جميع أقسام المراجعة الداخلية. قسم المراجعة الداخلية الصغير قد يدار بشكل غير رسمي. ويتم توجيه أفراد المراجعون فيه ومراقبتهم من خلال الإشراف اليومي المباشر ومن خلال المذكرات المكتوبة. اما في حالة قسم المراجعة الداخلية الكبير يصبح المزيد من السياسات والإجراءات الرسمية مطلوباً لتوجيه أفراد المراجعين مع الإلتزام المتسق بمعايير الأداء في القسم).(الإرشاد 530,1 معهد المراجعين الداخليين UK).

ملخص المراجعة Audit Briefing

يعد المراجع قبل كل مراجعة ملخصاً بأهداف عملية المراجعة وإدارتها أخذا في الإعتبار تفاصيل مثل البيئة الخاضعة للفحص، مشكلات المراجعة السابقة، وأهداف المراجعة الحالية، والغرض من المراجعة والموارد المتاحة – الهدف المهم هو حفز

أفراد المراجعين، وكذلك شرح مدخل المراجعة. ويوضح الشكل(4-8) مثال لملخص المراجعة:

سري

تقرير إلى السيد / عبدالله محمد

الموضوع: التوزيع المركزي

التاريخ / / 200

الرقم المرجعي :

خلفية أساسية :

تم توفير مخزن مركزي في منطقة الشمال لتزويد مراكز التوزيع الإقليمية من أجل تحسين خدماتنا للعملاء وفي الوقت ذاته تقليل حيازة المخزون. نما الطلب وتزايد سريعاً وفاق طاقة المخزون ويتم التخطيط لإنفاق رأسمالي إضافي لمضاعفة طاقة المخزن.

المجالات التي يجب أن تخضع للتقويم:

أدت الطاقة المحدودة للمخزن إلى مشكلات إدارية. المخزون الموجود يزيد على الموازنة. عبر المراجع القانوني عن نقص مصداقية سجلات المخزون، كما يمضي الأفراد وقتاً زائداً في معالجة الاستفسارات من العملاء والموردين. لقد طالبت الإدارة العليا إجراء تقويم لهذا المجال من النشاط

الشكل 4-8 ملخص المراجعة

بيان وظيفة المراجعة الداخلية

يتم فحص ذلك في ظل متطلبات ضرورية. وأهمية مثل هـذا البيـان تكـون مزدوجة: أولهـما: للإستخدام بواسـطة المـراجعين. وثـانيهما: أداة لتعزيـز منفعـة المراجعة الداخليـة للمنشـأة. عـلى سـبيل المثـال ضـمان السـلامة لأدوات الرقابـة وتحسين وسائل الإتصال بالمنشأة.

وبعد أن توافق الإدارة على أهداف وظيفة المراجعة الداخلية يكون مدير المراجعة في موقع يمكنه من تكوين السياسات والإذعان للخطة لمقابلة الأهداف المرسومة، ولائحة المراجعة الداخلية.

سياسة المراجعة Audit Policy

ينبغي أن تحدد سياسة المراجعة على أساس لائحة المراجعة الداخلية. ولقد ارتبطت المراجعة التقليدية بالمراجعة المالية. إمتدت المراجعة الداخلية الحديثة لتشمل مراجعة الكفاءة والفعالية والإقتصاد والفحوصات الإدارية. ومن أجل الوفاء بأهداف المراجعة الداخلية يتعين على مدير المراجعة أن يحدد أجزاء من أعمال المراجعة التي يجب القيام بها وذلك قبل إحالته لخطة المراجعة للإدارة العليا للموافقة عليها.

مداخل العمل المراجعي

المراجعة المالية(مراجعة العمليات) Financial Audit

يطلق عليها أحياناً(مراجعة الأمانة..) وتعني فحص الأمانة أو السلامة بالنسبة للأمن المالي للمنشأة(Financial security) ويتجه هذا النوع من المراجعة إلى أخذ شكل مدخل العمليات حيث يتم تحقيق عدد كبير من العمليات مع المستندات المؤيدة لها، فعلى سبيل المثال مراجعة النقدية. ويستغرق هذا المدخل وقتاً طويلاً ويجسد أو يصور الاختبارات الجوهرية. ويتضمن هذا النوع من المراجعة الفحص المادي للمخزون وحماية الأصول الأخرى وضمان وجودها(حماية أصول المنشأة أساساً).

المراجعة المنتظمة Regularity Audit

يتضمن هذا النوع من المراجعة فحص إجراءات الرقابة الداخلية لضمان الإلتزام بالقواعد والتنظيمات المرسومة بالمنشأة. إنها تجسد إختبارات الالتزام مدعمة

بالإختبـارات الجوهريـة حيـث تقليـل مـواطن القصـور. للتأكيـد للإدارة الإلتزام بتعليماتها وسياساتها التي تؤدي إلى تحقيق أهداف المنشأة.

المراجعة التشغيلية Operation Audit

المراجعة التشغيلية والمراجعة الإدارية لهما معان مختلفة. ومـع ذلـك قـد يفضل التعريفين التاليين:

- (المراجعة التشـغيلية هـي تقـويم مسـبق بواسـطة المراجـع الـداخلي لتعيين المجالات التي يتم فيها تحسـين الكفـاءة والإقتصـاد والفعاليـة، أو لتقـويم الإلتزام بـالخطط والسياسـات وإجـراءات التشـغيل) (Government Internal Audit Manual)

- (المراجعة التشغيلية هي تقويم موضوعي ومستقل لفعالية المـديرين وفعالية الهيكل التنظيمي للشركة في إنجاز أهداف وسياسـة الشركة، وتهدف إلى تحديد مواطن الضعف الموجود والمحتملة في الشركة والتوجيه بطرق تصحيحها) (CIMA Management Accounting Official Terminology)

ويمكن أيضاً تعريف مراجعة التشغيل بشكل أكثر تبسـيطاً بأنها مراجعـة الأهداف غير المالية، وتكون الرقابة نشاطاً ماليـاً، وأيضـاً نشـاطاً تشـغيلياً ويعـول عليها في تحقيق كفاءة الإدارة.

المراجعة الإجتماعية Social Auditing

يرتبط هذا النوع من المراجعـة بالمحاسبة والمسـائلة الإجتماعيـة للشـركة، التي يجب أن تقبل تحمل المسؤوليات الإجتماعية باعتبارها عضواً بالمجتمع الذي توجد فيه، فالشركة وإدارتها مسؤولة أمام المساهمين أمام كل من لـه مصـلحة في الشركة مثل الدائنين والعاملين والمجتمع(البيئـة) الصـغير المحـيط بالشركة وأيضـاً المجتمع الكبير الذي تنتمي إليه. ويجب عدم الخلط بين المحاسبة عن المسؤولية الإجتماعية والمراجعة الإجتماعية. فالمحاسبة عن المسؤولية الإجتماعية

تختص بقياس الأداء الإجتماعي للشركة والتقرير عنه، بينما المراجعة الإجتماعية هي نشاط مستقل يختص بضمان دقة وصحة المعلومات الاجتماعية المرتبطة بالأداء الاجتماعي للشركة.

وتتضمن المراجعة الإجتماعية تقويم مجالات النشاط التنظيمي التالية:

- مستويات التوظيف.
- برامج التدريب.
- الصحة والحماية.
- العلاقات الصناعية.
- الأحوال المعيشية للعاملين.
- الإسكان والتنقلات.
- برامج التغذية المخصصة.

بالإضافة إلى ماسبق فإنها تتناول مجالات التلوث البيئي، والإلتزام بنصوص القانون فيما يتعلق بمسببات التلوث، والإقتصاد في مصادر الطاقة الموجودة والمساهمة في البحث عن مصادر بديلة للطاقة، والإقتصاد في إستخدام المواد الخام. وأيضاً أمان المنتج.

وفي تقديرنا أنها مسألة وقت فقط لينهض قسم المراجعة الداخلية بالقيام بفحص المجالات السابقة ومراجعتها، والفشل أو الإخفاق في القيام بهذه الفحوصات يمكن أن يعرض المنشأة لكوارث ونكبات. ومن المعقول للمراجع أن يقدم النصيحة بشأن العوامل التي تفسد أو تضعف من صورة المنشأة وان يقوم بمتابعة الإجراءات المصححة لذلك. أيضاً من المهم بالنسبة للمراجع أن يكون قادراً على تقويم فعالية سلامة الشركة من خلال تزويد إدارتها بنصائحه بشأن القضايا الحساسة.

المراجعة على أساس مدخل النظم
System - Based Audit

تعريف

(في ظل المدخل القائم على النظم فإن طبيعة الاجراءات التفصيلية للمراجعة وتوقيتها ومداها متضمنة إجراء الاختبارات الملائمة عن أمانة وسلامة العمليات تقوم على أساس الدراسة والتقويم المنظم لأدوات الرقابة داخل النظام لتحديد درجة الإعتماد على النظام لضمان فاعلية تخطيط الموارد وإدارتها ولتوفير معلومات دقيقة. ورغم ضرورة بعض الإختبارات التفصيلية للعمليات(الإختبارات الجوهرية) للتأكد من فعالية أدوات الرقابة، فإن هذا المدخل يمكن المراجع من تركيز جهود المراجعة في المجالات التي لا توجد فيها أدوات رقابة أو أنها لا تعمل بشكل سليم. ومع نهاية الفحص يمكن للمراجع أن يشير إلى مواطن الضعف، (Canadian Auditor General Public Finance and 1981, Accountancy) .

النظم ووسائل الرقابة

لقد أدى التطور والتعقيد في أحجام المشروعات إلى حتمية تفويض المسؤوليات المتزايدة وعدم إنشغال الإدارة العليا بأنشطة التشغيل اليومية. وبالتالي فإن مراقبة العمليات اليومية يعتمد على وجود أدوات رقابة جزئية وغيرها من أدوات الرقابة التي تنظم الأنشطة، تراقب نظم التشغيل، وتضع المعايير. ولقد دفع هذا التوسع المراجع إلى تغيير أسلوب فحصه من فحص كل عملية بشكل كامل إلى إستخدام المعاينة أساساً للحصول على أدلة الإثبات وتحديد إختبارات الالتزام بالسياسات والقوانين. ويمكن تقدير سلامة نظام الرقابة الداخلية اعتماداً على أدلة الإثبات هذه.

ويصف قاموس أوكسفورد النظام بأنه(ترتيب أو نظام يجمع عدد كبير من الأجزاء تعمل معاً لغرض واحد). ولغرض فحص النظام فإن الأجزاء التي يشملها -

أدوات الرقابة الداخلية – يجب فحصها وبالتالي يمكن للمراجع أن يحدد درجة الاعتماد والتعويل عليه ككل.

تقويم النظام

النظام الموجود

تتقيد توصيات المراجع المتعلقة بإجراء أية تغييرات في الإجراءات بطبيعة المنظمة وحجم العمليات ودرجة تعقيد النظم المحاسبية والموارد المخصصة لأفراد المحاسبة.

نمط الإدارة

من المهم بالنسبة للمدير التنفيذي أن يدرك قدرات أفراده، ومن الضروري أن يأخذ المدير في اعتباره حدود الطبيعة البشرية ونوعية وحجم الأفراد المتاحين.

متطلبات النظام المحاسبي

ينبغي تحديد هذه المتطلبات في البداية لأنها تحدد طريقة حفظ السجلات والأهمية النسبية لبعض المجالات الحساسة. ويعتبر الوفاء بالمتطلبات القانونية للإفصاح، الحد الأدنى للمتطلبات التي يجب أن يسعى إليها نظام المحاسبة. ورغم ذلك فإنه من المهم أن تتأسس معلومات الإدارة على بيانات سليمة. وهكذا فإن مستوى تجميع العمليات وتحليلها وتمويلها تعتبر من الأمور التي يحتاج النظام أن يتكيف معها من أجل تيسير عملية التخطيط واتخاذ القرارات.

علاقة التكلفة/المنفعة

ينبغي أن يتذكر المراجع دائماً أن النظام مصمم لخدمة المنظمة لا المراجع، ويجب أن يكون أيضاً مقتصداً في إستخدام موارد الجهة الخاضعة للفحص والمراجعة.

مراجعة العمليات Transactions Audit

يقصد بها الفحص المستندي لجزء كبير من العمليات. ويتقرر استخدام أسلوب مراجعة العمليات من خلال حجم المنظمة وطبيعتها، ومدى وجود نظم للرقابة الداخلية ومدى الدقة والسلامة والإكتمال في تسجيل العمليات.

في المنظمات الصغيرة عادة ما يعني إستخدام أسلوب مراجعة العمليات مطابقة العمليات المسجلة مع المستندات المؤيدة: مثلاً مطابقة سجلات الشراء مع فواتير الشراء(إختبار جوهري). ويحتاج المراجع إلى اختبار نسبة كبيرة من العمليات من أجل الحصول على أدلة الإثبات الملائمة.

بينما في المنظمات الكبيرة ذات أحجام العمليات الكبيرة التي لديها نظم محاسبية سليمة ربما يلجأ المراجع إلى اتباع مدخل النظم من أجل تخفيض حجم العمليات التي تخضع للإختبار والفحص.

وتوضيحاً لاستخدام هذا المدخل، فإن مدخل النظم يستخدم لنظام المدفوعات حيث يعين أو يحدد اختبار الإلتزام مواطن الضعف في نظام الرقابة: مثال عدم تخفيض مبالغ الخصومات المتحصل عليها من إجمالي المبلغ المدفوع، وبالتالي يتم القيام باختبار جوهري لتحديد الأهمية النسبية لهذا الضعف في نظام الرقابة. وعموماً فإنه ينصح بأن يتبنى المراجع مدخل النظم إذ يساعد المراجع في تحقيق استخدام أفضل للموارد. وأيضاً طريقة أكثر كفاءة في الحصول على أدلة الإثبات، وأيضاً فإن هذا المدخل تؤيده لجنة ممارسات المراجعة ((Practice Committee(APC))

ونعرض فيما يلي مقارنة بين مدخل النظم ومدخل المراجعة ومبررات استخدام كل منهما(الشكل 4-9):

أسباب إستخدام مدخل العمليات	أسباب إستخدام مدخل النظم
يقابل المراجع حاجة المنظمة لمعرفة دقة عمليات المنظمة وسلامتها. يعتبر مدخل العمليات أساساً لفحوصات أمانة العمليات. يوفر فحصاً شاملاً لجزء كبير من العمليات.	يقابل النمو المتزايد لحجم المنطقة وتعقدها من خلال الاستخدام الكفء لموارد المراجعة. بسبب نقص موارد المراجعة فإن المراجع مطالب بأن يكون أكثر تحرراً في إختيار أسلوبه. يتيح إبداء الرأي بناء على إستخدام عينة صغيرة ممثلة. في حالة إكتشاف مواطن ضعف يتم إستخدام مدخل العمليات وإجراء إختبارات جوهرية للمناطق الحساسة. يعتبر من أكثر أساليب المراجعة ملائمة للمنظمات الحديثة.

الشكل 4-9: المقارنة بين مدخل النظم ومدخل المراجعة

بعد تحديد الخطط وطرق الرقابة والتوجيه وصورة المنظمة من المهم لمدير المراجعة أن يوفر بيئة عمل مراجعي جيده. ويوضح ذلك(Booth 1984) فيما يلي(.. بدون بيئة ملائمة فإن عمل أية مراجع داخلي يفتقر إلى التوجيه السليم، ويفتقد تفهم الإدارة التنفيدية لهذا العمل.أيضاً الفشل في الإستخدام الأمثل والفعال لموارد المراجعة الداخلية).

وفيما يلي خمسة مجالات تم تعيينها وتحديدها باعتبارتها مجالات مهمة وحساسة بالنسبة لبيئة العمل الجيد للمراجعة الداخلية:

(1) إقامة قنوات اتصال جيده مع الإدارة العليا. وتعتبر لجان المراجعة واللقاءات الدورية أدوات مساعدة في تحقيق ذلك.

(2) تفهم الإدارة العليا والإدارة التنفيذية لدور المراجعة الداخلية. ويعتبر ميثاق وظيفة المراجعة الداخلية وتحديد أهدافها أمراً مهماً في هذا السياق.

(3) تصميم إجراءات التخطيط والرقابة وإعداد التقارير يكون لمنفعة الإدارة وليس فقط لاستخدام المراجع الداخلي، فالمراجع الداخلي في خدمة الإدارة وليس العكس.

(4) ينبغي اختيار أساليب المراجعة وإتباعها بطريقة بناءة مع وجود مراجعين يعملون مستشارين لا بوصفهم أفراد شرطة داخليين. ويجب أن يستهدف تدريب المراجعين ليس فقط إكسابهم المهارات الفنية ولكن أيضاً إقامة اتصال جيد مع الجهة أو القسم الخاضع للفحص.

(5) يجب أن تدعم الإدارة العليا تقارير المراجعة لإعطاء مصداقية للمراجع الداخلي، وينبغي على المراجع أن يرد على ذلك بتقديم التوصيات ومقترحات التحسين الضرورية للإدارة ومتابعة تنفيذها. ويعكس ذلك الثقة بين المراجعة الداخلية والإدارة العليا.

رقابة قسم المراجعة الداخلية

Controlling Internal Audit Department

ماهية رقابة أعمال المراجعة الداخلية وطبيعتها

يحتاج رئيس المراجعة الداخلية إلى تنفيذ نظام الرقابة لضمان التنفيذ الفعال للخطة السنوية وفقاً للائحة المراجعة الداخلية التي وافقت عليها إدارة المنظمة. وينبغي توضيح وتوثيق أية انحرافات عن الخطة بشكل تام.

وكما هو الحال بالنسبة للمهام الإدارية الأخرى فإن درجة النجاح المحقق يعتمد على التفويض أدلة والإثبات، بل أيضاً أن يكون قادراً على العمل بمبادرة شخصية منه وأن يمارسا حكما مدروساً وناضجاً عند تفسير أدلة الإثبات التي قام بجمعها.

إن مهمة الإدارة أن تقوم بتوفير الإطار الذي يسعى فيه كل مراجع للمساهمة بشكل تام في الإنجاز الناجح لأهداف الشركة عند تنفيذ خطة المراجعة المتفق عليه.

وتتضمن هذه المهمة تدبير أفراد المراجعين الملائمين واستقطابهم وتوجيه عملية تطويرهم وتدريبهم على العمل، وتذكيرهم بالعمل المخصص لهم وحفزهم على الإلتزام الصادق بأهداف الفريق. وبالتالي فإنه من الضروري مراقبة الأداء وتوفير التوصية والتشجيع الملائم للأفراد. وتعتبر أكثر نظم الرقابة فعالية تلك النظم التي تمكن المراجعين من قياس أدائهم مقارنة بالأهداف والمعايير المقرر سلفاً.

ويتضمن توجيه خدمة المراجعة الداخلية في المنظمات الكبيرة ما يلي:

(1) تدبير الأفراد الملائمين واستقطابهم، ينبغي ان يكون لدى المراجعين الداخليين:

- الإحساس الجيد بالمسؤولية، والقدرة على العمل والمبادأة، والثقـة في تكوين أحكامه.

- الذكاء في الإدراك والتفهم السريع لتعقيدات النظم والطرق والأساليب.

- الفضولية والرغبة الكبيرة في التعلم، الحساسية بالنسبة لوجهات نظر ومواقف الآخرين.

- المهارات الشخصية الداخلية خاصة القدرة على الإتصال.

(2) تطوير الأفراد، وذلك بـأن يعمـل كـل مراجـع داخلـي وفقـاً لخطـة مصممة خصيصاً لبذل قدراته كـاملاً. وقد يتطلب ذلك خـبرة بتخطيط العمـل ومقررات تدريبية معينة في إكتساب المهـارة المهنيـة والتطـوير الـذاتي ومؤتمرات المراجعة المنتظمة بالنسبة للفريق كله.

(3) مراقبة الأداء: وذلك من خلال إمسـاك سـجل للقسم يبـين أداء كـل مراجع مقارنة بالمعايير المحددة سلفاً وتوضيح مدى التقدم وفقاً للخطة.

(4) التحفيز: ويعكس ذلك جودة الإدارة أكثر من أن يمثل وظيفة إدارية منفصلة. ويتم إنجازه باتباع الأسلوب الوارد في النقـاط الـثلاث السـابقة. ويعتمـد التحفيز القوي على ما يلي:

- القيـادة: التوجيـه الفعـال لخدمـة المراجعـة الداخليـة مـع أهـداف واضحة مع إعطاء التوصية والتشجيع والإدراك السليم بالعمل الجيد.

- روح الفريق: يتطلب نجاح الفريق الكفـء للمـراجعين الـداخليين، التمتع بالصفات الاجتماعيـة والضـرورية باعتبـاره فريقـاً مطالبـاً بالوفـاء بمعـايير مهنية للخدمات التي يقدمها.

- المسؤولية: تبنى المسائلة المحاسبية لأفراد المراجعين على أحكام وآراؤهم في النتائج التي توصلوا إليها بعد الفحص.

- الرضا الوظيفي: يوفر العمل القيم والمهم الممتع خبرات مهنية مفيدة وطموحات جيدة لأفراد المراجعين لتحقيق الرضا الوظيفي.

تقارير المراجعة الداخلية

يعتبر إعداد وأصدار تقرير المراجعة الداخلية أكثر جوانب العملية الكلية للمراجعة الداخلية أهمية. فالتقارير وسيلة أفراد عديدين داخل الشركة وخارجها لتقويم عمل المراجع الداخلي وتقدير مساهمته. ورغم أن التقرير الفعال يعتمد على نوعية العمل المراجعي الفعلي، إلا أن العمل المراجعي الجيد يمكن أن يحبطه التقرير الردئ عنه. لذا فإن إعداد التقارير يمثل أحد الاهتمامات الرئيسة للمراجعين الداخليين عند كل المستويات خاصة المراجع الرئيس أو العام الذي يتحمل المسؤولية النهائية عن فعالية برنامج المراجعة الداخلية.

يؤدي تقرير المراجعة الداخلية عدة وظائف مهمة للمراجع والإدارة. وهذه الوظائف ينبغي أن تؤخذ بعين الإعتبار عند إنجاز العمل المراجعي، وعند تحديد كيفية كتابة تقرير المراجعة. ونعرض فيما يلي لهذه الوظائف:

(1) أداة لتلخيص نتائج المراجعة: يستخدم التقرير لتلخيص أدلة الإثبات المتحصل عليها أثناء المراجعة مع عرض نتائج الفحص. وهكذا فإن التقرير يمثل المحصلة النهائية للعمل المراجعي.

(2) أداة للإفصاح وتوفير المعلومات: يزود التقرير المنظمة بملخص للمجالات التي تحتاج إلى تحسين. وبالتالي يمكن أن ينظر للتقرير بوصفه اداة لتوفير

المعلومات للإدارة عن عمليات المنظمة، وأيضاً أداة لتقويم الأداء والإفصاح عن مواطن القوة ومواطن الضعف فيه وإمكانات تحسينها.

(3) إطار للإجراءات الإدارية المصححة: يعرض التقرير لتوصيات المراجع والإجراءات التي يجب أن تتخذها الإدارة. وفي ضوء الظروف التي يفصح عنها التقرير وتحديد الأسباب تستخدم التوصيات إطاراً لإجراءات تصحيح أوجه القصور وتحسين الأداء. أيضاً يستخدم التقرير مرجعاً لاستعراض المجالات الأخرى في المنظمة وفي متابعة إجراءات التصحيح.

(4) أداة للتوضيح وتفسير وجهات نظر الجهة أو الإدارة محل الفحص فقد ترغب الجهة محل الفحص عرض وجهة نظرها في القضايا التي لا توافق عليها. هذا التوضيح مع تعليق المراجع يساعد في إبراز هذه القضايا أمام الإدارة وتوفير أساس سليم للتوصل إلى قرار بشأن الإجراءات المصححة المطلوبة.

تتطلب إرشادات المراجعة الصادرة من معهد المراجعين الداخليين ضرورة رفع التقارير دورياً للإدارة وإلى مجلس المديرين. كما ينبغي أن تقارن هذه التقارير بين:

(1) إنجاز أهداف القسم وجداول العمل المراجعي.

(2) النفقات مع الموازنات المالية مع بيان أسباب الانحرافات وبيان الإجراءات التي اتخذت أو المطلوبة.(إرشاد المراجعة 06.520 معهد المراجعين الداخليين(UK).

وتعتبر تقارير المراجعة أساسية للرقابة الإدارية الفعالة فهي تشكل السجل الدائم والموثوق به بعمل المراجع والنتائج المدعومة بتفاصيل النتائج والتوصيات. وينبغي أن تصادق التقارير على القضايا التي نوقشت مع الإدارة المسؤولة في نهاية عملية

المراجعة، وتستخدم أداة لتحديد الإجراءات المطلوبة ولأغراض المتابعة بواسطة المراجعين اللاحقين. أيضاً ينبغي أن تحيط التقارير الأطراف الأخرى المهتمة التي قد يكون لها بعض السلطة في التأثير على الإجراء الذي يجب أن تتخذه الإدارة المسؤولة.

ضمان جودة أعمال المراجعة Quality Assurance

- "ضمان الجودة ضروري للإبقاء على قدرة قسم المراجعة الداخلية في إنجاز وظائفه بطريقة ذات كفاءة وفعالية. أيضاً ضمان الجودة مهم في إنجاز والحفاظ على مستوى عال من مصداقية قسم المراجعة الداخلية مع الإدارة، ولجنة المراجعة، وغيرهم ممن يعتمدون على عمل قسم المراجعة الداخلية).(قائمة معايير المراجعة الداخلية، رقم 0,4"UK , IIA"

- (ينبغي أن يؤسس رئيس قسم المراجعة الداخلية برنامج ضمان الجودة لتقويم عمل قسم المراجعة الداخلية كما ينبغي أن يحافظ عليه).(المعيار56 , UK, IIA)

ويهدف برنامج ضمان الجودة إلى ضمان الإلتزام بميثاق عمل قسم المراجعة الداخلية، وضمان الالتزام بالمعايير المهنية وأيضاً الإرشادات والتوجيهات الخاصة بكود أخلاقيات المهنة.

ويمكن إعمال مثل هذ البرنامج وتشغيله بثلاث طرق هي:

الإشراف Supervision

ينبغي ان يكون عمل المراجع موضوع الإستعراض المستمر ويتضمن ذلك جوانب العمل المراجعي التالية:

(1) الإلتزام بالبرنامج.

(2) ملائمة العمل المنجز.

(3) التدريب المستقبلي والحاجات المهنية.

(4) المهارات السلوكية.

ومثال لهذا العمل ربما يكون استعراض ملف ما لاستعراض مهارة إنجاز العمل، وملائمة عملية التوثيق، وسلامة الرأي الذي تم التوصل إليه، وملائمة أدلة الإثبات المؤيدة للرأي وتوضيح النتائج الواردة بالتقرير وتفسيرها. هذا الشكل من المراجعة عادة يقوم به المراجع الأول بشكل مستمر.

الفحوص الداخلية Internal Reviews

ينبغي أن يستعرض رئيس المراجعة الداخلية أداء كل من المراجعين وقسم المراجعة الداخلية. وينبغي أن يشمل الاستعراض الأمور التي تم وصفها فعلاً ولكنه يربط الإستعراض بأداء القسم بدلاً من أداء الأفراد. وينبغي أن نجري هذا الإستعراض على أساس دوري بأساليب مشابهه لتلك المستخدمة في المراجعة. وتراعى ضرورة وجود إجراءات وبرامج إستعراض متفق عليها لتستخدم بواسطة المدير أو الشخص القائم بتقويم الأداء.

ومن الأمور العملية والمهمة ضرورة أن يرفع المراجع الداخلي تقريراً عن نتائج الإستعراض إلى لجنة المراجعة والإدارة العليا وبالتالي تتاح للمراجعة الداخلية فرصة تشجيع خدماتها والترويج لها داخل المنظمة.

الاستعراض الخارجي External Reviews

ويمكن أن يتم هذا الشكل من الفحص بواسطة مستشاري الإدارة، أو جهاز المراجعة الداخلية، أي أفراد ليسوا مستقلين فقط، إنما أيضاً مؤهلون للقيام بمثل هذا

الإستعراض. وقد أوصى معهد المراجعين الداخليين بإجراء مثل هذا الإستعراض كل ثلاث سنوات مع التركيز على الإلتزام بمعايير المراجعة.

إستخدام المحاسب في إدارة المراجعة

في البداية أستخدمت الحاسبات الإلكترونية لتحسين أعمال السكرتارية والتخطيط المساعدة للمدير، من خلال تسهيلات معينة مثل: معالج الكلمات، وصفحات الإنتشار الإلكترونية. ومع الإدراك المتزايد وتوافر إستخدام الحاسب بتكلفة مناسبة، تزايد أيضاً نطاق إستخدام مدير المراجعة للحاسب. وبوضوح فإن الأسلوب تحليل المخاطر يتطلب إستخدام الحاسب، كما هو الحال أيضاً لنظام التكاليف وإعداد التقارير. وتساعد هذه الأساليب في التخطيط والرقابة في عملية المراجعة. ويطلق على هذه الأساليب أساليب المراجعة بمساعدة الحاسبComputer assisted audit techniques

وتتضمن الأساليب المستخدمة فعلاً، حزم برامج مراجعة عامة، وهي برامج مبرمجة مسبقاً، يمكن إستخدامها في أعمال المعاينة في إختبارات المراجعة. ويفترض أن يألف المراجع المعلومات موضوع الفحص وأمثلة لهذه البرامجAUDIT and STARATA , CARS، وبالنسبة لمدير المراجعة يمكن أن تعني أن المراجع يقضي وقتاً أقل في تحديد العينة المطلوبة ووقتاً أكثر في أعمال المراجعة. وبالتالي فإن ذلك يساعد في تحقيق إستخدام أكثر فعالية لموارد المراجعة.

يتم إعداد برامج الخدمة أو المنفعةUtility Programs إما بواسطة شركات تصنيع الحاسب أو شركات برامج الحاسب: وذلك لمقابلة حاجات المستخدمين بشكل خاص. وقد تكون هذه الحاجات أوالإستخدامات دمجاً أو فرزاً أو تحريراً أو تسجيلاً لملفات معينة مطلوب. وفيما يلي بعض الأمثلة:

(1)   مقارنة برامج الخدمات أو المنافع. تمكـن مقارنـة إصـدارات البـرامج من تحقيق وإدراك التغيرات التي تمت.

(2)   برامج تحليل المسار المنطقي. هذه البرامج تسمح بتحويل البرنامج الأصلي إلى خريطة تدفق أو رسم تخطيطي.

(3)   أساليب التتبع والرسم. يتضمن كلا الأسلوبين مسارات منطقية فالتتبع حيث يستخدم المسار، بينما أسلوب الرسم عندما لا يتوقع إستخدام المسار.

(4)   البرامج المفصلة. تعد هذه البرامج لإستخدام الأقسام مثلاً إعداد تقارير البنوك التي توضح تفاصيل التعامل مع البنك.

(5)   مراجعة البرنامج. حيث يقوم المراجع بقراءة البرنامج. وهذه الطريقة مكلفة في الوقت وتستخدم كآخر المحاولات أوالسبل.

(6)   مراقبات المراجعة المتكاملة. وهذه المراقبات تكون جزءاً من فحوصات المراجعة معدة داخل نظام الإستخدام. وهذه الطريقة مهمة بالنسبة لأحجام العمليات الكبيرة وإلا فأن التكلفة تحول دون إستخدامها.

ويجعل إستخدام الأساليب السابقة عمليـة المراجعـة أكثر فعاليـة. ويتيـح إستخدام الحاسب لمتابعة الإلتزام بخطط المراجعة، وكذلك القدرة على إسـتنطاق نظم تشغيل مختلفة للمراجع فرصة القيام بالكثير من عمله، دون العملية المملة المرتبطة بفرز الأحجـام الكبـيرة مـن المسـتندات، ومـن خـلال إسـتخدام أسـاليب المراجعة التحليلية للحصول على عينة ممثلة بسرعة.

تحليل مهام المراجعة Audit Task Analysis

يعتبر هذا التحليل أداة وثائقية لرئيس المراجعة الداخلية. ويشير (Nigel 1987) إلى أن هذا التحليل تم وضعه وتطويره في Kingston Upon Thames Council

ويستخدم في تحديد الأعمال التي تم الإنتهاء منها والأعمال التي ما زالت معلقة. وينصح بإستخدام تحليل المهام في كل مجال من المجالات التي يجب تغطيتها في خطة المراجعة: وبالتالي فهو يسمح بتجديد المناطق التي تتطلب مراجعة مستقبلية: بمعنى وجود فجوات في النظام الخاضع للمراجعة. كما أن تحليل المهام يسمح بالتوثيق المنهجي للنظام، وبالتالي تصميم برنامج المراجعة. وبالإضافة إلى ذلك فإن تجميع التحليل يكشف عن تكرار أعمال المراجعة بالنسبة لمجالات ومناطق معينة والتي تحتاج تقويماً إضافياً، مع تقويم لنظام الرقابة الداخلية. يوفر هذا التحليل قائمة بالمناطق والمجالات الرئيسة التي تغطيها المراجعة، وتكرارية المجالات الخاضعة للمراجعة، وتعيين المجالات التي تحتاج إنتباهاً إضافياً.

الفصل الرابع

4

المراجعة التشغيلية

4

المراجعة التشغيلية

مقدمة

يرجع ظهور مصطلح(المراجعة التشغيلية إلى حقبة الخمسينات من القرن العشرين عندما أستخدمه E.F.Mints في مقالته – المراجعة التشغيلية – في دورية المراجع الداخلي – (يونيو- 1954)، كما ظهر المصطلح في نشرة مسؤوليات المراجع الداخلي الصادرة عن معهد المراجعين الداخليين في الولايات المتحدة عام 1957 عندما ذكرت ان المراجع الداخلي يختص بالأمور المالية والمحاسبية، وأيضاً يتعامل مع أمور ذات طبيعة تشغيلية. وأن الطبيعة الأساسية للمراجعة الداخلية بدأت تضطلع بمجالات وجوانب جديدة لم تكن المراجعة الداخلية التقليدية تهتم بها.

مفهوم المراجعة التشغيلية وطبيعتها

المراجعة الداخلية هي احد عناصر أنظمة الرقابة الداخلية، وهي تتضمن مجموعة من أوجه النشاط المستقلة، تنشئها الإدارة لخدمتها في تحقيق الأهداف التي تسعى إليها. ولكي تقوم المراجعة الداخلية بخدمة الإدارة بشكل فعال، ينبغي أن يذهب المراجع الداخلي إلى ما وراء الرقابة المالية المحاسبية، ويتجاوزها إلى عمق مجالات التشغيل، على إعتبار أن معظم المساهمات الإيجابية والفعالة للمراجعة الداخلية تكون عادة في المجالات غير المحاسبية.

وقد أوضح معهد المراجعين الداخليين بالولايات المتحدة، في نشرة مسؤوليات المراجع الداخلي، أن الهدف الشامل للمراجعة الداخلية يتمثل في خدمة الإدارة عن طريق مساعدتها في اداء مهام مسؤولياتها بكفاءة تامة بتزويدها بالتحليلات وتقويم الأهداف والخطط عن كل الأنشطة محل الفحص.

ومنطقياً فإن المراجعة التشغيلية قد نشأت مع حاجة الإدارة إلى وسيلة تظهر مشكلات التشغيل ومعوقاته وتحليل نتائج تنفيذ الخطط والساسات المرسومة. وبالتالي

كان التفويض الأولي للمراجع بحماية مصالح الشركة. وهنا يستخدم المراجع الداخلي أساليبه في التحليل والتقويم في مجالات التشغيل. وتوافر القدرة للمراجع على تقويم أدوات الرقابة في أقسام الشركة وإدارتها يكسبه خبرة في تنظيم البيانات غير المالية وفي فحص النتائج من وجهة نظر الإدارة.

والمراجعة التشغيلية لا تختلف عن المراجعة الداخلية، وتعتبر إمتداداً منطقياً للمراجعة الداخلية إلى مجالات التشغيل. وبالتالي فإن المراجعة التشغيلية ليست نوعاً مميزاً أو منفصلاً من أنواع المراجعة، بل لها بؤرة تركيز مختلفة(المجال التشغيلي). بالأحرى هي مدخل أو أسلوب يتبنى المنظور الإداري أو التشغيلي في الفحص والتقرير.

ومع توسيع وظيفة المراجعة تعددت المسميات والمصطلحات التي تغطي الجوانب المتعددة التي يجب أن تركز عليها وظيفة المراجعة في مجال خدمة الإدارة(الشكل 5-1):

الجوانب المتعددة التي يجب أن تركز عليها المراجعة لخدمة الإدارة	المصطلحات المستخدمة
- ترشيد الوظيفة الإدارية.	المراجعة الإدارية
- الامتداد إلى عمق مجالات التشغيل.	المراجعة التشغيلية
- إبداء الرأي في أداء الإدارة.	مراجعة الأداء
- تقويم الأداء الإداري على أساس الكفاية.	مراجعة الكفاية
- تقويم أنظمة الرقابة والمحاسبة.	مراجعة نظم المعلومات
توسيع وظائف المراجعة الداخلية لتشمل تحقيق أهداف المراجعة الإدارية.	المراجعة الداخلية الإدارية
- أخبار المساهمين عن مدى كفاءة الإدارة.	مراجعة السياسة

الشكل 5-1: مطلحات المراجعة لأغراض خدمة الإدارة

ويرجع تعدد هذه المصطلحات إلى تركيز كل مصطلح على جانب معين. ويفضل تخليص المعرفة في هذا المجال لتقليل عدد المصطلحات المستخدمة منعاً للتشويش والإرباك. وتتجه الدراسة الحالية إلى الإمتداد بالمراجعة الداخلية إلى عمق مجالات التشغيل لذا نستخدم مصطلح(المراجعة التشغيلية).

ونستعرض فيما يلي بعض تعريفات المراجعة التشغيلية في محاولة لتحديد كنهها على النحو التالي:

(1) المراجعـة التشـغيلية تختص بفحـص طـرق التشغيل وإسـتخدام التسهيلات البشرية والمادية والفنية للشركة للتحقـق مـن مـدى كفـاءة التشـغيل وفعالية سياسات الشركة. ويرفع المراجع التشغيلي تقريره للإدارة بنتائج الفحص لإحاطتها بمـدى كفـاءة التشـغيل ومقترحاتـه بشـأن التحسـين المسـتمر في كفـاءة الشركة وربحيتها.

(2) المراجعة التشـغيلية هـي بحـث مـنظم عـن طـرق تحسـين الكفـاءة والفعالية والإقتصاد في كل عمليات الشركة:

- الإقتصاد مقياس المدخلات.

- الكفاءة مقياس للعلاقة بين المدخلات والمخرجات.

- الكفاءة مقياس للعلاقة بين المدخلات والمخرجات.

- الفعاليـة: مقيـاس للنـاتج أو المخرجـات والقـدرة عـلى تحقيـق الهـدف المنشود.

ويوضح الشكل(5-2) هذا المفهوم:

الشكل 5-2 : مفهوم المراجعة التشغيلية

(3) المراجعة التشغيلية هي فحص منتظم لأنشطة المنشأة أو لجزء منها لتحقيق أهداف معينة تتضمن تقويم الأداء، وتعيين فرص التحسين ومجالاته، ووضع التوصيات اللازمة لتحسين الأداء.

(4) المراجعة التشغيلية ليست عصا سحرية لكل مشكلات الإدارة، بل هي عمل شاق منتظم. ومن الناحية المثالية يجب على الإدارة المستفيدة من الخدمة تعيين المجالات أو المناطق التي تحتاج إلى فحص المراجعة التشغيلية ثم تطالب بخدمات المراجعة التشغيلية. ومن الأمور الجوهرية الإلتزام القوي والجاد من جانب الإدارة التي تقدم لها الخدمة. أيضاً تعتمد فعالية نتائج المراجعة التشغيلية على التعاون بين المراجع التشغيلي والإدارة المستفيدة من الخدمة.

(5) المراجعة التشغيلية هي نشاط يهتم بتقويم الإدارة وأساليبها المستخدمة في الرقابة على العمليات بهدف مساعدة الإدارة في زيادة كفاية هذه العمليات.

وبإستعراض هذه التعريفات يمكن تحديد طبيعة المراجعة التشغيلية وملامحها ووظائفها على النحو التالي:

(1) تتناول المراجعة التشغيلية طرق التشغيل وسياساته، وتقويم أداء الإدارة والأساليب المستخدمة في رقابة العمليات، والتحسين المستمر في كفاية الشركة وربحيتها.

(2) تتضمن المراجعة التشغيلية عدداً من الوظائف هي:

- تقويم عمليات الإدارة.
- إختبار الإلتزام بسياسات التشغيل المرسومة وإجراءاته.
- البحث عن أسباب الإنحرافات عن السياسات والإجراءات المرسومة.
- تقدير أهمية وقيمة البدائل المتاحة.
- مناقشة النتائج.
- عمل توصيات بالإجراءات المصححة.
- متابعة التقرير لضمان إتخاذ الإجراءات المصححة وتنفيذها.

(3) تعتمد المراجعة التشغيلية على إستخدام المهارات الأساسية للمراجعة المرتبطة بتجميع الأدلة والقرائن الملائمة وتطبيقها، وتحليل النتائج وتكوين الأحكام المتعلقة بعمليات وأنشطة الشركة.

(4) تستخدم المراجعة التشغيلية مقاييس الكفاءة والإقتصاد والفعالية أو تحديد أهداف معينة لتكون وحدة القياس.

(5) ترتبط فعالية نتائج المراجعة التشغيلية بالإلتزام القوي والجاد من جانب الإدارة من ناحية، وأيضاً بالتعاون بين المراجع التشغيلي والإدارة من ناحية أخرى.

المقارنة مع المراجعة المالية

تختلف المراجعة التشغيلية عن المراجعة المالية التقليدية من عدة جوانب.

من حيث المجال والهدف

تختص المراجعة المالية بإبداء الرأي الفني المحايد في مدى صدق وعدالة القوائم المالية. وترتبط بأدوات الرقابة المحاسبية بشكل أساسي. وتمارس في المجالات المالية والمحاسبية للمنشأة. ومحور إهتمامها البيانات التاريخية. بينما تختص المراجعة التشغيلية بفحص طرق التشغيل، وتحقيق الكفاءة والإقتصاد والفعالية لعمليات الشركة. وترتبط المراجعة التشغيلية بأدوات الرقابة الإدارية. وتمارس في المجالات المالية وغير المالية. وتقوم بتحليل البيانات التاريخية باعتبارها وسيلة لإيجاد طرق لتحسين عمليات المنشأة مستقبلاً. وبشكل عام تهتم بمساعدة الإدارة.

من حيث الوسائل الفنية المستخدمة

تهتم المراجعة المالية بفحص السجلات المالية والمستندات وأنظمة الرقابة الداخلية. بينما تتناول المراجعة التشغيلية فحص ودراسة أنشطة الإدارة ومقاييس الكفاءة والفعالية والإقتصاد، ومدى كفاية الأدوات الرقابية. وتعتمد المراجعة المالية، على أساليب الإستقصاءات والمقابلات والمراجعة الإنتقادية والمصادقات والمقارنات والجرد الفعلي. وتستخدم المراجعة التشغيلية وسائل فنية مشابهه لتلك المستخدمة في المراجعة المالية، إلا أن نوعية المعلومات التي يسعى إليها المراجع التشغيلي تختلف عن تلك التي يحصل عليها المراجع المالي. بالإضافة إلى إستخدام أساليب فنيّة جديدة مثل أساليب الفحص والتحليل العلمي والمناقشات والمقابلات الشخصية.

من حيث الشخص القائم بالمراجعة

يقوم بالمراجعة المالية شخص خارجي مستقل عـن المنشـأة. بينـما يقـوم بالمراجعـة التشـغيلية قسـم المراجعـة الداخليـة بالمنشـأة باعتبـار أن المراجعـة التشغيلية امتداد منطقي لوظيفة المراجعة الداخلية.

من حيث وحدة القياس المستخدمة

تركز المراجعة المالية على التصديق على عدالة القوائم المالي وفقاً للمبادئ المحاسبية المتعارف عليها، التي حددتها التنظيمات المهنية المسؤولة. وهكـذا فـإن معايير تقويم الحسابات والإفصاح في القوئم المالية معروفة جيداً ومتعارف عليها بين المحاسبين والمراجعين. بينما تعتمد المراجعة التشغيلية على مقاييس الكفاءة والإقتصاد والفعالية، وهو أمر أكثر صعوبة عنه في حالة المراجعة المالية. وبالتالي فإن المراجع التشغيلي يكون في حاجة إلى(أهـداف معينـة) لتقـوم بـدور المبـادئ المحاسبية المتعارف عليها.

من حيث الأطراف المستفيدة

المسـتفيد الأول مـن المراجعـة التقليديـة هـم المسـاهمون مـلاك المنشـأة للتحقق من صدق القـوائم الماليـة وعـدالتها في التعبـير عـن صحـة نتـائج أعـمال المنشأة ومركزها المالي. أيضاً قد يستفيد المستثمرون الجدد والبنوك وجهـات الرقابة من المراجعة المالية. بينما تعتبر الإدارة هي المستفيد الرئيس من خـدمات المراجعة الداخلية المالية والتشغيلية في مجالات التحقق من الإلتـزام بالسياسـات والإجراءات والخطط، وأيضاً في توفير الحمايـة الكافيـة لأصـول وسـجلات المنشـأة، وتحقيق الكفاءة والإقتصاد والفعالية لعمليات المنشأة.

فيما يتعلق بتأهيل المراجعين

في مجال المراجعة المالية يخضع المراجع لمتطلبات معينة للدخول إلى ممارسة المهنة. فالمراجع المالي يجب أن يحصل على ترخيص بمزاولة المهنة من التنظيمات المهنية المختصة.

وتعتمد المراجعة المالية على المهارة الفنية المحاسبية للمراجع في فحص السجلات والقوائم المالية. بالإضافة إلا الإعتماد على الأساليب الإحصائية في تحديد حجم العينات واختبارات المراجعة. بينما لا يحتاج المراجع التشغيلي إلى ترخيص بالمزاولة أو الحصول على لقب للتأهل مراجعاً تشغيلياً. المطلب الرئيس هو أن تعتبر المنشأة المراجع مؤهلاً للقيام بالمراجعة التشغيلية. وتعتمد المراجعة التشغيلية، إلى جانب المهارة الفنية المحاسبية، أساساً على المعرفة المتعمقة بأنشطة التشغيل وأنظمة الرقابة الإدارية والعوامل السلوكية المؤثرة في الأداء، وطرق تخصيص الموارد، ونظم الرقابة على الجودة، والعوامل المؤثرة في الإنتاجية. بالإضافة إلى ذلك يتعين أن يتوفر للمراجع مهارات وخبرة كافية لإنجاز التقويم اللازم، والتوصل إلى نتائج العمليات الخاضعة للفحص. ولا شك أنه من الضروري تضمين المعرفة والمهارات المطلوبة في غير المجالات المالية والمحاسبية في فريق المراجعة.

فيما يتعلق بأدلة إثبات المراجعة

تعتمد المراجعة المالية علىمعايير المراجعة المتعارف عليها في تحديد حجم وكفاية أدلة الإثبات اللازمة، التي تؤيد المعلومات التي تم الحصول عليها عن طريق المقابلات والملاحظات، وغيرها من الوسائل. بينما الأمر مختلف تماماً بالنسبة للمراجعة التشغيلية حيث لا توجد قواعد أو معايير تحكم حجم أدلة الإثبات وكفايتها مقارنة بالمراجعة المالية. ويتوقف الأمر على دعم إدارة المنشأة لنتائج المراجع التشغيلي وتوصياته بشكل كاف.

من حيث تقارير المراجعة

عند إعداد تقارير المراجعة، تعتمد المراجعة المالية على مجموعة من المعايير المتعارف عليها، تتعلق بصدق القوائم المالية وعدالتها، واتساق تطبيق المبادئ المحاسبية المتعارف عليها، وكفاية الإفصاح في القوائم المالية، بالإضافة إلى رأي المراجع في القوائم المالية باعتبارها وحدة واحدة. وتتسم هذه المعايير بالعمومية والقبول بين المراجعين الممارسين. بينما لا توجد في المراجعة التشغيلية معايير لها نفس درجة العمومية والقبول، تحكم عملية إعداد التقارير، ويرجع ذلك إلى ان تحديد الجهة التي ستتلقى تقرير المراجعة التشغيلية غير محددة، هل رئيس مجلس المديرين أم المدير العام التنفيذي أم مديروا التشغيل. بالإضافة إلى ذلك يختلف شكل التقرير ومحتواه في المراجعة التشغيلية عنه في المراجعة المالية.

المراجع التشغيلي: صفاته، تأهيله، إستقلاله، مسؤولياته

عند تناول صفات المراجع التشغيلي وتأهيله وجوانب المعرفة والمهارة واستقلاله مقارنة بالمراجع المالي سوف نلمس إهتماماً أكبر وتأكيداً على وجهة نظر الإدارة من قبل المراجع التشغيلي.

الصفات Attributes

يتعين أن يمتلك مراجع التشغيل أو مراجع العمليات بعضاً من الصفات الضرورية لممارسة أعمال المراجعة التشغيلية، وهي الفضول وحب الإستطلاع والمثابرة والقابلية للتكيف والإحساس بالنشاط والتعاون، واتباع المدخل الإنشائي(البنائي)، ونعرض بإيجاز لهذه الصفات:

الفضول أو حب الإستطلاع Curiosity

ينبغي أن يكون المراجـع التشـغيلي مهتماً وراغبـاً في الإطـلاع عـلى جميـع العمليات. وعندما ينظر المراجع إلى أي عملية ينبغي أن يسأل نفسه: ما الذي تم أداؤه وهل هنالك حاجة دائمة له. وكيف يتوافق ذلك وباقي أجزاء الشركة. وهـل توجد ازدواجيه في الأداء. هل توجد طريقة أفضل وأسهل وأقل تكلفة.

المثابرة Persistence

ينبغي أن يكون المراجع مثابراً حتى يتأكد مـن أنـه يـتفهم الموقـف. بعـد ذلك يقوم بالإختبارات والفحص حتى يقنع نفسه بأن الأعـمال قـد تمـت بالفعـل وبالطريقة التي ينبغي أن تؤدى بها.

القابلية للتكيف Adaptability

يتعامل المراجع مـع عمليـات وأنشطة متنوعـة وبالتالي ينبغـي أن يكون قادراً على التكيف بسرعة وسهولة. فهو على سـبيل المثال يجـب أن يكون قـادراً على التكيف في التعامل مع أقسام الإنتاج والهندسة والبيع والإعلان. وبالتالي فإن قـوة المراجـع تكمـن في التعامـل مـع سـلوك أفـراد متنـوعين في خلفيـاتهم وفي اهتماماتهم وأعمالهم.

الإحساس بالنشاط Business Sense

ويقصد بذلك نظرة المراجع الشاملة. فعندما يقوم بتقويم مجال معين فإن نظرته يجب أن تكون واسعة فيما يتعلق بعلاقة العملية بغيرهـا مـن العمليـات، وبالشركة ككل من زاوية الأثر على كفاية وربحية عمليات الشركة.

التعاون مع الآخرين Co-operation

يضع المراجع نفسه مستشاراً للشركة وليس ناقداً أو منافساً للآخرين الذين يتعاملون معه. فالمراجع يعمل ويتشاور معهـم، كـما يسـتعرض توصياته معهـم. وينبغي أن ينصب إهتمام المراجع على تحسين عمليات المنشأة بدلاً من اهتمامـه بميزة اكتشافه للأخطاء.

المدخل البناء في عمله Constructiveness

ينبغي ألا ينظر المراجع للأخطاء والمخالفات عـلى أنها نهاية لفحصـه، بـل يجب أن يهتم بالبحث في تجنب حـدوثها، وأن يعتـبر جوانـب القصـور مرشـدات لأغراض التحسين مستقبلاً.

التأهيل Qualification

المراجعة التشغيلية ليست مقننـة فيما يتعلق بتحديد متطلبـات معينـة لممارسة اعمال المراجعة التشغيلية، كما هو الحال في المراجعة المالية التي تشترط الترخيص لمن يزاول أعمال المراجعة المالية عن طريـق تنظيمات مهنيـة مسـؤولة. فالمراجع الداخلي قد يجتاز – اختباراً – إختباراً ينظمه معهد المراجعين الـداخليين لاكتساب لقب مراجـع داخلي مؤهـل. وعلى ذلك فإنـه لا يحتاج إلى ترخيص بالمزاولـة أو الحصول عـلى لقب للتأهـل مراجعـاً تشغيلياً. المعيار أو المتطلب الرئيس هو أن تعتبره الشركة أو الجهة المعنية مؤهلاً للقيام بالمراجعة التشـغيلية. من ناحية أخرى يمكن القول أن أكثر المؤهلات أهميـة هـو مقدرة المراجع عـلى التفكير مثل المدير وأن يرى بعين الإدارة. فعلى المراجـع بعد تجميع المعلومات وتحليلها ينبغـي أن يزن ويقـدر النتـائج كمـدير، وأن يـرى بعـين الإدارة. فعلـى المراجع بعد تجميع المعلومات وتحليلها ينبغي أن يزن ويقدر النتائج كمدير، وأن يقترح التحسينات الممكنه، وعلى ذلك فإن تفكيره كمدير يمكنه

حقيقة من خدمة الإدارة. ويتضمن ذلك القدرة على تعين الأهداف وتحديدها مع الإدارة، أيضاً مقدرته على عمل الأحكام وتقديرات المراجعة التي يتعين أن تكون أساساً لاتخاذ القرار بشأن الإجراء الذي يجب أن تتخذه الإدارة باقتناع. وبالتالي فإن الخبرة الإدارية تعتبر مقوماً رئيساً في المراجع التشغيلي لتأمين خدمة حقيقية وفعالة من جانبه للإدارة.

وترتبط جوانب المعرفة والمهارة بتأهيل مراجع التشغيل. فلا شك أن أهمية المراجعة التشغيلية ومصداقيتها تعتمد على المعرفة والمهارة والخبرة المهنية لمراجع التشغيل، الذي ينبغي أن يكون قادراً على التفهم الكامل لعمليات التشغيل محل المراجعة. فالمراجعة التشغيلية تتضمن استخدام جميع مهارات المراجعة الأساسية المرتبطة بتفهم الدليل الملائم وإدراكه وتحليل النتائج وعمل أحكام وتقديرات المراجعة وعرضها بشكل فعال. وبالتالي تعتبر مقدرة المراجع على تجميع البيانات التشغيلية وتنظيمها وتحليلها أساساً في تكوين مهارات المراجع التشغيلي. ويتطلب ذلك الصقل والتطوير لمهارات المراجع ومعرفته من خلال دراسات أخرى متنوعة مثل، بحوث العمليات ونظم المعلومات وتطبيقات الحاسوب في أعمال المراجعة وغيرها.

الاستقلال Independence

يرتبط استقلال المراجع بوضعه التنظيمي في الشركة والوضع الشائع أن تنسب وظيفة المراجعة الداخلية تنظيماً للإدارة المالية. وفيما يتعلق بأعمال المراجعة التشغيلية فإن الوضع التنظيمي غير المناسب عادة ما يخلق مشكلات تتعلق بالإجراءات المصححة للعيوب، والتي يفصح عنها تقرير مراجع العمليات. ومما يعزز استقلال المراجع الداخلي أن يكون مسؤولاً تنظيمياً أمام المدير العام التنفيذي، وأن يكون مسؤولاً عن التقرير لمجلس المديرين. وبهذا الشكل يمكن أن يتحرر المراجعون الداخليون من تأثيرات مديري إدارات التشغيل محل المراجعة.

ومن الضروري أن يكون مراجع العمليات قادراً على التعامل بشكل متكافئ مع مديري إدارات التشغيل مستقلاً عن الإدارات التي يخدمها. كما ينبغي أن يبقى على إستقلاله ويحميه كي يظل قادراً على عمل تقديرات المراجعة وأحكامها التي تفترض موضوعيتها.

إن تضمين مراجع التشغيل وإشتراكه في تنفيذ التغييرات التي إرتأت المراجعة ضرورتها، يمكن أن يكون خطراً على إستقلال المراجع وسمعته لعدم الحياد. في الحالات التي يمكن أن يقدم فيها سير العمل، يتعين أن يبذل المراجع عناية خاصة لضمان إستقلاله وعدم تعرضه للشبهات.

يجب أن يدرك المراجع أن وظيفته الأساسية هي الفحص والملاحظة وإعداد التوصيات. ولا ينبغي له أبداً إنتهاك دور مديري التشغيل أو التعدي عليه. فالمراجع لا يملك سلطة تغيير طرق التشغيل أو النظم والممارسات وإجراءات التشغيل فهي انشطة تظل السلطة عنها عند مديري التشغيل.

مسؤوليات المراجع التشغيلي

يتحمل مراجع العمليات مسؤولية خدمة إدارات التشغيل والإدارة العامة للشركة. فهو يخدم إدارات التشغيل عن طريق تقديم توصيات بناءة تستهدف تحسين عمليات المنشأة. ويخدم المراجع مديري العموم عن طريق تزويدهم بصورة لما يراه، ويبدي رأيه عن الأمور التي قام بفحصها. وعندما يقوم المراجع بوظيفته فأنه يتحمل مسؤولية الملاحظة والمراعاة للمعايير المهنية للمراجعة في أعمال المراجعة والتقويم. وتختص معايير المراجعة بأهمية مراعاة شمولية العمل الميداني، وملائمة ممارسات إعداد التقارير ويتحمل المراجع مسؤوليات أساسية تجاه خدمة الإدارة فيما يتعلق بالسياسات والإجراءات ووسائل الرقابة الأخرى، وعند فحص هذه السياسات والإجراءات واستعراضها يأخذ المراجع في اعتباره ما يلي:

الإتساق Consistency

ينبغي أن تكون سلسلة السياسات أو الإجراءات، بدءاً بقوائم السياسة العامة وانتهاءً بالسياسات أو الإجراءات التفصيلية للأقسام متسقة بعضها مع بعض، والمراجع مسؤول عن رؤية ما اذا كانت جميع السياسات او الاجراءات قد تم التنسيق بينها.

الكفاية Adequacy

ينبغي أن تنشأ السياسات والاجراءات لتوفير وسيلة لإنجاز أهداف الإدارة، والمراجع مسؤول عن تحديد مدى كفاية هذه السياسات والاجراءات لانجاز اهداف الادارة.

الالتزام Compliance

ينبغي ان يتطابق الاداء الفعلي مع ما هو مخطط أو مرسوم، والمراجع مسؤول عن قياس هذا الالتزام من خلال الاختبارات التي يقوم بها التي توضح مدى الالتزام بما هو مخطط او مرسوم .

الفعالية Effectvieness

ينبغي الحصول على النتائج المرغوبة، المراجع مسؤول عن القيام بالاختبارات التي تقيس مقدرة السياسات او الاجراءات على تحقيق الاهداف والنتائج المرغوبة .

المراجعة التشغيلية والأنشطة المالية

غالباً ما ينظر للمراجعة التشغيلية على أنها تتعامل مع المجالات غير المالية فقط، وهذا يخالف الواقع أو الحقيقة إذ أنها تتعامل مع المجالات والأنشطة المالية وغير المالية، فالمراجعة التشغيلية يمكن استخدامها عند مراجعة حسابات النقدية، مثلما تستخدم في مجال مراقبة الإنتاج، ونعرض فيما يلي لبعض الأمثلة .

مراجعة حسابات النقدية Audit of cash accounts

لا تتوقف المراجعة التشغيلية عند تحقيق حسابات النقدية وحصرها، بـل تختص بسياسات إدارة النقدية، ومدى فعالية تنفيـذ هـذه السياسـات، فالمراجع التشغيلي على سبيل المثال قد يثير التساؤلات التالية :

1) هل يُستثمر الفائض النقدي بشكل سليم؟
2) هل تزيد منافع نظم الرقابة على النقدية على تكلفتها؟
3) هـل تـوفر أسـاليب الرقابـة التشـغيلية أقصى ـ حمايـة للأرصدة النقدية؟

المصادقة على الحسابات المدينة
Confermation of accounts receivables

تذهـب المراجعة التشغيلية الى ما وراء التحقـق مـن دقـة مبـالغ حسـابات العملاء، بل انها تهتم بالملاحظات والتعليقـات والانتقـادات الي قـد تـرد مكتوبـة على المصادقات المرتجعة من العملاء .

وتضمن فحـص شكاوي العملاء وتقويم سياسـات البيـع والتحصيـل مـن العملاء والوسائل الموجودة لضمان متابعة الحسابات القديمة والحسابات البطيئة للعملاء وذلك لتحديد مـا اذا كانـت اجراءات معينـة مطلوبة لتحسـين العمليـة ككل.

ملاحظة المخزون Inventory observation

يهتم مراجع التشغيل بملاحظة حركة الأصناف، ومدى ملائمة نظام الرقابـة على المخزون، ويستفسر عن سياسات إعادة الطلب وإجراءاتها، وحجم الإستثمار في المخزون، معالجة العناصر المتقادمة من المخزون، والإدارة العامة للمخزون .

وتكشف الأمثلة السابقة عن أن المراجعة التشغيلية في المجالات المالية تأتي بنظرة جديدة ومجموعة شاملة من الأسئلة والاستفسارات الجديدة، كما أنها في مجالات التشغيل الفنية توفر القدرة على تقويم الرقابة الإدارية .

أهداف المراجعة التشغيلية

تختلف أهداف المراجعة التشغيلية فيما بين المنشآت بحسب درجة قبول الإدارة والتزامها، وبحسب خلفية المراجعين وتدريبهم وتعليمهم، وبحسب الفلسفة الرئيسة لتنظيم المراجعة ذاته، وقد تتغير أهداف المراجعة التشغيلية في المنشأة نفسها نفسها كلما طور المراجعون الداخليون تفهمهم واعتيادهم لعمليات المنشأة، وأيضاً كلما زاد المراجعون الداخليون كفائتهم الفنية في التعامل مع الأمور التشغيلية، مثلما يتعاملون مع الامور المالية، وقد تتداخل الأهداف المحتملة للمراجعة التشغيلية مع بعضها مع بعض، كما قد تكون أهداف متميزة بعضها عن بعض.

تقويم الرقابة Appraisal of Control

أكثر وجهات النظر قبولاً وانتشار أن المراجعة التشغيلية تهتم بالرقابة بشكل أكثر من الأداء، فالمراجعة التشغيلية تتعامل مع أساليب الرقابة الإدارية التي تُمارس على كل جوانب المنشأة، والتقرير عن مدى ملائمة أساليب الرقابة وفعاليتها في إنجاز أهداف الإدارة أو خطط التشغيل.

يقوم المراجع بفحص ادوات الرقابة والتقرير عنها مباشرة، على سبيل المثال اعتبر ان تقرير الانتاج يتضمن بيانات غير سليمة، فالإهتمام الأساسي للمراجع هو ضعف الرقابة الذي أدى الى التجميع غير السليم للبيانات في تقرير الإنتاج، ومع تحسين الرقابة فإن المراجع سيكون وسيلة لتحسين التقارير المستقبلية، والمراجع لا

يهتم كثيراً بالآثار المالية للإفراط في تكاليف الإنتاج (مثل التكاليف الناتجة عن قرار ردئ للإدارة أساسه المعلومات الخاطئة التي يتضمنها تقرير الإنتاج محل الفحص).

ويعتقد مؤيدو فلسفة المراجعة التشغيلية أن المراجع لا يتحمل مسؤولية تقويم كيفية انجاز نشاط معين، بل ان المراجع مسؤول عن ضمان أو تأكيد أن أساليب الرقابة المطبقة على عمليات الأقسام والإدارات تعمل في توافق وتطابق مع المعايير الموضوعة، أو مع تلك التي تطبق ومتعارف عليها بالنسبة لمثل هذه العمليات.

وعن طريق التركيز على جوانب الرقابة لعمليات التشغيل فان المراجع يسعى إلى توفير المعلومات للإدارة، وضمان ملائمة أدوات الرقابة وفعاليتها ليس فقط في وقت القيام بالمراجعة، ولكن أيضاً في المستقبل بافتراض عدم حدوث تغيير جوهري في نظام الرقابة، فعلى سبيل المثال عند مراجعة نشاط المشتريات فإن المراجع لن يكون مختصاً بما إذا كان شراء عنصراً معيناً بأقل تكلفة ممكنة يتسق مع متطلبات وشروط الجودة والتسليم، ينصب إهتمام المراجع أساساً على ما اذا كانت الإدارة - من خلال إقامة نظام رقابة مناسب - قد وفرت تأكيداً أو ضماناً باتخاذ كافة الخطوات والإجراءات التي تؤدي إلى شراء مُرضٍ، مثل تحليلات السعر والتكلفة، وتقديم عطاءات متنافسة، ووجود نظام رقابة على المواصفات أو تصديقات الشراء، فإذا كان المراجع يرى أن مثل أدوات الرقابة هذه قد وضعت وتعمل فإنه يعتبرها أدوات رقابة ملائمة، وإذا كان المراجع يعلم - من خلال اختبارات ملائمة للعمليات - ان الشراء يتم وفقاً للإجراءات والسياسات المرسومة للشراء فإنه يَعتبر أدوات الرقابة فعالة أي قادرة على تحقيق أهدافها .

تقويم الأداء Performance Evaluation

يعد إختصاص مراجع العمليات بتقويم الأداء أمراً سليماً، وعندما يكون موضوع المراجعة خارج كفائته الفنية فإنه يحصل على خدمات الفنيين المختصين

لدعم معرفته المراجعية وتعزيزها، وغالباً ما ينمي المراجع كفاءته في المجالات غير المالية من خلال الدراسة او التعرض لها، ويجب ان يلم المراجع ببعض الأمور الفنية عندما يدرك أهميتها بشكل كاف مثل الإدارة العلمية، وطرق الانتاج والجدولة، والهندسة الصناعية، والبرمجة وتشغيل البيانات الكترونياً وما شابه ذلك، وأيضاً عندما لا يملك المراجع المعرفة الفنية يقوم بأعمال تقويم الأداء التي تدخل في نطاق كفاءته العادية.

ولإنجاز هدف تقويم الأداء يسعى المراجع الى إيجاد البرامج التي تزود الإدارة بأنواع المعلومات التي تظهر قوة أداء الاقسام او ضعفها، بالإضافة إلى ذلك فإن هذه المعلومات تزود الإدارة بأسس إتخاذ القرارات المتعلقة بتنقيح عملية التخطيط أو تحسين عملية الرقابة.

وفي مجالات تقويم الأداء يتجه المراجع نحو تجميع المعلومات الكمية لقياس الفعالية والكفاية والاقتصاد في مجالات التشغيل مثل الأفراد، وعبء العمل، والإنتاجية، والجودة والتكلفة .

وتكون اهتمامات المراجع في هذه المجالات على النحو التالي:

مجال الأفراد Personal

يستطيع المراجع استخدام مقاييس كمية أو تطبيقها لكثير من الجوانب المهمة لقوة العمل، وتتضمن البيانات والمقاييس الكمية المتاحة للمراجع عدد العاملين، ومعدل دوران الأفراد، وإجمالي الساعات المشتغلة، وإجمالي الساعات الإضافية، نسبة الساعات الإضافية الى الساعات العادية، نسبة عدد العمال المباشرين الى العمال غير المباشرين.

1. عنـدما ينظـر المراجـع في عـدد العمـلين فإنـه يطـرح التساؤلات التالية :

- هل عدد العاملين أكبر مما ينبغـي ؟ أذا كانت الإجابـة نعم فلماذا؟ هل تتوقع خسـارة في المسـتقبل القريب ؟ هـل يتم تدريب العاملين لأغراض توسيع العمليات؟

- هل عدد العاملين أقل مـما ينبغـي؟ إذا كانت الإجابـة نعم فلماذا؟ هل نحن غير قادرين على الحصول على أفراد مـؤهلين ؟ اذا كانت الاجابة نعم ما هو أثر ذلك عـلى العمليات ؟ وإذا كـان الوضع حرجاً ما الخطوات الواجب اتخاذها لعلاج الموقف؟

2. عنـد تحليـل معـدل دوران الافـراد يطـرح المراجـع التساؤلات التاليـة : هـل معـدل دوران الأفـراد عـال أم مـنخفض ؟ مـا أسباب ارتفاع معدل الدوران؟ هل الأجور منخفضة كثيراً ؟ هـل ظروف العمل غير مرضية؟ هـل نفقـد العاملين المـدربين؟ مـا نوعيـة العاملين الجدد؟

3. وعنما ينظر المراجع في ساعات العمل لكـل فـرد يطـرح التساؤلات التاليـة : مـا معـدل سـاعات العمـل الإضافية إلى السـاعات العادية ؟ ومـا المعـدل الطبيعـي الـذي ينبغـي أن يكـون ؟ لمـاذا تعتـبر ساعات العمل الإضافية ضرورية ؟ هـل تعـود إلى الـنقص في الأفراد أم الافراد غير القـادرين ام زيادة حجـم العمل، ام الغياب؟ مـا الخطط اللازمة لمنع الزمن الإضافي الزائد؟

مجال عبء العمل Work Load

يستطيع المراجع تطبيق مقاييس كمية واستخدامها في مجال عبء العمـل ؛ مثل حجم العمـل القائم، وحجـم العمـل الجديـد، ومقدار العمـل الـذي تـم، والأعمال غير التامة

في بداية الفترة ونهايتها ومـن أمثلـة البيانـات الكميـة المتاحـة الأوامـر المستلمة، وشيكات المدفوعات، وأعمال الصيانة المؤجلة، الفواتير المعدة للسداد وأوامر الشراء الصادرة.

وعند تقويم عبء العمـل ككـل أو في أيـة نشـاط معـين فإن المراجـع قـد يطرح التساؤلات التالية:

ما حجم العمل الجديد؟ هل يتزايد أم يتناقص؟ كيف نقابل عبء العمل؟ هل يتم انجازه بالعمل الاضافي أم بإضافة عاملين جدد ام بإعادة جدولة العمل ؟ هل يتم إنجاز عبء العمل الحالي في الخطة؟ ما الأعمال غير التامة؟ هل تزيد ام تنقص؟

في مجال الإنتاجية Productivity

تمثل الإنتاجية أحـد محـاور الاهـتمام الرئيسـة عنـد تقـويم الاداء، وتقـاس إنتاجية أي نشاط بقسمة مخرجات هذا النشاط على المدخلات التـي اسـتخدمت فيها، ويستطيع المراجع استخدام مقاييس كمية متنوعة للإنتاجية بعضها يتعلـق بقياس إنتاجيـة عنصرـ العمـل إذا كـان عنصرـ العمـل اليـدوي هـو أهـم عوامـل الإنتاج، وفي المنشآت الحديثة التي يتزايد اعتمادها على الآلية، نجـد ان المعـدات والآلات والمواد الخام ودرجة جودتها أصبحت عوامل لها تأثيرهـا عـلى الإنتاجيـة، وعند فحص المراجع للإنتاجية فإنه قد يطرح التساؤلات التالية:

عند أية مستوى ينبغي أن تكون الانتاجية؟ وكيف تقارن بالأداء الماضي ؟ هل هي جيدة أم رديئة ؟ ما العوامل التي تؤثر على الإنتاجية ؟ هل الإنتاجية غير المرضية ترجع الى نقص الخامات ام الى الافراد غير المدربين ؟ ام رداءة نوعية العاملين ؟ ام نقص معدات الصيانة ؟ هل يمكن تحسين طرق العمل ؟ هل يمكن ميكنة العمليات والأنشطة ؟ ما هو اداء التجهيزات والمعدات الحالية ؟ هل يوجد عبء عمل ملائم للتجهيزات والمعدات.

في مجال الجودة Quality

يعتمد المراجع على استخدام مقاييس كمية لجودة المنتجات والخدمات، وتتضمن البيانات الكمية المتاحة في مجال قياس الجودة عدد شكاوى العملاء، وعدد شكاوى اتحادات العمال، عدد الأخطاء لكل فاتورة عميل، وعدد اخطاء الطباعة لكل مائة كلمة مطبوعة، عدد الوحدات المرفوضة بواسطة فاحصي ـ الانتاج، وفي مجال فحص الجودة وتقويمها قد يطرح المراجع التساؤلات التالية:

هل تتحسن جودة العمل ام تتدهور؟ كيف تتأثر جودة العمل بمستويات العاملين، وبتدريب وأخلاقيات العاملين، وبحالة التجهيزات والمعدات، وبظروف العمل وبعبء العمل؟ هل يمكن تحسين الجودة عن طريق إدخال تجهيزات حديثة ؟ هل يمكن تحسينها عن طريق تغيير طرق العمل؟

في مجال الكلفة Cost

تعتبر التكلفة من أكثر وحدات القياس المتاحة سهولة، وتعتمد أعمال التقويم التي يقوم بها المراجع على التبويب الملائم للتكلفة، عند فحص عنصر ـ تكاليف العمالة قد يطرح المراجع التساؤلات التالية:

هل الاتجاه صاعد ام هابط؟ ما اسباب التغيرات الجوهرية ؟ هل جميع الانشطة ضرورية؟ هل يمكن تبرير تكلفة كل قسم أو ادارة ؟ هل ينبغي شراء عناصر معينة أو تصنيعها؟

كما ان المراجع، عند فحصه للتكاليف المرتبطة بتبويبات أخرى من غير عنصر العمالة، فإنه قد يطرح التساؤلات التالية: ما هي علاقة التكلفة بما هو متوقع؟ هل هي تزيد عن ام هي دون التكلفة المتوقعة؟ وما اسباب الانحرافات الكبيرة؟ ما

العوامل او الوحدات التي تُحدث التكلفة (مسببات التكلفة)؟ وهل هي ضرورية؟ هل توجد طريقة أفضل للحصول على النتائج المرغوبة؟

تقويم اهداف الشركة وخططها

قد تمتد أهداف المراجعة التشغيلية الى ما وراء تقويم عملية الرقابة وتقويم الأداء الى تقويم الأهداف والخطط التي رسمتها للإدارة، قبل وضع الأساليب الرقابية ينبغي تحديد الأهداف والخطط ثم متابعة إنجازها عن طريق نظم الرقابة، ويتطلب تقويم الأهداف والخطط درجة عالية من القدرة والفطنة من جانب المراجع، إلا ان هنالك معايير يمكن ان يستخدمها المراجع مقاييس في مجال تقويم خطط الشركة وأهدافها.

تقويم الأهداف

عند تقويم أهداف الشركة قد يهتم المراجع بتحديد ما اذا كانت:

- الأهداف واضحة ومحددة ومفهومة.
- الأهداف شاملة وتغطي المجالات الرئيسية.
- الأهداف معقولة وتعكس بشكل سليم مسؤوليات الشركة تجاه المساهمين والعاملين والمجتمع والحكومة.
- الأهداف قد تم توصيلها بشكل كاف لافراد التشغيل المناسبين.
- الاهداف متوافقة ومتوازنة مع بعضها البعض.
- الاهداف قد تم تحليلها الى اهداف فرعية لجعلها أكثر وضوحاً وأيسر في اتباعها.

تقويم الخطط

عند تقويم الخطط وهي بالضرورة الأعمال المتوقعة للوفاء بالأهداف فإن المراجع قد يهتم بتحديد ما اذا كانت:

- الخطط متوافقة مع أهداف الشركة
- الخطط تحسن من التنسيق بين الأهداف المختلفة
- الخطط تتوقع مواطن حدوث المشكلات والاختناقات.
- الخطط مرنة تسمح بمقابلة المتغيرات وتطوير طرق أكثر كفاءة.
- الخطط تسمح بالتفويض السليم للمسؤولية.
- الخطط تقوم على أساس الاستفادة من قدرات الافراد وافكارهم لضمان نجاح الوصول الى الاهداف المرسومة .
- فوائد ومنافع الخطط تفوق تكلفتها .
- الخطط يتم إيصالها بشكل سليم.
- الخطط تخضع للقياس لتحديد نجاحها او فشلها.

تقويم الهيكل التنظيمي ومراجعته

يعتبر الهيكل التنظيمي للشركة إحدى الوسائل التي عن طريقها تتمكن الادارة من مراقبة العمليات، ويتضمن الهيكل التنظيمي السليم تحديد الواجبات والمسؤوليات وتفويض السلطة، وقد يخضع الهيكل التنظيمي للفحص والاستعراض السليم بواسطة المراجع، وفي مجال تقويم الهيكل التنظيمي ومراجعته، فان المراجع يريد ان يعرف – من بين اشياء اخرى- ما اذا كان:

- الهيكل التنظيمي متناسق ومنسجم مع اهداف الشركة والاقسام والوحدات .
- الهيكل التنظيمي يحدد بوضوح مسؤولية كل فرد في ادارة المنظمة.
- الهيكل التنظيمي يوفر نطاقات معقولة للإشراف ليست بالكبيرة ولا بالقليلة جداً.
- الهيكل التنظيمي يحقق تكافؤ السلطة والمسؤولية.
- الهيكل التنظيمي يوفر وحدة الاوامر، اي ان كل فرد لا يقرر لأكثر من مشرف واحد فقط.
- الهيكل التنظيمي يخصص المسؤوليات التشغيلية لأفراد المديرين بدلاً من المجموعات او اللجان.
- الهيكل التنظيمي يتسم بالتوازن السليم فلا إفراط أو تفريط في أية وظيفة.
- الهيكل التنظيمي يوفر مرونة في علاقات العمل اليومية.
- الهيكل التنظيمي يقوم على تجميع الوظائف المتوافقة معاً .
- الهيكل التنظيمي بسيطاً وأن يكون اقتصادياً كلما أمكن.

وفقاً لما سبق يمكننا القول بأن الهدف الرئيس للمراجعة التشغيلية هو خدمة الادارة عن طريق تزويدها بالمعلومات التي تمكنها من تقويم كفاءة تشغيل الشركة وفعاليتها وعلى ذلك فإن المراجعة التشغيلية يجب ان تسعى الى تزويد الادارة بما يلي:

1) مدى كفاءة تشغيل الشركة وفعاليته من عدمه، وفي حالة عدم الكفاءة والفعالية يتم بين المجالات التي تحتاج الى اتخاذ إجراءات مصححة.

2) توفير ارشادات تحذيرية بالصعوبات والمشكلات المستقبلية حتى يمكن اتخاذ الاجراءات الوقائية قبل حدوثها.

3)   تفادى تكرار الأخطاء وجوانب القصور .

4)   تقديم معلومات عن مواطن القوة ومواطن الضعف في نواحي التشغيل المختلفة.

5)   مجالات تحسين ربحية ورفاهية الشركة.

مداخل المراجعة التشغيلية

هنالك مدخلان أساسيان للمراجعة التشغيلة هما:

1- المدخل التنظيمي.

2- المدخل الوظيفي.

المدخل التنظيمي Organizational Approach

في ظل المدخل التنظيمي يهتم المراجع بإدارة القسم أو الوحدة التنظيمية، فهو لا يفحص الوظائف او الأنشطة داخل المنظمة فقط ولكن يفحص إدارة المنظمة نفسها، وبالتالي تتركز اهتمامات المراجع في إطار التنظيم، وافراد التنظيم، طرق إعداد التقارير، طرق تقويم أفراد التنظيم، والموازنات، فالمراجع قادر على أخذ صورة مصغرة لهيكل الشركة ودراستها من زوايا عديدة .

يتجه اهتمام المراجع نحو مشكلات الادارة، ويكون قادراً على تقديم المساعدة لمدير القسم عن إدارة القسم ككل، فاهتمام المراجع يتركز على إدارة القسم او الوحدة التنظيمية في هيكل الشركة، وبالتالي فإن المدخل التنظيمي او المراجعة التنظيمية يمكن ان تكون أهميتها كبيرة بالنسبة لإدارة القسم او الوحدة، فالمراجع التشغيلي يرتبط أساساً بأدوات الرقابة الأدارية، وبالتالي يمكن ان تستفيد إدارة القسم من معارفه وتجاربه في تحسين الأنشطة الإدارية.

المدخل الوظيفي Functional Approach

في ظل المدخل الوظيفي، يختص المراجع بمتابعة النشاط أو الأنشطة الرئيسة من بدايتها حتى النتائج النهائية، فالمراجع يتتبع الوظائف من خلال الوحدات أو الأقسام ويكون أقل اهتماماً بالأنشطة الإدارية العامة داخل هذه الوحدات أو الاقسام، وعندما تكون الوظيفة من الوظائف الجوهرية يمكن ان تقدم فحوصات المراجع مساعدة كبيرة للمدير العام في تتبع الأنشطة، إذ انه من النادر أن يتمكن المدير العام من تتبع أي نشاط، كما يفعل المراجع .

أعمال المراجعة الوظيفية أكثر صعوبة من المراجعة التنظيمية، ففي الوقت الذي تقدم فيه المراجعة التنظيمية أو المدخل التنظيمي للمراجع صورة مصغرة لفحصها، فإن المراجعة الوظيفية تمثل تحدياً للمراجع، فالمراجع يجب أن يعتاد الوظيفة محل الفحص في كل جوانبها وتعقيداتها وأثرها على الوحدة أو القسم، وأثر القسم أو الوحدة على الوظيفة، وأن يتعرف على جوانب عديدة لتدفق العمل.

مراحل إنجاز المراجعة التشغيلية

تتضمن المراجعة التشغيلية سواء باتباع المدخل التنظيمي او المدخل الوظيفي المراحل او الخطوات التالية:

1) تخطيط العمل الواجب إنجازه متضمناً وضع معايير تقويم عمليات التشغيل محل الفحص.
2) جمع أدلة الإثبات.
3) تحليل الانحرافات وفحصها.
4) تحديد الإجراءات المصححة المطلوبة.
5) التقرير عن التنائج للإدارة.

تخطيط المراجعة التشغيلية

تقوم الإدارة – في الغالب- باختيار موضوع المراجعة التشغيلية وتحديد أهدافها، وينبغي على المراجع الداخلي وضع خطة العمل اللازمه لإنجاز الأهداف المحددة، وتخطيط أعمال المراجعة التشغيلية وتوفير المهارات الملائمة وتوجيهها بفعالية يعطي أقصى دعم لإنجاز الأهداف المحددة.

وينبغي تقويم المخاطر والفرص في كل قطاعات النشاط وترتيبها في نظام أولويات لتحديد المجالات التي يمكن ان تساهم فيها المراجعة التشغيلية بشكل أكثر فعالية.

المسح التمهيدي Preliminary Survery

المسح التمهيدي إجراء شائع بين المراجعين للتعرف على العمليات محل المراجعة، وعند القيام بالمسح التمهيدي يعتمد المراجع على أساليب الاستبيان وخرائط التدفق والاستفسارات والتقارير الادارية، والملاحظات واتخاذها مصادر مهمة للمعلومات والغرض من المسح التمهيدي هو تعيين مجالات المشكلة أو النشاط

الإستبانة Questionnaire

تتضمن الإستبانة مجموعة من الأسئلة تتعلق بالأمور التي تؤثر على كفاية إنجاز العمليات وفعاليتها، وفيما يلي أمثلة لأنواع الأسئلة التي قد تتضمنها الإستبانة :

1) كيف تقوم الإدارة العليا اداء العملية؟
2) هل تم تفويض السلطة الكافية للوفاء بمعايير الأداء؟
3) هل يعتبر الأداء مرضياً؟
4) ما المجالات التي تتطلب أغلب إهتمامات الإدارة؟

5) ما الطرق المستخدمة لحماية الأصول؟

6) هل الأفراد المختصون بالعملية كافون أم بهم زيادة؟

7) هل هنالك برنامج لرقابة أوراق العمل ومنع إزدواجها؟

بعد ان يتلقى المراجع الإجابات يقوم بتقويم الردود وتحليلها.

خرائط التدفق Flow Charts

يساعد إستخدام خرائط التدفق في تفهم تسلسل العلاقات بين أوجه النشاط المختلفة وما يتعلق بها من مستندات في نظام الرقابة الداخلية، وخرائط التدفق أشكال تصويرية للعمليات والأنشطة، ويتم تصميمها لوصف تدفق العمل، ويستطيع المراجع من خلالها تتبع تدفق العمل وتفهم النشاطات بشكل جيد، لتحديد مواطن القوة والضعف، وجوانب القصور في أدوات الرقابة مثل إزدواجية العمل أو وجود أعمال غير ضرورية.

الأستفسارات Inquiries

يجري المراجع العديد من الإستفسارات أثناء عملية المراجعة، وكثير من هذه الاستفسارات تتم في الإجتماع التمهيدي مع المشرفين على العمليات والأنشطة محل الفحص، ويجب على المراجع في مثل هذه اللقاءات أن يحاول إقامة العلاقات وتشجيع التعاون مع أفراد العمليات محل الفحص إذ ان تعاونهم أمر مهم للاستكمال الكفء لعملية المراجعة، وقد يطرح المراجع الأسئلة التالية في مثل هذا اللقاء :

1) هل تتلقى التقارير والمعلومات اللازمة لإدارة النشاط أوالعملية؟

2) ما استخدامك لهذه التقارير أو المعلومات؟

3) ما المشكلات التشغيلية التي تعمل عليها؟

4) صِفّ برنامجك التدريبي؟
5) كيف تضع أولويات لمواجهة المشكلات؟

التقارير الداخلية Internal Reports Review

يقوم المراجع بإستعراض التقارير الداخلية مثل التقارير المالية المؤقتة، والموازنات، وتقارير الإنتاج والمبيعات وعجز المخزون، والإنتاج التالف، وكذلك تقارير المراجعة الداخلية، ويعطي المراجع إهتماماً معيناً للتوصيات الواردة في هذه التقارير ولم تهتم بها الإدارة، وينبغي ان يستفسر المراجع عن أسباب عدم القيام بها، مثل هذه الأمور يمكن ان تلقي الضوء عن مَواطن الضعف في نظم الإدارة والرقابة.

الملاحظة Observation

عند إنجاز إجراءات المسح التمهيدي يجب على المراجع ملاحظة البيئة المحيطة : الأفراد العاملين، والمعدات العاطلة، او العمليات غير الآمنة، والنقدية والمخزون وحمايتها، التصنيع غير الكفء وغيرها من الأمور التي تكشف عن الحاجة إلى زيادة كفاءة التشغيل في المنشأة.

وهنالك مصادر أخرى للمعلومات مثل بيانات السجلات الداخلية للشركة أو إحصاءات الصناعة او النشاط الذي تعمل فيه الشركة.

معايير تقويم الأداء Performance Evaluation Criteria

تعتبر درجة التطابق مع المعايير المقررة من الملامح المهمة لعملية المراجعة، لأن الفحص المنتظم يتم مرتبطاً بأهداف معينة، وتعد معايير الحكم على الأداء ضرورية في أدارة المراجعة التشغيلية، وعادة ما يتوجب على المراجع التشغيلي أن يأخذ بالأهداف العريضة للمنشأة أو القطاع أو الإدارة او القسم، ويحتاج المراجع

التشغيلي إلى التأكد من إتباع السياسات والإجراءات المرسومة، وما إذا كان تطبيقها يتم بطريقة كفء واقتصادية أم لا، أيضاً إذا كانت الإدارة قد ضمنت نظامها الرقابي أساليب لتقويم الأداء مقابل معايير محددة مقدماً يتعين على المراجع أن يقتنع بمنطقية المعايير وسلامتها كأساس للحكم على الأداء، وإذا لم تكن هنالك معايير معينة لتقويم الأداء الداخلي، ينبغي على المراجع أن يطور معايير وطرق لتقويم الأداء مستخدماً كل الحقائق والمعلومات ذات الصلة، ويمكن للمراجع التشغيلي أن يستخلص المعايير الملائمة للأداء عن طريق :

1)   معايير القياس الداخلية مثل الأهداف والخطط والسياسات والموازنات والإجراءات السابقة.

2)   معايير القياس الخارجية مثل التشريعات، والتعاقدات، وشروط التعاقد، ومعايير الصناعة أو النشاط، والإتجاهات والأداء المقارن، والنشرات العامة.

ويمكن للمراجع استخدام طريقة نقاط الاختبار عند تقويم أداء الإدارات وأقسام التشغيل، ويعتبر المعهد الأميركي للإدارة أول من أوجد طريقة نقاط الاختبار لمختلف جوانب المنشأة لتحديد فعالية المنشأة ككل، ويبوب المعهد الأميركي للإدارة أنشطة المنشأة إلى عشرة عناصر هي: هيكل المنشأة والوظيفة الإقتصادية للمنشأة، وخدمة المساهمين، والمكاسب، والبحث والتطوير، والسياسات المالية، وكفاءة الإنتاج، وكفاءة نشاط المبيعات، وتقويم المديرين، وفعالية وظيفة التوجيه، ويؤخذ على هذه الطريقة تباين النتائج باختلاف المراجعين، لعدم وجود أساس موضوعي لتحديد النقاط التي تعطى للأنشطة، بجانب ذلك إستخدام كل منشأة أوزان أو درجات عيارية مختلفة وبالتالي عدم قابلية النتائج للمقارنة.

ويمكـن للمراجـع التشـغيلي أن يسـتخدم أسـلوب النسـب والإتجاهـات في تقـويم العمليـات والأنشـطة وفحصها، ويمكـن للمراجـع الحصـول عـلى نسـب ومؤشرات من المعلومات التي يحصل عليها من المصادر المختلفة.

وعادة لا توجد معايير أداء كاملة، وعلى المراجع أن يطور المعايير الأفضل للأداء في ظل الظروف السـائدة، فعلى سبيل المثال ما هي المعايير التي يجـب أن تستخدم لتقويم فعالية قسم المشتريات.

قد يقترح البعض حجم المشتريات أو عدد الأفراد العاملين بالقسم، إلا أن تلك المعايير لا تأخذ في اعتبارها ما إذا كانت المشتريات قد تمت بالسعر المناسب أم لا، ويتطلب ذلك تحديد نسبة مئوية من المشتريات تخضع للمساومة التنافسية، وهذا أيضاً يغفل معايير التوقيت السليم أو الجودة الملائمة للشراء، وعلى ذلك تستخدم معايير متعددة لتقويم فعالية قسم المشتريات، وفي جميع الأحوال ينبغي على المراجع أن يتفهم وأن يقتنع بسلامة المعيار المستخدم للحكم على الأداء.

ويشير البعض إلى أنه بدلاً من محاولة قياس الأداء مقابل معايير معينة، قد يكون من الأفضل في حالات معينة ان يركز المراجع التشغيلي على ما إذا كان هنالك إسراف في التشغيل، او ما إذا كانت هنالك طريقة أكثر كفاءة للقيام بالعمليات، ومن الضروري أن يكون هنالك إتفاق وقبول لمعايير تقويم الأداء، سواء كانت خارجية أو داخلية، قبل القيام بالعمل لتطوير ووضع نتائج وتوصيات معينة.

ومن المفضل إستخدام معايير موضوعية قابلة للتوثيق لتوفير المعولية للنتائج والتوصيات.

ويقوم المراجـع التشـغيلي باسـتخدام المعلومـات المتحصـل عليها في وضع خطط وبرامج المراجعة واستخدامها مُرشداً لجمع الأدلة لأغراض التقويم النهائي.

خطة المراجعة التشغيلية

أن أساس تحديد خطة المراجعة السنوية، هو تحديد المجالات التي تغطيها المراجعة التشغيلية بالتشاور مع المديرين التنفيذيين المسؤولين عن الأنشطة التشغيلية، وفيما يلي مثال لقائمة بالمجالات التي تغطيها المراجعة التشغيلية في نطاق شركات مختلفة (الشكل 5-3).

وبمجرد الموافقة على المجالات التي يجب أن تخضع للفحص التشغيلي، فإن برامج المراجعة التفصيلية وملخصات المراجعة التشغيلية، يمكن وضعها لكل نشاط بالتعاون مع المدير المسؤول عن عذا النشاط.

1- التسويق : هيكل السعر إدارة المبيعات التوزيع المدينون	**2- إدارة الموارد** الشراء رقابة المخزون الدائنون
3- الأصول الثابتة الانفاق الرأسمالي إدارة الأصول الثابتة	**4- تشغيل البيانات** العمليات حماية البيانات
5- الحماية الممتلكات النقدية أوراق الدفع	**6- الإنتاج** سجلات الإنتاج التخطيط والرقابة
7- المحاسبة الإدارية نظام التكاليف الحسابات المالية الدورية السجلات المحاسبية	

الشكل (5-3): قائمة بالمجالات التي تغطيها المراجعة التشغيلية

وضع برنامج المراجعة التشغيلية

يتم إعداد برنامج المراجعة التشغيلية بشكل أفضل بعد القيام بالمسح التمهيدي، فالمسح التمهيدي يحيط المراجع بشكل معقول بأهداف النشاط ووسائل الرقابة الموجودة، وعادة ما يرفض المراجع الخبير البرامج النمطية لأن العمليات - على خلاف أغلب النظم المحاسبية - غالباً ما تتغير من مراجعة إلى أخرى.

ويتطلب وضع برنامج المراجعة جدولة المهام او التخصيصات، وتحديد تواريخ مراجعة المواقع أو العمليات، واختيار أكثر أفراد المراجعين كفاءة، وينبغي عند جدولة المهام، تحديد أكثر الفترات الزمنية ملائمة، فالقيام بالمراجعة في الفترة التي تخضع فيها نظم التصنيع للتعديلات الكبيرة، يؤدي إلى الجدل من جانب الإدارة، بأن النظام الجديد سوف يعالج المشكلات الحالية، وبمجرد تحديد الفترة الزمنية السليمة تكون الخطوة التالية اختيار فريق المراجعة، ويعتبر تحديد حجم فريق المراجعة عاملاً أساسياً في كل مراجعة، ويعتمد تحديد حجم فريق المراجعة على مجال عملية المراجعة وحجمها، وبعد تحديد حجم فريق المراجعة يمكن اختيار أعضاء الفريق، وتعتبر عوامل الخبرة على وظيفة المراجعة، والخبرة في التشغيل الإلكتروني للبيانات خاصة في بيئات العمل عالية الأتوماتيكية من المحددات الأساسية لاختيار أعضاء الفريق.

وبعد ذلك تقوم إدارة المراجعة مع فريق المراجعة بتحديد مجال المهمة ونطاقها، وأفضل مدخل للعملية، والوقت المقدر أن تستغرقه عملية المراجعة، ثم يقوم فريق المراجعة بتخطيط المهمة بالتفصيل وتتضمن مدخلات العملية التخطيطية أوراق العمل السابقة وتقارير المراجعة، المناقشات مع الأقسام والإدارات والردود، واختيار مجالات تغطية المراجعة.

تتضمن المراجعة التشغيلية بشكل عام تقويم سلامة أدوات الرقابة الملائمة وفعاليتها لتنفيذ أهداف الإدارة وإنجاز هذا التقويم يتطلب تضمين برنامج المراجعة الأهداف وأدوات الرقابة، وعادة يتم تصميم برنامج المراجعة لوضع خطوط إرشادية تمكن المراجع من جمع الأدلة المطلوبة أساساً لنتائجه وآرائه، فعلى المراجع أن يدعم نتائجه بأدلة إثبات فعلية، وأن يحاول تحجيم نتائجه كلما أمكن، والمحصلة النهائية للجانب التخطيطي في المراجعة التشغيلية، هي برنامج المراجعة الذي يتضمن أهداف المراجعة وإجراءاتها، ومجالات التغطية، وتخصيص أفراد المراجعين على مجالات التغطية، والوقت المقدر المطلوب لتغطية كل مجال أو نشاط.

جمع أدلة الإثبات Gathering evidence

يتمثل الغرض من جمع الأدلة في الحصول على أساس واقعي لتقويم معايير الأداء السابق تحديدها، وفيما يلي أمثلة للأدلة التي قد يتم فحصها لتقويم الأداء (الشكل 4-5):

معايير الأداء	الأدلة
تدريب العاملين أربعين ساعة تدريبية أسبوعياً	فحص سجلات العاملين أو سجلات التدريب للتحقق من الساعات
تلقي تقارير الموازنة في العاشر من الشهر التالي.	مقابلة رئيس القسم لمعرفة وقت تسلم تقارير الموازنة.
فحص انحرافات الموازنة واتخاذ الإجراءات المصححة الضرورية.	استعراض تقارير انحرافات الموازنة، والتحقق من توثيق اتخاذ الإجراءات المصححة مثل (إعادة تخصيص الأفراد، تعديلات على التجهيزات، تغيير جدولة الإنتاج).
عدم استخدام التشغيل الإلكتروني للبيانات بواسطة القائم بالتشغيل لأغراض شخصيه. إستثمار الأموال الزائدة في استثمارات ذات عائد.	استعراض عمليات الحاسوب. فحص موازنة التدفق النقدي والحد الأدنى للأرصدة النقدية اليومية.
الشكل (5-4) : أمثلة لأدلة الإثبات	

وتعتبر المقابلة وسيلة مهمة للحصول على أدلة الإثبات أثناء المراجعة التشغيلية، وكلما كانت المقابلة جيدة أمكن الحصول على الأدلة والقرائن، وتتضمن المقابلة الجيدة ما هو أكثر من مجرد طرح الأسئلة، ينبغي تخطيط المقابلة مقدماً، وينبغي أن يشعر الأفراد محل المقابلة بالرضاء، أيضاً يجب أن يكون القائم بالمقابلة لبقاً وان يتجنب الأسئلة التي توحي أو تلمح بإجابة معينة، وبعد انتهاء المقابلة ينبغي إعداد مذكرة بالنقاط المهمة التي تتطلبها المقابلة، وتعتبر هذه المذكرة دليلاً على المعلومات المتحصل عليها في المقابلة .

ويقوم المراجع بتجميع الأدلة المتحصل عليها في ملف، وقد تأخذ الأدلة شكل جداول بقوائم المعلومات التي خصصت للمراجعة (مثل قائمة بالعاملين وعدد ساعات التدريب التي تلقوها في السنة)، ومذكرات بالمناقشات (مثل المقابلة مع رئيس القسم لتحديد وقت تلقي تقارير الموازنة، ونسخ من المستندات مثل تقارير الموازنة)، وبصرف النظر عن شكل الأدلة فإنه يتعين أن يكون لدى المراجع بعض الأدلة الموثقة لدعم نتائجه، ويندر أن تتضمن المراجعة التشغيلية تحقيق خارجي للبيانات الداخلية رغم أن المعلومات الخارجية مثل إحصاءات الصناعة قد تكون مفيدة في تقويم كفاءة بعض العمليات.

تحليل الإنحرافات عن المعايير وفحصها
Variance analyses and review

أثناء تجميع أدلة الإثبات ينبغي أن يكون المراجع يقظاً للإنحرافات عن سياسة الشركة والأداء غير الكفء وغير الفعال، كما ينبغي أن يميز بين الإنحرافات الجوهرية والإنحرافات غير الجوهرية، والإنحرافات الماضية قد لا تكون قابلة للتصحيح ومع ذلك فإن اهتمام المراجع الرئيس ينصب على أثرها المحتمل على الشركة خاصة إذا كانت الانحرافات تستمر مستقبلاً، فعلى سبيل المثال في المراجعة

التشغيلية لقسم البحوث والتطوير قد يلاحظ المراجع أن الحماية مهملة لأن المجال لم يُنظر إليه بصفة مستقلة في غير ساعات العمل، وأن نتائج البحوث لم يتم حمايتها، وهنا نجد أن الفحص أو المراجعة ستؤدي إلى النتائج التالية:

1) إعتبار أن الأنحراف جوهرياً بسبب الخسارة المحتملة للمنتجات الجديدة او المطورة بالنسبة للمنافسين او الآخرين.
2) إعتبار ان الإنحراف ليس جوهرياً.
3) إن الإنحراف سببه الحاجه إلى عاملين جدد بالقسم لفحص التجارب ومراقبتها أثناء العمل.
4) عدم وجود أدوات رقابة لهذا القسم، ينبغي توثيق التحليلات والفحوصات للإنحرافات في ملف المراجع لأنها أساس تحديد الإجراءات المصححة اللازمة.

تحديد الإجراء المصحح Correction action

بعد تحليل الإنحرافات عن المعايير وفحصها يتعين على المراجع أن يجيب عن سؤالين :

الأول: ما الإجراءات المصححة التي يمكن إتخاذها؟

الثاني: هل الإجراءات المصححة ممكنة التطبيق؟

ويعتبر السؤال الثاني في الغالب هو الأصعب بالنسبة للمراجع لأنه مطالب أن يأخذ بعين الإعتبار عوامل مثل علاقات التكلفة/المنفعة، والأثر على معنويات العاملين، والإتساق مع سياسات الشركة.

في المثـال الخـاص بـإهمال الحمايـة في قسـم البحـوث والتطـوير الإجـراء المصحح قد يسمح بالـدخول إلى القسـم في غـير سـاعات العمـل، إلا أن ذلـك قـد يكون ملغي ذاتياً إذ أن الدخول قد يكون مطلوبـاً لمراقبـة التجـارب، إجـراء آخـر مصحح هو تعيين حراسة فترة 24 ساعة، إجراء ثالث مصـحح هـو إغـلاق القسـم وتزويد بعـض العـاملين بالمفـاتيح وإعطـاؤهم شـارات تسـمح لهـم بالـدخول إلى المجال، جميع الإجراءات المصححة المقترحة ينبغي ان تناقش بين المراجع والأفـراد المسؤولين للحصول على أفكارهم وتأييدهم.

التقرير عن النتائج correction action

رغم ان التقرير الرسمي قد يعتبر الخطوة الأخـيرة في المراجعـة التشـغيلية، إلا ان هنالك تقارير غير رسمية ينبغي إعـدادها أثنـاء المسـح التمهيـدي، ينبغـي فحصها وتقويمها والتقرير عنها فوراً، بدلاً من الإنتظار حتى إتمام عملية المراجعـة بالكامل، ويتضمن التقرير الرسمي ما يلي:

1) الإجـتماع مـع مشرـفي الأقسـام أو الإدارات عنـد إتمـام المراجعة .
2) تقرير مراجعة مكتوب مقدم للقسم او الإدارة متضـمناً نتائج المراجعة وتوصياتها .
3) تقرير مراجعـة مكتـوب مقـدم لـلإدارة العليـا أو لجنـة المراجعة متضمناً ملخصاً بالنتائج والتوصيات الرئيسة للمراجعة.

ويختلـف شـكل تقريـر المراجعـة التشـغيلية ومحتـواه بـاختلاف المراجـع وظروف المهمة أو العملية وأيضاً باختلاف المنشأة، ورغم أنه لا يوجد شكل نمطي لتقرير المراجعة التشغيلية، إلا أنـه عـادة مـا يصـف الأهـداف، ونطـاق الفحـص، والمدخل أو الأسلوب المتبع في الفحص، وعرض نتائج وتوصيات معينة، كما يقـترح التقرير

المجالات والطرق لتحسين كفاءة العمليات، ويجب أن يراعي المراجع أن يكون التقرير واضحاً، وتوخي الدقة في الحقائق التي يعرضها التقرير، أيضاً أن يكون التقرير مقنعاً وموجزاً، وهنالك صعوبات تواجه المراجع عند إعداد تقرير المراجعة التشغيلية، ترجع إلى تعدد موضوعات التقرير وتنوعها، كل نشاط يحتاج توضيحاً من نوع مختلف، لأن لكل نشاط قراء مختلفين ذوي خلفيات وحاجات مختلفة، أما إذا كان تقرير المراجعة التشغيلية تقرأه الإدارة العامة للمنشأة فقط فإنه ينبغي أن يكون مفهوماً لأي قارئ ذكي أياً كانت خلفياته.

ويشتمل تقرير المراجعة التشغيلية الفقرات التالية:

فقرة إفتتاحية: تصف العملية محل المراجعة، الفترة التي يغطيها الفحص، ووصف عام لفحص المراجع، وأية قيود على مهمة المراجع.

فقرة التقويم: توضح هذه الفقرة تقويماً شاملاً للعملية وتقويماً للأداء .

فقرة النتائج: توضح هذه الفقرة الصورة كما هي جيدة أو سيئة، أي النتائج المرغوبة والنتائج غير المرغوبة، وتتضمن النتائج غير المرغوبة وصفاً للإنحرافات والإجراءات المصححة، وملاحظات وتعليقات أعضاء القسم أو الإدارة.

فقرة أخيرة: يظهر فيها تقرير المراجعون للتعاون والمساعدة التي تلقاها أثناء عملية المراجعة.

الجانب الرئيس المُمَيز لتقرير المراجعة التشغيلية انه عادة لا يتضمن رأياً شاملاً عن نتائج عملية المراجعة التشغيلية، إنه تعليق على نتائج معينة، هذا على خلاف تقرير المراجعة المالية حيث تفرض معايير المراجعة على المراجع إبداء رأيه في القوائم المالية ككل أو يذكر أنه لا يستطيع إبداء الرأي، وسبب ذلك غياب معايير

القياس الشامل (الكلي) في المراجعة التشغيلية مقارنة بالمبادئ المحاسبية المتعارف عليها بالنسبة للمراجع المالي:

ويعرض الشكل (5-5) نموذجاً لتقرير المراجعة التشغيلية.

السيد/ محمد الصادق

المدير العام

شركة الحكمة الدوائية

عمان – الأردن

عزيزي السيد / محمد الصادق

بناءً على طلبكم لقد قمنا بمراجعة عمليات قسم معالجة البيانات الإلكترونية وتمت مراجعتها أثناء الفترة - / / 2009 الى / / 2009 واشتملت على:

1. إجراء مقابلات مع الأفراد الرئيسين بالقسم.
2. إستعراض الإرشادات التشغيلية وتتضمن الخرائط التنظيمية وتوصيف الوظائف، الإجراءات، والأشكال، توثيق البرامج والنظم.
3. ملاحظة الأنشطة داخل القسم.
4. إستعراض تقارير الإنتاجية ويتضمن تقارير استخدام التجهيزات والمعدات والموازنات.

يستخدم القسم 20 موظفاً وتبلغ موازنته السنوية 40.000 ريال.

ويسرنا ان نرفع اليكم نتائجنا وتوصياتنا.

التقويم العام

تبينت لنا كفاءة التشغيل الكلي للقسم وفعاليته، اكتسب الموظفين خبرة فنية جيدة وعبروا عن رغبتهم في خدمة الأقسام الأخرى للشركة وبعد التنسيق الإضافي مع الأقسام الأخرى قد يكون مفيداً في الوفاء بالمتطلبات التشغيلية بتكلفة أقل.

ملخص النتائج الرئيسية

1) الحاجة الى خطة طويلة لتشغيل البيانات.

2) الحاجة الى استعراض دوري للتقارير.

مناقشة النتائج الرئيسة

الحاجة الى خطة طويلة الأجل لتشغيل البيانات.

النتائج

يعتبر معدل استخدام تجهيزات معالجة البيانات حالياً قريباً من الحد الأقصى للمعدل السنوي، بالإضافة الى ذلك تحوز بعض الأقسام أجهزة حاسبات صغيرة لتشغيل حاجات معلوماتية معينة خاصة بها، وقد ناقش أفراد قسم معالجة البيانات حاجتهم المستقبلية مع شركات تجهيزات الحاسوب وتبين عدم وجود خطة طويلة الأجل للسنوات المستقبلية تتناول معالجة البيانات.

التوصية

نوصي بأن يقوم قسم معالجة البيانات، بالتشاور مع الأقسام المستخدمة، باعداد مشروع تفصيلي بحاجات تشغيل البيانات للسنوات الخمس القادمة، ويتضمن ذلك تقديرات الزيادات في التشغيل الحالي للبيانات والاستخدامات الجديدة المتوقعة، أيضاً ينبغي التشاور مع الإدارة العليا بشأن إحتياجاتها المستقبلية من تشغيل البيانات المتعلقة بالإندماجات، حيازات الأصول والتخلص منها، وبناء على هذا المشروع يتم بناء خطة الحصول على المعدات والأفراد لإصدار قسم معالجة البيانات بالشركة بها بتكلفة أقل.

إننا نقدر حسن تعاونكم معنا أثناء عملية المراجعة، ويسعدنا الإجابة على استفساراتكم حول هذا التقرير.

مع التحية والتقدير...

هاني السيد أحمد

المراجع الداخلي الرئيسي

الشكل (5-5): نموذج تقرير المراجعة التشغيلية

وبعد إعداد مراجع التشغيل لتقريره يجب أن يتأكد مـن أن الإدارة التـي تسلمت التقرير، قامت بالتصرف اللازم للقضـاء علـى العيـوب الفنيـة، أو عمـل التحسينات الممكنة ويتطلب ذلك وجود مجموعـة متابعـة مسـتقلة مهمتها المبادرة بالعمل لتصحيح أي نقص في الكفاءة يُكتشف، أو عن طريق نظام يقضيـ برفع تقـاريره إلى رئيس مجلس الإدارة خـلال فـترة محـدودة لتقرير المراجـع التشغيلي، وفي حالة عـدم إتخـاذ أي إجـراء يجـب إبداء الأسباب عـلى ان يقـوم المراجع بالتعليق على ذلك في تقرير المراجعة التشغيلية التالي.

مراجعة أنشطة التشغيل: تطوير مدخل عام

لكل نوع من أنشطة التشغيل محل الفحص خصائصـه ومظاهرة المميزة له، ويجب تفهم هذه الخصائص والمظاهر المميزة لأنشطة التشغيل، ومـع ذلك فإننا نتجه للتعامل مع كل نشاط تشغيل بالطريقـة نفسها عـلى أسـاس تطوير مدخل عام للمراجعة التشغيلية، ويتضمن هذا المدخل الخطوات الأربع التالية:

1)   وصف الطبيعة العامة للنشاط محل الفحص والأهداف الواجـب إنجازهـا، والنظـر إلى كـل نشـاط في شـكل مجموعـة خطـوات أساسية في دورة التشغيل.

2)   النظر إلى كـل نشـاط في شـكل نقـاط رقابـة أساسية، ويمكن تعيين هـذه النقـاط الرقابيـة بعـدة طـرق بديلـة، وتعيين هـذه النقاط ضروري لهيكلة الأهداف.

3)   تغطيـة أي نوع مـن المشـكلات التـي توجـد في نشـاط تشغيلي معين ولم يتم مناقشتها من قبل.

4)   وصف الـدور المحـدد للمراجـع الـداخلي عند فحـص ومراجعة نشاط تشغيلي معين .

الغرض من تطوير المدخل العام للمراجعة التشغيلية هـو حـث المـراجعين على بذل جهود متسقة تجاه كل نشاط تشغيلي، أيضاً توفير سهولة كبيرة للقارئ، وفي كل الأحوال فإن الهـدف العـام هـو إيجـاد جميـع الوسـائل الممكنـة لتوسيـع خدمات المراجع الداخلي في مجال خدمة الإدارة.

إرشادات المراجعة وتحديد نطاق الفحص التشغيلي
Audit Guidelines

تستهدف المناقشات التفصيلية لمجالات التشغيل المختلفة تزويـد المراجـع بمساعدات كبيرة في تطوير برامج المراجعة لمواقف معينة، أيضاً يمكـن أن تحقـق منهـا منفعـة أو فائـدة إضـافية في تهيئة هـذه المعلومـات وتطويرهـا في شـكل إرشادات أو توجيهات معينة للفحص التشغيلي، مثل هذه الإرشادات وإن كانـت لا توفر تغطية عميقـة، إلا انهـا تسـتخدم مرجعـاً مـوجزاً أو ملخصـاً عنـد القيـام بالمراجعة التشغيلية، وبشكل عام فإن إرشادات المراجعة نوعان :

الأول: أنواع معينة من إجراءات المراجعة يجب القيام بها.

الثاني: أسئلة أو إستفسارات تتعلق بالجوانب المختلفـة للنشـاط التشـغيلي محل الفحص.

وسوف نتناول كل نوع على النحو التالي:

النوع الاول: يتسم بأنه عام تماماً، ويحتاج بصفة خاصة، إل تهيئة وتكييف في المواقف الفردية بحسب الطريقة التي يعمل بها النشـاط فعـلاً، وكي يعكس حكم المراجع عن توسيع نطاق إختبار معين أو تطوير إجراءات أخرى للمراجعة.

النوع الثاني: يعتمد على طرح أسئلة وإستفسارات ملاءمة في المجال محل الفحص، وتكون الإجابة عليها بـ (نعم) او (لا) والنتيجة المرغوبة هي الفحص والتقويم بعناية، وتحديد أية جوانب قصور جوهرية، وتحديد فرص التحسين ومجالاته في العمليات بطريقة سليمة .

وهنالك ثلاثة مداخل تتعلق بعلاقة إرشادات المراجعة بنطاق الفحص ومداه:

الاول: فحص نشاط التشغيل باعتباره نشاطاً وظيفياً منفرداً.

الثاني: فحص النشاط التشغيلي كجزء متكامل مع الكل.

الثالث: المدخل الوسط الذي يجمع بين المدخل الاول والثاني.

فعلى سبيل المثال يمكن معاملة نشاط الشراء في الفحص على اساس وظيفي ويكون التركيز على أكثر مشكلات الشراء أهمية، او يمكن فحص نشاط الشراء في موقع معين باعتبارها جزءاً من العمليات الكلية المنفذة في هذا الموقع، وبالتالي فإن عمليات الفحص تتناول نشاط الشراء وهو في علاقة عمل فعلية مع الأنواع المختلفة من أنشطة التشغيل، في المدخل الوسيط يكون فحص أنشطة الشراء، في موقع عمل معين فقط إذا كان حجم العمليات الكلية في هذا الموقع يجعل ذلك ضرورة عملية.

ويمكن تطبيق إرشادات المراجعة بالنسبة لجميع مجالات التشغيل من زاوية تحديد إجراءات مراجعة معينة وطرح أسئلة تتناول الجوانب المختلفة لنشاط التشغيل، ويتضمن نشاط المراجعة التشغيلية قيام المراجع في كل وظيفة أو نشاط تشغيل بأعمال التحقق والتقويم والمطابقة وغيرها من الجوانب الفنية لعملية المراجعة، ونتناول فيما يلي عدداً من مجالات التشغيل و دَور المراجع الداخلي.

مجالات التشغيل ودور المراجع الداخلي

يختص المراجع الداخلي الحديث أساساً بمجالات التشغيل في المنظمة التي هو جزء منها، وتختلف مجالات التشغيل بين المنظمات المختلفة إعتماداً على ما تقدمه من منتجات وخدمات، كما تختلف مجالات التشغيل أيضاً باختلاف طريقة إدارة المنظمة لعملياتها، ومع ذلك فإن هنالك مدى من أنواع الانشطة أو العمليات في منظمات الأعمال يتشابه إلى حد كبير في كل هذه المنظمات، وبالتالي تكون هنالك حاجه لتفهم الأنواع المختلفة من أنشطة التشغيل باعتبارها أساساً لتطوير برامج فعالة لمراجعة أنشطة التشغيل.

النشاط المحاسبي بوصفه نشاطاً تشغيلياً

يختص المراجع الداخلي الحديث بانشطة المحاسبة الرئيسة بطريقتين مختلفتين:

الأولى: تقضي بالإعتراف بنشاط المحاسبه باعتباره جزءاً من العمليات التي يجب أن تخضع للفحص مثل باقي مجالات التشغيل، فوظيفة المحاسبة يجب أن تؤدي للوفاة بحاجات التنظيم كله، وفي الوقت نفسه فإن للنشاط المحاسبي تكلفته، وبالتالي يجب أن تؤدي وظيفة المحاسبة دورها الخدمي بكفاءة وبطريقة إقتصادية وكفء كلما أمكن، وهكذا فإن هذا الجانب التشغيلي لنشاط المحاسبة يؤكد الحاجة إلى إستمرار المراجع الداخلي في إختصاصه بالنشاط المحاسبي.

الثانية: تقضي بتزايد إهتمام المراجع الداخلي بأنشطة المحاسبة الرئيسة، عند فحصه لمختلف المجالات التشغيلية على إعتبار أن أحد مصادر المدخلات لمعرفة مجريات الأحداث، هو فحص أنشطة المحاسبة الرئيسة المتعلقة بهذة العمليات أو مجالات التشغيل، وفي الوقت نفسه يثور التساؤل عما إذا كان النشاط المحاسبي يخدم مجالاً تشغيلياً معيناً بأكثر الطرق فعالية أو لا، ولهذه الأسباب فإن الأنشطة المحاسبية

تصبح لها اهميتها الكبيرة بالنسبة للمراجع الداخلي عند القيام بدوره التشغيلي الواسع والجديد.

مجالات الإهتمام في فحص الأنشطة المحاسبية الرئيسة

من المفيد عند تخطيط فحص الأنشطة المحاسبية الرئيسة تعيين مجالات الاهتمام الرئيسة، وتقع هذه الإهتمامات في قسمين رئيسين هما:

1- الأجزاء المكونة للنظام المحاسبي النموذجي.

2- أبعاد التشغيل الرئيسة للنظام المحاسبي.

الأجزاء المكونة للنظام المحاسبي

الوثائق الأساسية Documents

يبدا تشغيل النظام المحاسبي من خلال إيجاد وإستكمال الوثائق الأساسية بصفة مبدئية، ويجب الإهتمام بهذه الوثائق بوصفها مصدراً للمعلومات والقيد، ويستفاد من المستند باتخاذه دليلاً موضوعياً مؤيداً لحدوث العملية مثال ذلك الشيكات والفواتير والإيصالات، والمستندات قد تكون داخلية مثل فاتورة البيع وقد تكون خارجية مثل فاتورة الشراء، ويجب أن تستوفي هذه الوثائق جوانبها الشكلية والموضوعية، ويتعين أن تكون بسيطة وان تخدم عدة أغراض بهدف تقليل عدد المستندات، كما يجب أن تحقق هدف الرقابة بأن تحمل توقيع الشخص المختص.

اليوميات Journals

وظيفة اليومية توفير سجل تاريخي بالأحداث بمعنى أن تسجل الأحداث المالية في دفتر اليومية أولاً بأول، بحسب تسلسلها التاريخي، ويتركز إهتمام المراجع الداخلي في تحديد ما إذا كانت اليوميات تستطيع مقابلة الحاجات التشغيلية الممكنة ام لا.

دفاتر الأستاذ Ledgers

يتم تبويب البيانات التراكمية المتجمعة بدفتر اليومية في دفتر الأستاذ في حسابات الأصول والخصوم والإيرادات والمصروفات وحقوق الملكية، يختص الأستاذ العما بالحسابات الإجمالية، بينما يختص الأستاذ المساعد بالحسابات الفرعية، ويستخدم حساب مراقبة إجمالي العملاء بدفتر الأستاذ العام لمراقبة الحسابات الشخصية للعملاء بدفتر الأستاذ المساعد، ويتركز إهتمام المراجع الداخلي على أدوات الرقابة على الحسابات الفرعية لتظل متفقة مع أرصدة الحسابات الإجمالية بدفتر الأستاذ العام.

السجلات المساعدة Auxiliary

قد يتضمن النظام المحاسبي عدد من السجلات المساعدة خاصة في المنشآت المتوسطة والكبيرة الحجم، نظراً للمقتضيات العملية حيث تظهر الحاجة إلى التفصيل وتحليل البيانات، تتضمن إهتمامات المراجع الداخلي هنا تحديد ما إذا كانت السجلات المساعدة تدعم بشكل سليم الحاجات التشغيلية المطلوبة، أيضاً ما إذا كانت السجلات المساعدة تتم المحافظة عليها بشكل سليم، وفي بعض الحالات تتضمن السجلات المساعدة وظيفة الأستاذ المساعد كما في حالة يومية النقدية التي يمكن ان تكون أستاذاً للنقدية في نفس الوقت.

الدليل المحاسبي Accounting chart

هو خطة لتبويب الحسابات التي تتفق وطبيعة المنشأة وتبين الحسابات الرئيسة والفرعية التي تتدرج تحتها، ويشتمل الدليل تبويب الحسابات بالشكل والتفصيل الذي يخدم حاجات المنشأة من البيانات، وتتمثل مجالات إهتمام المراجع الداخلي في التأكد من سلامة إعداد الدليل المحاسبي ومقدرته على الوفاء بحاجات التشغيل بما يسهل التعرف على حسابات التشغيل والتقرير عنها.

التقارير المحاسبية Accounting reports

تعتبر التقارير المالية المنتج النهائي للنظام المحاسبي، وتعد وسيلة لتوصيل المعلومات المحاسبية الى المستفيدين منها، وتتركز إهتمامات المراجع حول ملائمة المعلومات التي توفرها التقارير، وطريقة عرض التقارير لتحقيق الإستخدام الفعال لها، كذلك توزيع على الأفراد الملائمين لها.

الأبعاد التشغيلية للنظام المحاسبي

بعد النظر للأجزاء أو العناصر المكونة للنظام المحاسبي نتناول النظام المحاسبي من منظور أبعاده التشغيلية، وهذه الأبعاد ليست منمطة جيداً مثل العناصر أو المكونات، إلا أنها من الناحية المثالية تتضمن ما يلي:

1) توزيع تخصيصات او مهام العمل، كما هو الحال بالنسبة لكل نشاط تشغيلي، فإن نقطة البداية هي طريقة توزيع المهام او تخصيصها بين الأفراد، وعند إجراء هذه التخصيصات يجب الاستفادة من فوائد التخصص وشغل الوظائف او الأعمال بالأفراد المناسبين؛ لتقليل إحتمال وقوع الأخطاء، وفي كافة مواقف التشغيل ينبغي الإستفادة من توزيع المهام بين الأفراد بشكل جيد.

2) كفاءة الأفراد: تتطلب مختلف تخصيصات المهام أو الأعمال أنواعاً ومستويات مختلفة من الكفاءات الفنية، والهدف هو توفير الأفراد الملائمين في كل حالة، وتجنب النقص الكبير في الكفاءات المطلوبة.

3) إستخدام الأفراد : يرتبط المستوى السليم للكفاءة بالحاجة إلى الإشراف وإدارة الأفراد بطريقة تسمح باستغلال الإمكانيات المتاحة بكفاءة وسلامة، كما يرتبط بذلك تجنب الزيادة أو النقص الجوهري في عدد

الأفراد، بالإضافة إلى ذلك تجنب الوقت الإضافي الزائـد، كـل هـذه عوامل متناقضة تحتاج إلى تقويم والجمع بينها بكفاءة مناسبة.

4) التنسيق والدعم: قسم المحاسبة الـذي يعمـل بطريقـة فعالة يعمل شريكاً ومستشاراً بالنسبة لجميع الانشطة الأخـرى، وبالتـالي فإن المجموعة المحاسبية في حاجة إلى أن تصل لأنشطة التشغيل الأخرى، لتقديم المساعدة والدعم ومشاركتها في حل مشكلاتها.

5) نطاق اللامركزية: يرتبط البعد التشغيلي الاخـير والمهـم بإيجاد التوازن السليم للامركزية، ويرتبط بذلك تحديد أين وبواسطة مَن يمكن ان يتم النشاط بشكل افضل، مثال للمستوى المنخفض: رجل البيع يختص بإعداد النماذج او الملخصـات التـي قـد تعـد بشكل أفضل عـن طريق المجموعة المحاسبية المركزية، وعند مسـتوى أعـلى يثـور التسـاؤل عـن كيفيـة أداء العمـل المحاسبي في مواقع العمـل الميدانيـة مقارنـة بالمركزية في المركز الرئيس، العوامل الرئيسة المحددة لهذه القرارات هـي إقتصـاديات التشـغيل الواجـب تحقيقهـا مقارنـة بالحاجـة إلى دعـم العمليات الداخلية.

المعايير التشغيلية لتقويم النشاط المحاسبي
Operational Criteria for Appraising Accounting Activity

تكلفة العملية Cost

تعد درجة إقتصادية تنفيذ الأجزاء المختلفة للعملية المحاسبية أحد المعايير المهمة للتقويم، كذلك معيار المقارنة مع الشركات الأخرى في الصناعة، مع مراعاة إختلاف ظروف التشغيل بين الشركات، بالإضافة إلى معيـار مقارنـة الأداء المـاضي للشركة، وهنالك معيار آخر بدراسة التكاليف في ظل عدة بدائل.

الخبرة بالخطأ Error Experience

هنالك بعض الأخطاء لا يمكن تجنبها، بالإضافة إلى ذلك انه كلما كان هيكل الرقابة كبيراً زادت التكلفة، ومع ذلك فإن الخبرة بالاخطاء الزائدة توضح ان مستويات الضعف او القصور من نوع ما تحتاج إلى دراسة، وقد يرجع ذلك إلى التصميم غير السليم او التشغيل غير الفعال أو مزيج منهما، الهدف هو محاولة تحقيق التوازن بين التكلفة ودرجة الخطأ.

الغش Fraud

هنا ينبغي التأكد من ملائمة ادوات الرقابة المحاسبية الأساسية مع باقي أدوات الرقابة التشغيلية في إكتشاف وتقليل اعمال الغش والمخالفة.

نظامية العمليات المحاسبية Regualarity

من المعايير المهمة لقياس فعالية العمليات المحاسبية، النظامية والكفاءة التي تُنفذ بها، والنظام والكفاءة هما نتاج وجود الأفراد الجيدين والتدريب السليم والإشراف الجيد، كما يعكسان سلامة إجراءات المحاسبة ووجود تسهيلات مناسبة وتجهيزات حديثة.

خدمة الشركة Cpmpany Service

أكثر المعايير أهمية فعالية وظيفة المحاسبة في خدمة حاجات أنشطة التشغيل، ويتضمن ذلك توفير المعلومات، وتقديم التقارير في توقيت سليم، أيضاً المساعدة في التعامل مع البعد المحاسبي المرتبط بمشكلات التشغيل، ويمكن تقديم مقياس هذا الخدمة بشكل أفضل من وجهة نظر المستخدم على أساس مدى إتاحة وسهولة الحصول على المساعدة المطلوبة، وكذلك تطوير سجلات إضافية مكملة لخدمة المستخدم.

الفصل الخامس

5

المراجعة الداخلية في بيئة الحاسب

5

المراجعة الداخلية في بيئة الحاسب

طبيعة عمليات الحاسب وأهميتها

تمثل عمليات الحاسب أو التشغيل الإلكتروني للبيانات واحدة من أهم مجالات أنشطة التشغيل التي تدعم الجهود الكلية للإدارة، وتتضمن عمليات الحاسب او التشغيل الإلكتروني للبيانات مجموعتين من الأنشطة :

الأولى: أنشطة التخطيط والتطوير التي تختص بالحصول على النوع السليم والكفء من الأجهزة وتحديد مواطن إستخدامات قدرات الحاسب، بالإضافة إلى تحديد تطبيقات الحاسب في اعمال المنشأة وتطويرها.

الثانية: أنشطة التشغيل الفعلي للبيانات وفقاً للبرامج الموضوعة من قبل، وهكذا فإن النشاط يعدّ من أنشطة التشغيل بشكل مباشر .

وتعد عمليات الحاسب ذات أهمية خاصة وذلك لأسباب ثلاثة على الأقل :

الأول: ان المنشأة النموذجية تضم مجموعة كبيرة من أنشطة التشغيل وبالتالي فإن موازنة الإنفاق السنوية في كثير من الشركات تكون مبالغها بالملايين، بالإضافة إلى ضخامة إستثمارات رأس المال، ومن المتوقع في مثل هذه الظروف الإهتمام بفعالية تشغيل هذه الإنشطة .

الثاني: العلاقة المباشرة التي توجد بين التشغيل الإلكتروني للبيانات وأنشطة التشغيل الأخرى التي تخضع لفحص المراجع الداخلي .

الثالث: ان يصبح الحاسب ذاته أداة للمراجع الداخلي عند تنفيذ الأنواع المختلفة من الإختبارات.

ويمكن القول أن هنالك جانبين إثنين على الأقل لاهتمامات الإدارة بعمليات الحاسب هما:

الاول: مدى إستغلال فرص ومجالات إستخدام الحاسب بشكل ملائم، بمعنى تحديد ما إذا كان استخداماً سليماً ومربحاً.

الثاني: التركيز على كفاءة التشغيل اليومي للحاسب:

1)   هل تعمل النظم القائمة على الحاسب بطريقة سليمة؟

2)   هل يتم تشغيل البيانات بالطريقة التي توفر الخدمات المطلوبة في الوقت المناسب وبشكل إقتصادي؟

3)   هل ترتبط المنشاة بالأطراف الخارجية وفقاً لأساس سليم وتوقيت سليم؟

وتحدد كل هذه الأنواع من إهتمامات الإدارة بدورها المجالات التي يمكن أن يساهم فيها المراجع الداخلي الذي ينبغي أن ينظر إلى عمليات الحاسب على انها مثل أي نشاط تشغيل آخر.

المشكلات التي يسببها إستخدام الحاسب

يتصف الإستخدام الحالي للحاسبات الإلكترونية بالخصائص التالية:

1)   الإتجاه نحو تكامل نظم المعلومات.

2)   التوسع في تطبيق نظم التشغيل المباشر ونظم التشغيل الفوري ونظم المشاركة الزمنية.

3)   أصبحت الحاجة إلى تدخل مشغلي الحاسب في عمل الحاسب خلال عملية التشغيل ضئيلة جداً .

4)   تزايد إمكانية نقل البيانات مباشرة بين الحاسبات الإلكترونية.

5) تزايد كمية البيانات التي يتم إنشاؤها وتسجيلها في شكل نبضات إلكترونية، مع التقليل نسبياً من إستخدام المستندات الأصلية المطبوعة.

6) التوسع في إستخدام وحدات العرض المرئي للمخرجات، مع التقليل نسبياً من إستخدام النسخ المطبوعة.

7) أصبحت عملية تخزين البيانات في شكل وحدات إلكترونية ولفترات زمنية طويلة أكثر من ذي قبل، الامر الذي أدى إلى التقليل من التخزين في شكل مستندات أو سجلات ورقية.

وفقاً لما سبق أدى إستخدام الحاسب إلى خلق مشكلات جديدة لها أهمية خاصة من وجهة نظر المراجع الداخلي، بعض هذه المشكلات يتعلق بمسار عملية المراجعة، وبعضها يرتبط بسوء إستخدام الحاسب، ولا شك أن هذه المشكلات تضيف صعوبات جديدة أمام المراجع عند القيام باختبارات المراجعة ونعرض فيما يلي لهذه المشكلات وكيفية تعامل المراجع معها.

مشكلات مسار عملية المراجعة
Audit Trail Problems

يقصد بمسار عملية المراجعة تتبع مصادر السجلات والمستندات المؤيدة لعمليات المنشأة خلال الفترة الزمنية، ويشتمل ذلك المستندات والسجلات مثل صور فواتير البيع والإيصالات والشيكات الملغاة وسجلات اليومية والأستاذ، وتبدو أهمية مسار المراجعة في انه المصدر الرئيس لحصول المراجع على ادلة الإثبات، وبالتالي فإن من الضروري أن يكون هنالك وضوح لهذا المسار، وتتبع كافٍ من قبل المراجع، لأغراض التحقق خاصة في ظل المراجعة اليدوية التي تطلب تأييد كل عملية بمستند أو أكثر وتسجيلها بالدفاتر.

ويختلف تأثير الحاسب على مسار عملية المراجعة بحسب درجة تعقيد نظام الحاسب، فإذا كان الحاسب يستخدم للأغراض الحسابية فقط فإن مسار عملية المراجعة قد لا يتأثر خصوصاً إذا ارادت الإدارة الاحتفاظ بالمستندات والسجلات وفقاً للنظام اليدوي، بينما يعاني مسار عملية المراجعة عدة صعوبات ومشكلات في ظل نظم الحاسبات الأكثر تقدماً، ويرجع ذلك إلى واحد او اكثر من العوامل التالية:

حذف البيانات

تلجأ بعض المنشآت إلى حذف سجلات البيانات بعد فترة زمنية معينة، من اجل إستخدام أفضل للمساحة التخزينية المحدودة أو للقرص الممغنط، بمعنى أن المنشاة تحتفظ بالبيانات الحالية فقط وبالتالي يكون المراجع غير قادر على تتبع العمليات وملاحقتها.

إستخدام وسائل التخزين الممغنطة

يتم تخزين البيانات على اقراص أو شرائط ممغنطة، وهذه الوسائط لا يمكن فحصها بشكل مباشر فمثلاً ملخص دفتر الأستاذ يكون ضمن الملف الرئيس المكتوب بلغة الحاسب على أقراص ممغنطة يصعب ملاحظتها ومشاهدتها عينياً بواسطة المراجع.

التصنيف

غالباً لا يتم تصنيف المستندات الأولية، وتسبب البيانات التي يصنفها الحاسب صعوبة في تتبعها.

التخفيض او الإسقاط لبعض مصادر الإثبات او كلها

يوفر الحاسب تقارير تبين الإجماليات وتحليلات الأرصدة ولكن بدون الإفصاح عن المعلومات التي أحدثتها أو أدت إليها.

وفقاً لما سبق فإن مسار عملية المراجعة المتعارف عليها سيختفي، مالم يتم الإبقاء على السجلات التفصيلية التقليدية، والمثال الشائع لافتقاد مسار عملية المراجعة بسبب الحاسب، هو نظام تسجيل المخزون، تقضي معظم نظم المخزون بتقويم المخزون على أساس السعر المدفوع بالنسبة لآخر العناصر أو البنود المشتراه، ويترتب على ذلك ان تختلف تكلفة المخزون عادة عن قيمتها في السجلات، ووفقاً لنظام القيد المزدوج فإن الفروق يتم تسجيلها في حسابات الإيرادات باعتبارها تسوية لقيمة المخزون، وعندما يرغب المراجع في فحص مجموعة من التسويات فإنه يحتاج إلى فحص جميع عمليات إعادة التقويم لجميع أنواع المخزون، والمشكلة هنا هي:

1- أن الحاسب عادة لا يحتفظ بأي سجل لعمليات إعادة التقويم لكل عنصر من عناصر المخزون .

2- ان عدد عمليات إعادة التقويم ستكون كثيرة جداً.

السؤال: ما الذي يجب ان يقوم به المراجع إذاً؟ في بداية مشكلة افتقاد المسار التقليدي للمراجعة، إتجه المراجعون إلى مطالبة الإدارة بضرورة تقديم تقارير خاصة للإطلاع والإطمئنان إلى سلامة عمل نظام الحاسب، إلا أن ذلك قوبل بمقاومة من الإدارة، لارتفاع تكلفة إعداد وتوفير هذه البيانات لأغراض المراجعة، وبالتالي لم يكن أمام المراجعين إلا السعي والبحث عن مداخل جديدة، لتحقيق المعلومات المحاسبية في ظل نظم الحاسبات المتقدمة، ويمكن القول أن هنالك مجموعة من الطرق أو المداخل للتعامل مع مشكلات مسار عملية المراجعة في ظل النظم الإلكترونية منها:

إعادة الأداء يدوياً Manual Reporformance

وفقاً لهذه الطريقة يقوم المراجع بإعادة اداء عمل الحاسب يدوياً ليتأكد من الحصول على الإجابة الصحيحة، وتعتبر هذه الطريقة من أبسط طرق التغلب على افتقاد مسار المراجعة، ورغم أنها قد تكون مملة جداً، إلا أنها قد تكون الأكثر فعالية في بعض الحالات.

وفي حالة إعادة تقويم المخزون، قد يقوم المراجع بإعادة حساب التغير في المخزون يدوياً عن فترة زمنية صغيرة، فإذا ما وافق ذلك حسابات الحاسب عن هذه الفترة فإن المراجع يعتبر أن برنامج إعادة القويم في الحاسب يعمل بشكل سليم، وفي اغلب الحالات إن إعادة الأداء يدوياً يعتبر أقل إقناعاً وأكثر تكلفة في مواجهة مشكلة إفتقاد مسار المراجعة التقليدي.

إستخدام المجموعة الاختبارية Test Pack

وتعتبر هذه طريقة افضل للتعامل مع مشكلة إفتقاد مسار المراجعة التقليدي، وفقاً لهذه الطريقة يمكن للمراجع تشغيل مجموعة من البيانات الاختبارية عن طريق برنامج الحاسب، بعد ذلك يقوم المراجع بمقارنة المخرجات من الحاسب مع نتائجه المسبقة، وتتمثل الفائدة من إستخدام طريقة المراجعة هذه في امكانية تصميم مجموعة البيانات الاختبارية، لتتضمن مجموعة كبيرة من العمليات غير النمطية التي قد تلقي الضوء على جوانب الضعف في البرنامج، وهنالك فائدة اخرى جوهرية هي أن المجموعة الاختبارية يمكن إستخدامها أكثر من مّرة، ويحقق الإستخدام المتكرر عامل السرعة، وبالتالي الحصول على أدلة إثبات غير مكلفة، ورغم ذلك توجد مشكلات في ادلة الاثبات المتحصل عليها من المجموعة الاختبارية، فالادلة المتحصل عليها غير مباشرة، كما أنه لا يتم الحصول على اية ادلة بشأن العمليات الحّية، ويوجد عيب آخر هو ان كتابة المجموعات الاختبارية الجديدة تتطلب وقتاً كبيراً.

فحص القرص الصلب Hard Desk Check

في المثال الخاص بنظام إعادة تقويم المخزون قد يرغب المراجع في فحص النظام يدوياً أو إستخدام المجموعة الإختبارية، ربما يرغب المراجع في فحص القرص الصلب، ويتضمن فحص القرص الصلب تحليل برنامج الحاسب بواسطة المراجع الذي يمتلك مهارة برمجة الحاسب، وعن طريق تتبع منطق البرنامج يستطيع المراجع تكوين الرأي عمّا إذا كان البرنامج سيوفر المخرجات المطلوبة عند الإستخدام أم لا.

تعديل البرامج او تنقيحها Amendments to Progrms

لما كان افتقاد مسار المراجعة سببه افتقاد التوثيق، فإن الطريقة الافضل للمراجع هي علاج هذا القصور، ثم تنفيذ الإجراءات العادية بعد ذلك، قد يتعذر إعادة تخليق عملية التوثيق عند مراجعة البيانات التاريخية، ولكن البيانات غالباً ما تكون متاحة داخل الحاسب، إلا أنها لا تكون غير متاحة في النسخة الاصلية أو على وحدة شاشة العرض المرئي وذلك بسبب عدم كتابة برنامج إعداد التقارير، لذا فإن المراجع يكون في حاجة إلى الحصول على برنامج إعداد التقارير، أو ان يقوم المراجع بكتابته بنفسه إذا كانت لديه الخبرة التي تؤهله لذلك أو أن يسعى للبحث عن مساعدة شخص خبير.

وعندما يرغب المراجع في توفير مسار المراجعة بالنسبة للعمل المستقبلي، يجب عليه ان يقنع الإدارة باهمية ذلك حتى يمكنه الحصول على البرامج وتشغيلها، وبالتالي تتوفر المعلومات التي يحتاجها المراجع.

مشكلات سوء إستخدام الحاسب Malfunction

يواجه المراجع بمشكلات خطيرة إذا كان الحاسب لا يعمل بشكل سليم، ويحتاج كل من المراجع والإدارة الى التعاون في مواجهة هذه المشكلة وحلها كي تكون عملية

إعداد التقارير مفيدة وإيجابية، ومن الطبيعي أن تقوم الإدارة بأغلب العمل الروتيني بينما يقوم المراجع بإعطاء النصح واختبار النتائج.

ونعرض فيما يلي لبعض مشكلات سوء إستخدام الحاسب:

إمكانية تعديل البيانات دون ترك آثار ملموسة

يمكن تغيير البيانات الموجودة في السجلات المستخدمة في الحاسب وتعديلها، دون ترك أي آثار على هذه السجلات نظراً؛ لإختلاف أسلوب التسجيل على هذه السجلات عما هو مطبق في النظم اليدوية، بالإضافة إلى أن عملية الحذف وآثار التعديل واضحة تماماً في النظم اليدوية، بينما تغيب هذه الخاصية عن نظم التشغيل الإلكتروني للبيانات.

سهولة سرقة البيانات نظراً لصغر حجم وسائط التخزين

يتم تخزين كميات هائلة من البيانات في حيّز صغير جداً، بإستخدام وسائط التخزين مثل البطاقات المثقبة والاشرطة الورقية المثقبة، والأشرطة الممغنطة، والإسطوانات الممغنطة او طرفيات الحاسب، ولقد ادّى ذلك إلى سهولة عمل نسخ من البيانات المخزنة أو سرقة وسائط التخزين نفسها، وذلك على عكس وسائط التخزين في النظام اليدوي وهي الدفاتر والسجلات التي عادة ما تكون ضخمة يصعب نقلها وسرقتها.

ويؤدي إستخدام الحاسب بشكل غير سليم إلى حدوث مشكلات مشابهه لمشكلات افتقاد مسار المراجعة، ومع ذلك فإن هذه المشكلات تعتبر أكثر خطورة في طبيعتها، بالإضافة إلى أن مخاطر الخطأ تكون أكثر أهمية بشكل واضح، وكما هو الحال عند إفتقاد مسار المراجعة فإن الخيار الأول للمراجع هو إعادة أداء العمل يدوياً، وغالباً ما يقوم المراجع بالترتيب لدى الإدارة للقيام بهذا العمل من أجل المصالح

المتبادلـة بينهمـا، أيضاً قـد يحتـاج كـل مـن المراجـع والإدارة مسـاعدة المتخصصين، وينبغي أن تتوفر هذه المساعدة مجاناً عـن طريـق مـوردي البـرامج المعيبـة، وأخـيراً فـإن المراجـع قـد يأخـذ بعـين الإعتبـار إسـتنطاق البيانـات Interrogation of Data الموجود في النظام المعيب من خلال استخدام برنـامج حاسوب آخر، ويمكن للمراجع فحص البيانـات لاكتشـاف أي مـن المراحـل داخـل النظام التي تُظهر أو تُشير إلى الأخطاء.

وبوجه عام اينما يحدث سوء استخدام للحاسب، فإن المراجع في حاجـة إلى استخدام ذكائه وبراعته لحـل المشـكلات الناجمـة عـن سـوء إسـتخدام الحاسـب بدون أعباء إضافية، ولا شـك أن المشـكلات السـابقة سـوف تـؤثر عـلى أسـاليب وظيفة المراجعة الداخلية.

مراجعوا الحاسب computer Auditors

يمثل الحاسوب إسـتخداماً جوهرياً للموارد،كما انه أيضاً يعتـبر اداة إداريـة مهمة، ويؤدي التركيز على المعلومات المهمة عند تشغيل المعلومات إلى تعريض المنشأة للخسارة أو الغش والتضليل بإساءة إسـتخدام هـذه المعلومـات، وبالتـالي تكون هنالك حاجـة إلى تأكيـد او ضـمان تـوفير حمايـة ملائمـة في مواجهـة هـذه المخاطر، وان البيانـات تـدار بكفـاءة، وان المعلومـات المقدمـة لـلإدارة صحيحة وموثوق بها، وهذا هو دور مراجعـي الحاسـب، ويتضمن هـذا الـدور الجوانـب التالية:

1) التقويم المستقل لعملية إقامة وتركيب نظام الحاسب.
2) إعداد التقارير الملائمة عن النظم المستخدمة في تشغيل المعلومات المطلوبة لأغراض رقابة التشغيل.
3) المساهمة في تطوير نظم الحاسـب مـن خـلال تقـديم النصحية بشان الملامح الاساسية للرقابة وتوفيرها لمسارات المراجعة.
4) إسـتخدام الحاسـبات للمسـاعدة في أعمـال المراجعـة بشكل عام.

ونشير إلى أن جميع المراجعين في حاجة إلى أن يكونوا مراجعي حاسوب، وبالتالي يجب ان يألفوا ماهية الحاسبات وما تقوم به من عمل خاصة بعد ان اتجه الكثير من المنشآت إلى إقامة نظم المعلومات التي تعتمد على الحاسب الآلي.

مقارنة مدخل المراجعة الخارجية والمراجعة الداخلية

ينبغي ان يلقى نظام المعلومات المحاسبي القائم على إستخدام الحاسب، تركيزاً واهتماماً مختلفاً من قبل كل من المراجع الخارجي والمراجع الداخلي، نظراً لاختلاف نظام عمل كل منهما ونطاقه فالمراجعة الخارجية تختص اساساً بدقة البيانات وبطريقة إعداد التقرير عنها، بينما المراجع الداخلي يختص أيضاً بهذه الجوانب، إلا أنه يتبنى وجهة نظر أوسع تتضمن ما يلي:

1) توفير الحماية الملائمة للنظم والأجهزة والبيانات.
2) توفير إجراءات سليمة لضمان تحقيق الاقتصاد والكفاية من الإنفاق على هذا المورد المكلف.
3) اتخاذ الإحتياطات اللازمة لمواجهة الكوارث.
4) منع الغش والمخالفات وتقليلها
5) التحقق من توفير رقابة داخلية سليمة.

وتعكس الجوانب السابقة حقيقة أن المراجعة الداخلية تعتبر جزءاً من الإدارة، أو يجب أن ترى بعين الإدارة (النظرة الشمولية)، بينما يتركز اهتمام المراجعة الخارجية الرئيس على مصداقية المعلومات الواردة بالقوائم المالية واعتماديتها، وبالتالي فإن الإتجاه نحو التوسع في إستخدام الحاسبات قد أدى إلى إضفاء أهمية جديدة لدور المراجع الداخلي، كما ان إنشاء إدارات التشغيل الإلكتروني للبيانات كأحد الإدارات الخدمية الرئيسة في المنشاة، قد أضاف أعباء جديدة على المراجع الداخلي.

ورغم أن مفهوم المراجعة الداخلية – المالية والتشغيلية – لـن يتغير بعد إستخدام الحاسبات عنه قبل إستخدام الحاسبات، إلا ان الأسـلوب او المـدخل التقليدي للمراجعة يتأثر نتيجة تطبيق نظم التشغيل الإلكتروني للبيانات، وفي شكل المخرجات، بالإضافة إلى تغير أسلوب تخزين البيانات.

وجدير بالذكر ان وجود قسم الرقابة في إدارة التشغيل الإلكتروني للبيانات، لا يعني عدم جدوى وظيفة المراجعـة الداخليـة في هـذا المجـال، فوظيفـة قسـم الرقابة تتركز أساساً في متابعة تنفيذ الرقابة على التشغيل اليومي للبيانات، بينما يتركز اهتمام المراجعة الداخلية في تقويم أدوات الرقابة والتأكد من تطبيقهـا كما هو محدد لها، بالإضافة إلى تقويم الكفاءة الإقتصادية وفعالية التشغيل الإلكتروني للبيانات، وينبغي أن يتم الفصل بين وظيفة المراجعـة الداخليـة وقسـم الرقابـة في مجالات إهتمامها.

تطبيقات الحاسب في أعمال المراجعة الداخلية

هنالك مجالات متعددة لاستخدام بـرامج الحاسب في المراجعـة الداخليـة، وبمجرد فهم الأساليب فإن ملفات الحاسب يتم تنفيـذها فقط بحنكة المراجـع، احد المداخل المتاحة هو إستعراض إجراءات المراجعة التي تمـت يدوياً وفحصها وتحديد إمكانية تطبيق أساليب الحاسب، وهنالك مـدخل او أسـلوب آخـر هـو تضمين طرق خاصة للحاسب في التشغيل العادي أو اليومي، ومثال ذلك فحص شـيكات المـدفوعات ومراجعتها، ومـع تشغيل العمليـة إلكترونيـاً ومعالجتهـا يستطيع الحاسب إختيـار العينـة أوتوماتيكيـاً، اويعطـي بيانـاً بالنفقـات الزائـدة، وفيما يلي بعض التطبيقات الممكنة الإستخدام بواسطة المراجعين الداخليين.

مجال المخزون

يؤدي إستخدام برامج الحاسب في مراجعة أرصدة المخزون واستعراضها، الى وفورات جوهرية في وقت افراد المراجعين واستبعاد الفحص التفصيلي للبيانات ذات الحجم الكبير يدوياً، عند اختبار جرد المخزون يمكن أخذ عينة إحصائية من عناصر المخزون مقسمة في طبقات بمبالغ كبيرة ومبالغ صغيرة، يمكن مقارنة الحصر الذي يقوم به المراجع بسجل المخزون على الشرائط وإعداد ملخصات بالفروق على أساس الكميات والمبالغ والنسب المئوية، كما يمكن إجراء اختبارات التسعير عن طريق مقارنة سجلات المخزون المستمر مع شريط التكلفة الرئيسة، وتتضمن الإستخدامات الأخرى اختبارات لمقابلة معايير الوفاء بمتطلبات، وإعداد التقارير، وتقارن مطبوعات بيانات المخزون مع العجز الحالي أو الزيادة فيه، وملخصات باتجاهات الخسائر من خلال سرقات وتلفيات المخزون.

مجال الرواتب

هنالك مجالات تشغيلية ووظيفية متعددة ترتبط بالرواتب تدفع بنفسها إلى إستخدام البرامج الإلكترونية للمراجعة في عمل بيان مطبوع لمراجعة إستخدام العمالة، مقدار الوقت الإضافي، العمل المحمل على الوظائف، زيادة على المعايير، وقت التوقف عن العمل، كما يمكن إجراء مقارنات مع نتائج الأداء السابق أيضاً ومع المعايير المرسومة لتوضيح جوانب الأداء التي تحتاج الى تحسين، بالإضافة الى ذلك يمكن أن تستخدم البرامج في تعيين الموظفين الجدد والمؤقتين، وكذلك التغيرات من أجل فحص ملفات الترخيص بالرواتب في قسم شؤون الأفراد.

مجال أعمال الصيانة

يمكن تعيين التجاوزات الزائدة في نسب معينة لتحليل مسبباتها، كما يمكن تأريخ تراكمات مطالبات الصيانة وطبعها بغرض مراجعتها.

مجال إستخدامات الطاقة

يتم تعيين المصانع أو الأقسام ذات الإستخدام الزائد للغاز والكهرباء لأغراض التحكم والمراقبة في ظل برنامج الطاقة المرسوم.

مجال نفقات التنقلات والهاتف

يمكن تحديد الأعباء الزائدة للأقسام أو الأفراد، لأغراض المتابعة وعمل التخفيضات الممكنة.

مجال المبيعات

يمكن تجميع بيانات المبيعات بحسب الأفراد، والمناطق، والمنتجات، بالإضافة إلى عمل التحليلات المختلفة.

وبالإضافة إلى تطبيقات الحاسب في اعمال المراجعة فإن نظم البرامج الخاصة يمكن تهيئتها لإنجاز وظائف ومهام التسجيل وإعداد التقارير لقسم المراجعة الداخلية، وقد يتضمن ذلك تخطيط المراجعة وإعداد الموازنة، إمساك سجلات الزمن المنقضي في اعمال المراجعة، وإعداد مختلف التقارير.

أنشطة عمليات الحاسب : اهداف المراجع الداخلي
Computer Activities Internal Auditor Objectives

نظراً للطبيعة المعقدة لأنشطة عمليات الحاسب فإنه غالباً ما يصعب على المراجع الداخلي أن يغطي جوانب هذه الانشطة، يهتم المراجع الداخلي بعدة مجالات متنوعة مثل تبرير الحصول على هذا النوع من الأجهزة، وتطبيقات الحاسب، واستئجار أو شراء الحاسب، التصميم والتخطيط، وأمن الحاسب وأمن البيانات، وأدوات الرقابة، والتقارير الناتجة عن النظام، ومدى فعالية النظام في الوفاء بحاجات المنشأة، وفي الغالب قد لا تكون موارد المراجعة الداخلية كافية لتغطية كل هذه المجالات، وفي ظل هذه الظروف يختار المراجع الداخلي بعضاً من هذه المجالات والتي تكون أكثر خدمة للإدارة، ويقوم بأعمال الفحص والتقويم للمجالات المتعددة على أساس تناوبي في ضوء الحاجة والأهمية النسبية.

رغم ان الإدارة تقوم بوضع ميثاق عمل المراجع الداخلي واعتماده، فإن المراجعة الداخلية يمكن أن تلعب دوراً إيجابياً في مساعدة الإدارة بشأن انشطة الحاسب وعملياته في تحقيق الاهداف التالية:

الإقتصاد

أي ان هدف المراجع الداخلي فحص استخدام نظام الحاسب، للتأكد من أن هذا المورد المكلف يستخدم بطاقته الممكنة لمنفعة المنشأة وبأقل تكلفة.

الفعالية

أي ان هدف المراجع الداخلي فحص ادوات الرقابة المتبعة لضمان وجود معايير ملائمة للرقابة الداخلية في كل مراحل النظام لأغراض التحقق من التوصل للأهداف المرسومة.

الكفاية

بمعنى ان يتحقق المراجع الداخلي من وضع المتطلبات الاكثر أهمية عـلـى الحاسب، وإعطاؤها افضلية على المتطلبات الاقل اهمية بالنسبة للمنشأة.

الحماية

بمعنى أن يتأكد المراجع الداخلي من حماية إنشاء نظام الحاسب، بالإضافة إلى التأمين ضد مخاطر الحاسب.

وفقاً لما سبق يمكن القول ان اهـداف المراجعـة الداخليـة لـنظم التشغيل الإلكتروني للبيانات تتلخص فيما يلي:

1- فحص السياسـات والإجـراءات الموضوعة وأدوات الرقابـة المسـتخدمة للتأكد من مدى الإلتزام بها.

2- تقـويم كفـاءة نشـاط التشـغيل الإلكتروني للبيانـات، أي مـدى حُسـن استغلال الموارد المتاحة للإدارة.

3- تقويم فعالية نشاط التشغيل الإلكتروني للبيانات أي مدى مقدرته عـلـى تحقيق أهدافه.

أنشطة عمليات الحاسب: دور المراجع الداخلي

أنشطة التخطيط والتطوير
Planning and Development Activties

تختص هذه الأنشطة بتحديد أنـواع اسـتخدامات قـدرات الحاسـب، ومـن زاوية الترتيب الزمني فإن أنشطة التخطيط والتطوير المتعلقة بالحاسوب، يتعـين أن تسـبق التشـغيل الفعـلي للبيانـات، ويعنـي ذلـك ضرورة أن تكـون هنالـك تعليمات تغطي التشغيل

اللازم القيام به قبل حدوث التشغيل الفعلي، وبالتالي من المنطقي أن نبدأ بهذا الجانب من عمليات الحاسب، ومن الطبيعي ان يكون نطاق أنشطة التخطيط والتطوير كبير جداً، في أبسط صورها يمكن ان تتكون من كتابة برنامج مبسط لتشغيل البيانات، وعلى الناحية الاخرى يمكن ان تركز على البحث في المدى الطويل، وإجمالاً يقال ان الحاسب نفسه هو نوع من الروبوت (الإنسان الآلي) يستجيب للتعليمات التي يتلقاها، وتصبح هذه العملية ذات معنى من خلال جهود التخطيط والتطوير التي تتضمن تصميم الوسائل الآلية التي يمكن بها تشغيل البيانات، بمعنى تحديد ملامح التشغيل للحاسب والأنواع المختلفة للمعدات المحيطة به،وبرامج تشغيل الحاسب، والإجزاء الصلدة للحاسب (مكونات الحاسب)، وبذلك فإن جهود أنشطة التخطيط والتطوير توفر أساساً للمزيد من أنشطة تشغيل معينة.

عمليات تشغيل الحاسب
Computer Processing Operations

يساعد وضع برامج معينة باعتبارها جزء من نشاط التخطيط والتطوير، في توفير التعليمات الأساسية، ويتم تطبيق هذه التعليمات الآن بالنسبة للبيانات الفعلية لأغراض تنفيذ عمليات تشغيل الحاسب، وذلك لتزويد المديرين وأفراد التشغيل الآخرين بالمعلومات المطلوبة والملائمة لحاجاتهم، ورغم أن هذه الخطوة النهائية لا تتضمن درجة المشاركة العقلانية نفسها كما تم في نشاط التطوير السابق، إلا انه لا يزال واضحاً أنها خطوة ضرورية، وتعتبر العمليات عند هذه النقطة أكثر فنية نسبة عنه في أنشطة التشغيل، ولكنها تخضع إلى كبير للمعايير العادية، وهذا يوضح أيضاً علاقتها الكاملة بأنشطة التطوير، إذ ان التشغيل الكفء للبيانات، يعتمد مباشرة على البرامج الموضوعة بشكل سليم.

وتتضمن عمليات تشغيل الحاسب ثلاثة وجوه رئيسة هي :

1- إدخـال البيانـات للتشـغيل، حيـث يـتم التركيـز عـلى إدخـال بيانـات العمليـات للحاسـب بالشـكل الملائـم حيـث تتعـدد الطـرق والوسـائل في إدخـال البيانات للحاسب.

2- عمليـات التشـغيل الفعـلي للبيانات، في هـذه المرحلـة تحلـل البيانـات وتجمع وتعالج وفقاً للبرنامج المستخدم.

3- المخرجات الناتجة عن تشـغيل البيانـات التـي تـم تشـغيلها يـتم طبعـاً مباشرة بواسطة الطابعـة في شـكل تقـارير، كـما أنـه في أحيـان أخـرى قـد تكـون المخرجات في شكل عروض مرئية على شاشة الحاسب.

ويرتبط دور المراجع الداخلي بالنسـبة لعمليـات تشـغيل الحاسـب بثلاثة جوانب متكاملة هي:

الأول: امن البيانات وسريتها.

الثاني: اشكال الرقابة التي يمكن ممارستها على عمليات تشغيل الحاسب في مراحله المختلفة.

الثالث: تقويم كفاءة إدارة التشغيل الالكتروني للبيانات.

ويتناول الجزء التالي هذه الجوانب الثلاثة.

امن البيانات وسريتها: دور المراجع الداخلي

نتائج الإخفاق في حماية البيانات

تتعرض المنشآت التي تعتمد على نظم المعلومات القائمة على إستخدام الحاسب للآثار التالية:
إخفاق المنشأة بسبب نقص رقابة الإدارة.

1. الخسائر التي تحدث بسبب البيانات غير الكاملة أو غير الدقيقة.
2. خسارة البيانات السرية عن طريق التخلص المتعمد من البيانات الحساسة، مع احتمال بيعها للمنافسين (مثلاً ملفات العملاء).
3. الخرق أو النقض لأمن الأفراد والمعلومات السرية يسبب إرباكاً وتعقيداً شديداً، بالإضافة إلى خسارة مصداقية الإدارة.
4. تزايد أعمال الغش بسبب النقص والعجز في جوانب الرقابة.

المسؤولية عن أمن البيانات

يجب على الإدارة أن تضع سياسة لحماية البيانات، بالإضافة الى تعيين شخص يكون مسؤولاً عن مراقبة تنفيذ إجراءات حماية البيانات.

تعيين أخطار البيانات وتحليلها

تحتاج الإدارة الى تعيين وتحليل المخاطر المحتملة التي تنتج عن :

1. الخطأ البشري، وهو مجال يتضمن الحدوث الكثير من المخاطر.
2. الخطأ الفني، ويعني كثرة إساءة الوظيفة الفنية.
3. الكوارث الطبيعية، مثل الفيضانات والحرائق.
4. الافعال المتعمدة مثل الغش والتجسس وأحداث الخسائر الضارة.

قياس المخاطر وتقويمها

ان فرصة وقوع الخطر وآثاره على المنشأة يحتاج إلى قياس وتقويم، لذا ينبغي اتباع أفضل المقاييس، وهنا يقوم المراجع بتعيين جميع الاخطار الممكنة، ثم يقوم بإعداد قائمة بالمخاطر مبوبة في عدة مجموعات، وبالنسبة لكل خطر يمكن إدخال احتمال وقوعه مع تقدير لمقدار الخسارة الناتجة بسبب هذا الخطر.

وينبغي ان يستخدم المراجع أساليب المراجعة عند تحديد المخاطر وتعيينها لتقويم آثار المخاطر قبل التوصية بتحسين أدوات الرقابة، ويتضمن ذلك:

1- وصف النظام.

2- تعيين نقاط (بؤر) رقابه.

وصف النظام

قبل القيام بالإختبارات يتعين وصف النظام باستخدام إستقصاءات الرقابة الداخلية وخرائط التدفق، ويجب إعطاء عناية خاصة لكل من الرقابة الداخلية وأوراق العمل على النحو التالي:

(أ) الرقابة الداخلية:

1. المعايير والإجراءات الموجودة.
2. توثيق النظم
3. فصل المهام الوظيفية بين افراد الحاسب.
4. إمكانية إعادة بناء الملف.
5. المعدات الإحتياطية.
6. حماية الملف الرئيس.
7. وسائل الرقابة على تعديلات البرامج.
8. الإجراءات المصححة عند الفشل.

وبالمثل ينبغي تنظيم أوراق العمل وإعادة ترتيبها لتتضمن:

(ب) أوراق العمل:

1. وصف توضيحي للنظام.
2. خرائط تدفق تصف النظام والعمليات.
3. نسخ من جميع المستندات أو التوثيقات المستخدمة.
4. تفاصيل معلومات القائمين بتصنيع أجزاء الحاسب.
5. نسخ من جميع مستندات المخرجات.
6. برنامج المراجعة الداخلية.
7. التقرير السابق.

وبمجرد الإنتهاء من هذه الإجراءات، يجب تقويم النظام بإستخدام إستبانات الرقابة الداخلية وخرائط التدفق.

تعيين نقاط (بؤر) الرقابة

تعتبر العمليات المالية والتجارية محور اهتمام نظام الرقابة التي يجب ان يركز عليها المراجع : ويجب ان يصمم فحص المراجع واستعراضه

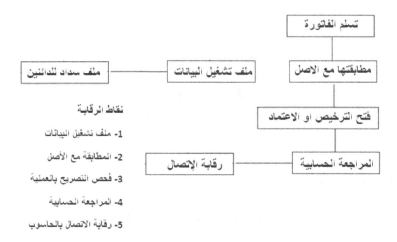

للرقابة الداخلية بحيث يوفر تفهماً وإدراكاً لتدفق العمليات من خلال نظام المحاسبة، وقد يكون الإذعان لذلك من خلال نظام الحاسب أمراً صعباً، ولأغراض تسهيل هذه الصعوبة يمكن اتباع أسلوب تعيين نقاط او (بؤر) رقابة معينة والتركيز عليها، ويعتمد تعيين هذه النقاط على استخدام خرائط تدفق الحاسب، ويوضح الشكل (6-1) مثالاً لتحديث ملف الدائنين.

مقابلة المخاطر

بمجرد تعيين الخطر وتقويمه تتم مواجهته بطريقتين:

الأولى: برنامج حماية البيانات، يستخدم هـذا البرنـامج لضـمان استمرار التشغيل والمعالجة، في حالة خرق البيانات وفي مواجهة الخسارة المادية.

الثاني: استخدام المقاييس المضادة، ويتضمن استخدام أساليب الرقابة عـلى التطبيقات المحاسبية والرقابة العامة.

أساليب الرقابة في بيئة الحاسب

حددت لجنة ممارسات المراجعة ضمن إرشادات المراجعـة المتعلقـة ببيئـة الحاسب شكلين للرقابة: الرقابة على التطبيقات والرقابة العامة

Auditing in a Computer Environment`APC , Audit
Guideline, IIA UK , July 1984.

الرقابة على التطبيقات Applications Controls

تتعلق الرقابة على التطبيقات بالعمليات والبيانات القائمة بالنسبة لكل تطبيق محاسبي باستخدام الحاسب، لـذا فإنهـا تسـتخدم فقط مـع كـل تطبيق معين ومحدد للنظام، كما هو الحال عند تشغيل عمليات التحصيل النقدي مـن العملاء على الحاسب، وقد تنفذ مراجعـة تطبيقـات الحاسب باعتبارهـا ممارسـة منفصلة خاصة في ظل نظم المعالجـة المتعددة، وفي أحـوال أخـرى قـد تـدمج في نظام أكبر للمراجـع، ويـتم تبويـب أسـاليب الرقابـة عـلى التطبيقـات في ثـلاث مجموعات على النحو التالي:

1- رقابة المدخلات.

2- رقابة معالجة البيانات.

3- رقابة المخرجات.

رقابة المدخلات Input Control

تعتبر رقابة المدخلات ذات أهمية كبيرة باعتبارها المرحلة الأولى التي غالباً ما تحدث فيها أخطاء التسجيل بالسجلات، بالإضافة إلى أخطاء تحويل البيانات إلى لغة الآلة، وأخطاء إضافة أو حذف بعض البيانات، وتهدف رقابة المدخلات إلى ضمان نظامية تشغيل الحاسب وتوقيته، وضمان اكتمال ودقة مدخلات البيانات، وضمان الالتزام، بإجراءات الترخيص والإعتماد السليم، أيضاً لضمان أمـن وسريـة البيانات.

ويتطلب وصول البيانات للحاسب وضع عدد من قنـوات الاتصـال، ولـيس من الضروري هنا الحفاظ او الإبقاء عـلى أدوات الرقابـة الداخليـة فحسـب، بـل أيضاً ان تظل او تبقى البيانات غير محرفة، ومن المهم إعطاء انتباه خاص لتقـويم المستند وإجراءات الاعتماد، وبالتالي فان البيانات السليمة تصـل المكـان الصحيح في الوقت الصحيح، ويوضح الشكل (6-2) قنوات الاتصال بـين مصـادر المـدخلات وقسم رقابة البيانات.

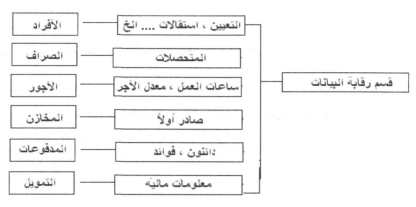

الشكل 6-2 قنوات الاتصال بين مصادر المدخلات وقسم رقابة البيانات

وبمجرد وضع قنوات الاتصال هذه فإنه يمكن تقسيم رقابة المدخلات بين القسم المستخدم وقسم الحاسب، وتختلف أدوات رقابة المدخلات باختلاف نظام تشغيل الحاسب:

في حالة استخدام نظم معالجة التشغيل على دفعات
Batch Processing System

يمكن ممارسة درجة عالية من الرقابة، ونعرض فيما يلي بعض الأمثلة لأدوات رقابة المدخلات في ظل نظم معالجة التشغيل على دفعات:

1. ينبغي تسجيل بيانات الدفعة متضمنة على الأقل القيمة الكلية للدفعة، وعدد المستلزمات، والتاريخ وتوقيع الموظفين المسؤولين عن تحويل الدفعة من مرحلة الإعداد إلى الأفراد الذين يقومون بادخال البيانات.
2. ينبغي ان تتوافق إجماليات الدفعة مع اجماليات المدخلات الموجوده على النسخة الأصلية.
3. يمكن تنقيب المدخلات وتحقيقها بواسطة موظفين منفصلين يقومون بالتوقيع على تقرير المراقبة وتاريخ هذا التوقيع، (مثقب بواسطة) او (تم تحقيقه بواسطة).
4. ينبغي ان تتوافق إجماليات المدخلات مباشرة مع إجماليات المخرجات متى كان ممكناً.

في حالة نظم التشغيل المباشر On-line - Systems

يكون من المطلوب توفير أدوات رقابة مختلفة، وهي غالباً ما تقوم بتحديث البيانات، وتعمل من خلال شبكة وحدات العرض المرئي، وتستخدم أحياناً وحدات العرض المرئي بشكل مباشر في تحديث ملفات العمليات التي بدورها تستخدم في

تحسين الملف الرئيس في نهاية يوم عمل، وفيما يلي بعض أمثلة لأدوات الرقابة المطلوبة:

1. الفصل الكافي بين الواجبات لضمان عدم قيام مشغل واحد بمعالجة عملية كاملة.

2. استخدام أدوات الرقابة السرية على إمكانية التوصيل للبيانات، وتختلف هذه الأدوات بحسب المستويات المختلفة من إمكانية التوصل للبيانات، فعلى سبيل المثال:

- كلمة السر A إقرأ فقط
- ,, ,, B إقرأ وقم بتحديث المبالغ فقط.
- ,, ,, C إقرأ وقم بتحديث المبالغ والبيانات الحالية

وقد تستخدم أيضاً كلمات سر مختلفة بالنسبة للأشخاص المختلفين.

3. الإختيار العشوائي لناتج العمليات من أجل إخضاعها للفحص الخلفي أي بالرجوع إلى المستندات الأصلية بواسطة أفراد مشرفين لا تقع عليهم مهام إدخال البيانات.

ويتشابه الموقف بالنسبة لنظم التشغيل الأخرى مع نظام التشغيل المباشر بالنسبة للرقابة على المدخلات، وتتضمن أغلب وسائل الرقابة المهمة فيها تضمن تقييد إمكانية التوصل إلى أجهزة الحاسب.

رقابة معالجة البيانات Data Processing Control

على عكس أساليب رقابة المدخلات فإن أساليب رقابة معالجة البيانات يمكن أن تكون نفسها بالنسبة لنظم الأجهزة المختلفة جداً، حيث تدمج مجموعة من وسائل الرقابة في برنامج الحاسب بما يضمن معالجة البيانات بشكل كامل ودقيق، ويعني هذا

عادةً إستخدام بيانات المدخلات بواسطة برنامج الحاسب لأغراض أخرى، مثل إعداد التحليلات الإحصائية.

وتختص أساليب رقابة معالجة البيانات بالتأكد من معالجة المدخلات بواسطة الحاسب، طبقاً لعمليات المعالجة الصحيحة والخاصة بكل تطبيق محاسبي معين، بمعنى أنه فقط يتم تشغيل ومعالجة العمليات المرخص بها، مع التحقق من عدم إغفال عمليات مرخص بها، ونعرض فيما يلي بعض أدوات الرقابة عند معالجة البيانات:

فحص الشكل او التكوين Format Check

حيث يقوم البرنامج بمقارنة الترتيب الرقمي/الأبجدي أو أي تكوين آخر لمجالات المدخلات مع الشكل او التكوين المحدد مقدماً، وهذا الفحص مفيد في ضمان أن البيانات يتم إدخالها بشكل نمطي، وبما يسمح للحاسب بقراءتها، كما أن فحص التكوين أو الشكل يحقق أيضاً الخصائص الأبجدية الرقمية.

إستخدام اختبارات المعقولية والحدود Reasonableness

وذلك بالنسبة لنوع سجلات المدخلات وقيمتها، فعلى سبيل المثال تستخدم هذه الإختبارات لاختبار ما إذا كان مجموع عملية معينة يقع في الحدود المتوقعة والمعقولة أم يخرج عنها، فإذا كان الحد الأقصى لساعات العمل الأسبوعي للعامل 70 ساعة، وتبين عند تشغيل الرواتب على الحاسب أن ساعات عمل احد العمال 80 ساعة فهذا معناه وجود خطأ أو خلل وبالتالي تجري المراجعة والتصحيح اللازم.

المقابلة Matching

المقابلة بين مجالات بيانات العمليات مع المجالات الرئيسة في الملف الرئيس، مثل مقابلة الأسماء والرموز البريدية مع أسماء الموردين والرموز البريدية السابقة على تحديث ملف الدائنين.

مجاميع الأرقام غير المتجانسة Hash totals

حيث يتم جمع مجموعة من البيانات او الارقام غير المتجانسة، ثم يقارن هذا المجموع قبل التشغيل وبعده وبذلك يتم التأكد من تشغيل مفردات الأرقام نفسها بالكامل.

فحص صحة الأرقام Check Digits

تعتمد هذه الوسيلة على اختبار واحد او اكثر من الارقام المستخدمة في خانات التعريف بوسيلة الإدخال، وذلك للتأكد من صحة رقم الملف أو رقم العملية.

إستخدام أدوات الرقابة المتتابعة Sequence Controls

ويضمن ذلك معالجة البيانات وفقاً لنظام محدد مسبقاً.

تقارير الإستثناء Exception Reports

وهذه أحياناً يتم توفيرها بشكل تلقائي وترسل إلى المديرين الرئيسين للكشف عن العمليات غير العادية من حيث حجمها ونوعها.

رقابة المخرجات Output Control

تتضمن مخرجات الحاسب التقارير المطلوبة والأشرطة والإسطوانات الممغنطة الحديثة، وأدوات الرقابة على المخرجات في غاية الأهمية لضمان تلقي الأفراد

المختصين فقط للمعلومات الصحيحة، وبالتالي من الضروري إعداد قائمة أولية تبين من هم الأفراد المستقبلون لمخرجات الحاسب ومتى وأين، وأيضاً من ممارسات المراجعة السليمة السؤال (لماذا) لأن الفحص الانتقادي لقوائم توزيع المخرجات يمكن أن يزيد من الكفاية عن طريق تخفيض مقدار المعلومات غير المطلوبة التي قد تضطر الإدارة العليا لتمويلها، وعلى ذلك فإن أساليب رقابة المخرجات يجب أن تهدف إلى التأكد من دقة النتائج وتوزيعها على الأفراد المختصين فقط، ونعرض فيما يلي أمثلة للرقابة على المخرجات:

1. مقارنة المدخلات مع المخرجات، ويندر أن يتم ذلك يدوياً بالنسبة لكل عملية، وإلا فلماذا نستخدم الحاسب إذا كان من الممكن إعادة فحص كل عملية يدوياً، وعادة ما يتم فحص المدخلات فيما يتعلق بإجماليات العمليات التي تمت معالجتها على أساس العدد او القيمة او فيما يتعلق بخصائص أو صفات مختارة مثل تفاصيل السعر، والدخل مثلاً، يوفر القيام بمثل هذه المقارنات المباشرة تأكيداً بالإكتمال والدقة.

2. اختبار معقولية المخرجات من خلال مقارنة العمليات الحسابية التي تمت بواسطة برنامج الحاسب، مع المؤشرات او المعلمات الموضوعية سلفاً، مثل الحد الأقصى للأجر أو الراتب الأسبوعي أو أقصى حد للمدفوعات للموردين.

3. ينبغي تعيين المتلقي المستخدم للنسخة الأصلية للمخرجات، ويجب مطالبة المستخدمين بالتوقيع بالنسبة للمخرجات الحساسة والمهمة.

4. تقارير الاستثناء، يمكن ان يتلقى المراجع تقارير إستثنائية بالبيانات المرفوضة، وبذلك يضمن الحصول على البيانات المطلوبة وتصحيح البيانات المرفوضة.

5.   وضـع جـداول رقابيـة تسـتخدم في مراقبـة المخرجـات المتوقعة في مقابلة المخرجات الفعلية.

وتمثل أدوات الرقابة السابقة الأدوات الأكثر شـيوعاً واستخداماً فقـط مـن بين أعداد كبيرة منها في الواقع العملي.

الرقابة العامة General Controls

تعريفها وأهدافها

ارتبطت أدوات الرقابة على التطبيقات السابق عرضها، بفحص نظم الرقابة عـلى التطبيقـات المحاسـبية وتضمن ذلك تقويـم امـن (حمايـة) عمليـة توليـد المعلومات بواسطة الحاسب، وفي هذا الجزء والمتعلق بالرقابة العامة يـتم فحـص أمن نظام الحاسب نفسه: الاجهزة، والبرامج، والافراد المشتغلين.

لذا فإنه من الملائم تعريف أدوات الرقابة العامة: فهـي أدوات رقابـة غـير تلك الخاصة بالرقابة عـلى التطبيقـات، وترتبط بالبيئـة التـي توضـع فيهـا نظـم المحاسبة القائمـة عـلى الحاسـب، والحفـاظ عليهاوكـذلك التشـغيل، أي أن أدوات الرقابة العامة تمثل المعايير والتوجيهات التي يلتـزم بإتباعهـا المختصـون بهـا مـن جمـع المعلومـات وتبويبها وتلخيصـها، وتتضمن أهـداف أدوات الرقابـة العامـة ضمان وضع وتنفيذ التطبيقات بشكل سليم، وحماية البرامج وملفات البيانات.

أسلوب فحص أدوات الرقابة العامة

يستخدم أسـلوب إدارة المخـاطر Hazard Management Techique في فحص أدوات الرقابة العامة، ولأغراض إستخدام هذا الأسلوب يتم تعيين المخاطر بالنسبة لخمسة مجموعات من المجالات :

1- البيئة المادية.

2- الأجهزة.

3- البرامج.

4- البيانات.

5- الأفراد.

وبالنسبة لكل مجال يتم إجراء تقويم متبوع بإعداد ما يمكن تسميته بجداول المخاطر، وهذه الجداول لا يقصد أن تكون شاملة بل اعتبارها محفزاً للتفكير والعمل فقط، ويمكن للقارئ إضافة عناصر أخرى متى كانت ملائمة، وبعد ذلك فإن منهج التعامل مع كل مجموعة يتضمن الأجزاء الستة التالية:

1- المصدر المحتمل للخطر.

2- منع حدوث الخطر.

3- التأمين الذي يغطي حدوث الخطر.

4- المراقبة بالنسبة للإكتشاف المبكر.

5- الإجراء المصحح أثناء وبعد الخطر.

6- تعيين نقاط الرقابة من أجل الإستمرار وتغطية آثار أو نتائج الأزمة.

وينبغي أن تؤخذ بعين الإعتبار عوامل فعالية التكلفة ومدى ملائمة مقاييس الخطر لظروف كل حالة، وذلك عند تحديد المقاييس الممكنة للأخطار المقابلة، ويوضح الشكل(6-3) عملية الفحص المقترحة.

عناصر أدوات الرقابة العامة

تتعدد عناصر أدوات الرقابة العامة وهي مصممة لحماية أجهزة وبرامج الحاسب وضمان سلامتها وتحقيق الإقتصاد والكفاءة في عمليات التشغيل اليومي، وتتضمن أدوات الرقابة العامة العناصر التالية:

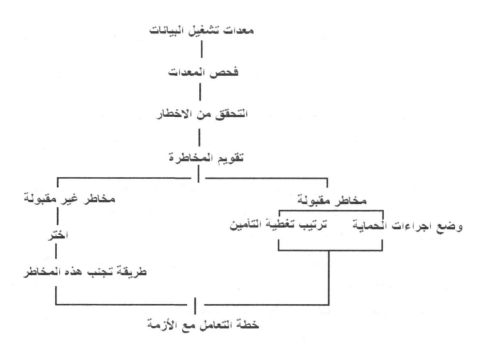

الشكل رقم 6-3 أسلوب فحص أدوات الرقابة العامة

1- أدوات الرقابة التنظيمية بمركز الحاسب.
2- أدوات رقابة الأجهزة.
3- أدوات توثيق النظم واختبارها واعتمادها وتعديلها.
4- أدوات رقابة إمكانية التوصل إلى النظام.

أدوات الرقابة التنظيمية بمركز الحاسب
Organizational Controls

رفع الاستقلال التنظيمي لمركز الحاسب

ينبغي وضع مركز الحاسب في مستوى عـال مـن الإستقلال التنظيمـي وبالتالي يجب رفع المستوى التنظيمي لمركز الحاسب ليتبع المـدير العـام، ويجب تجنب تبعية مركز الحاسب للمراقب المالي او مدير الحسابات.

الفصل بين مهام العاملين في مركز الحاسب

ينبغي الفصل بين واجبات ومهـام المبرمجين ومصـممي النظام ومشـغلي اجهزة الحاسب، ويؤدي ذلك الى تقليل مخاطر التعديلات غير المرخص بها، بمعنى عدم السـماح لأي مـن محلـلي أو معـدي البـرامج بتشـغيل الأجهـزة او عمـل أي تعديلات في برامج الحاسب، بالإضافة الى ذلك ينبغي تغيير مشـغلي الأجهـزة مـن وقت لآخر ومنحهم إجازاتهم السنوية في وقت معين، ويفضل أيضاً الفصل بـين مهـام أمنـاء المكتبـة ومعـدي البيانات ومهـام فريـق المراقبـة الـذي يقـوم بـدور الوسيط بـين مركز الحاسب والإدارات المستخدمة لمركز الحاسب مثـل الإنتاج والمحاسبة، وجدير بالذكر أن الفصل بين مهام العاملين بمركز الحاسب يـوفر مزايا التحقق من دقة أي تعديلات وشرعيتها، كما تحول دون استخدام بـرامج معدلـة بدون تـرخيص مسـبق، بالإضافة إلى انها تحـول دون وصـول غـير المختصـين إلى الاجهزة والبرامج.

ويمكن للمراجع استخدام إستقصاءات الرقابة الداخلية للتحقق من سلامة الفصل بـين المهـام الوظيفيـة المتعارضـة، في مركز الحاسـب، بالإضافة الى وجود أدوات الرقابة التنظيمية الأخرى في مركز الحاسب، ويعرض الشـكل (3-6) نمـوذج إستقصاء الرقابة الداخلية الخاص بأدوات الرقابة التنظيمية بمركز الحاسب.

الشكل 6-4 : نموذج استقصاء الرقابة الداخلية بمركز الحاسب

أدوات رقابة الأجهزة Hardware Controls

تقوم الشركات المنتجة لأجهزة الحاسب بتزويد هذه الأجهزة بضوابط معينة داخل الجهاز، تهدف الى الحماية ضد حدوث الأخطاء في تداول البيانات داخل الأجهزة، والى تأكيد سلامة الأجهزة ودقتها عند تشغيل البيانات وتنجح هذه الضوابط الداخلية في اكتشاف أغلب الاخطاء التي تظهر عند تشغيل البيانات في الحاسب، ومن بين أدوات رقابة الأجهزة:

1- فحص درجة التطابق: Parity Check حيث يقوم الحاسب بالتأكد من أن البيانات والتعليمات التي أدخلت قد تم تسجيلها بوحدة التشغيل المركزية بطريقة سليمة وملائمة، وأن هذه البيانات والتعليمات مسجلة وموجودة ولم تفقد داخل الحاسب.

2- المصـادر الإحتياطيـة للقـوى الكهربائيـة Auxiliary Power Supplies
وتستخدم هـذه المصـادر الإحتياطيـة لتجنب الأخطـاء التـي يحدثها تذبـذب او
انقطاع التيار الكهربائي وبالتالي تعطل الأجهزة والمعدات.

وينبغي أن يكون المراجع مدركاً بشكل عـام لأدوات الرقابـة هـذه، إذ مـن
الضروري أن يأخذ في اعتباره فترة توقف معالجة البيانات بسبب اعطال الأجهـزة،
وان يقوم بفحص عقود صيانة الأجهزة من مورديها، بالإضافـة الى فحص جـداول
الصيانة الفعلية وتقارير توقف تشغيل الأجهزة، وذلك للتأكد مـن سـلامة أدوات
رقابة الأجهزة.

إجراءات توثيق البرامج واختبارها وتعديلها واعتمادها
Documentation Control

التوثيق : شرح تفصيلي مسجل لكل ما يتعلق بالنظام والبرامج وتعليمات
التشغيل، وتهدف هذه الإجراءات الى تأكيد وضمان سيطرة إدارة المنشأة بشكل
كاف، على أنظمة الحاسب وبرامجه، وكل مـا يتعلـق بالنظام وتشـغيله بصـفه
عامة، ويركز المراجع على فحص دليل معايير توثيق النظام، ودليل توثيق البـرامج،
ودليل توثيق النظام، ودليل توثيق التشـغيل وذلك للحصول عـلى أدلـة الإثبـات
الأولية اللازمة .

دليل النظام

يتضـمن دليـل النظـام شرحـاً تفصيلياً للنظام، ويحـدد الأهـداف العامـة
لتطبيـق نشـاط معـين، والمتحصـلات النقديـة مـن العمـلاء مـثلاً، كـما يتضـمن
معلومات عن شكل المدخلات وشكل المدخلات وشكل المخرجات وكيفيـة اختبـار
الإجراءات والترخيص والاعتماد، وما الى ذلك.

دليل البرامج

يتضمن شرحاً كاملاً للبرامج، ويعد اساساً لتكوين برامج الحاسب وكتابتها، وكذلك شرح ما يتعلق بمراجعة برامج الحاسب واختبارها وتشغيلها وتعديلها بشكل أكثر.

دليل التشغيل

يتضمن دليل التشغيل تعليمات التشغيل وتفاصيلها ووصفاً للعمليات التي يتم تشغيلها بالحاسب؛ مثل عمليات تسلم النقدية، وحسابات العملاء، والمبيعات الآجلة، بالإضافة الى تعليمات موجهة لمشغلي الأجهزة منها ما يتعلق بطرق استخدام البطاقات الأمامية والخلفية لتعريف ملف البرامج وأجهزة تشغيل الأشرطة أو الأسطوانات اللازم إستخدامها.

وارتباطاً بما سبق يتعين على المراجع فحص ادلة التوثيق السابقة ومراجعتها ضمن مهمة الفحص المبدئي لنظام الرقابة الداخلية وقبل البدء في عملية المراجعة، إذ أنه في بيئة الحاسب يجب على المراجع ان يقوم بإجراء التقويم الأولي للإجراءات التفصيلية لنظام الحاسب.

رقابة امكانية التوصل الى النظام Access Controls

يجب ان يهتم المراجع بوسائل الحماية التي توفرها المنشأة لنظام الحاسب وتتضمن هذه الوسائل ما يلي:

1. مراقبة دخول غرفة الحاسب.
2. مراقبة استخدام ملفات الحاسب.
3. مراقبة عمليات تحويل البيانات الى لغة الآلة.

4. مراقبة تشغيل أجهزة الحاسب.
5. مراقبة استخدام البرامج.
6. توفير الحماية المادية لأجهزة الحاسب والملفات.

ونعرض فيما يلي لكيفية توفير وسائل الحماية المادية للملفات وتطويرها والمحافظة عليها:

1. الاحتفاظ بملفات إحتياطية في خزائن حديدية لها قـدرة تحمل أخطار الحرائق والفيضانات وغيرها.

2. اتباع طريقة الأجيال الثلاثة (الجد – الاب – الابن) التي تقتضي الاحتفاظ بكل من الملف الرئيس وملف العمليات الخاص بجيلين سابقين حتى يتم إعداد الملف الرئيس للجيل الجديد.

3. استخدام المميز المقدم Header Label والمميز المؤخر Trailer Header وهي علامة توضع في بداية أو مـؤخرة كـل قـرص أو شريط، وذلك للتمييز بين الملفات المختلفة والتأكد مـن إستخدام الملـف المراد عند تشغيل عمليات معينة.

أساليب مراجعة نظم الحاسب

تختص المراجعـة الداخليـة بالتأكد مـن الإلتـزام بالسياسـات والإجراءات، وأدوات الرقابـة المرتبطة بأنشـطة المنشـأة، ومنهـا نشـاط التشـغيل الإلكترونـي للبيانات، وهنالك أسلوبان شائعان في الاستخدام الحـالي لمراجعـة الالتزام في ظل نظم الحاسب.

المراجعة حول الحاسب(الاسلوب التقليدي للمراجعة الداخلية)
Auditing Around the Computer

قد يشار إلى هذا الأسلوب في بعض الأحيان بـ (مـدخل الصـندوق الأسود) Black-box Approach وطبقـاً لهـذا الأسـلوب، لا يقـوم المراجـع الـداخلي باستخدام

الحاسب في عملية المراجعة، إنما يقوم فقط بمقارنة العلاقة بين المدخلات والمخرجات كما تتم يدوياً بمثيلاتها في الحاسب، وهنا يقوم المراجع بعمل اختباراته على عينة من المستندات الأصلية وإعادة حساب بعض القيم مع أرصدة القوائم المالية للتأكد من صحة إثبات العمليات المالية بالسجلات.

ويستخدم هذا الأسلوب بصفة خاصة إذا كان مسار المراجعة واضحاً، وأن مخرجات النظام تظهر في شكل واضح سهل قراءته، مع إمكانية تتبع مصادر بيانات هذه المخرجات، ولا يتطلب هذا دراية فنية بالحاسب من قبل المراجعين، ويعرض الشكل (6-5) مفهوم أسلوب المراجعة حول الحاسب.

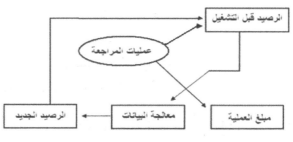

الشكل 6-5 أسلوب المراجعة حول الحاسب

المراجعة من خلال الحاسب (الأسلوب الحديث للمراجعة الداخلية)
Auditing Through the Computer

يقوم المراجع في ظل هذا الأسلوب باستخدام الحاسب نفسه في عملية المراجعة من خلال اختبار مدى سلامة نظام الرقابة الداخلية وفحص عمليات التشغيل المختلفة، كما يجري اختباراته للتأكد من صحة نتائج التشغيل باستخدام الحاسب أيضاً.

ومع تزايد إدراك المراجعين للحاجة الى الاختبار أثناء تشغيل الحاسب، أصبحت المراجعة أو الاختبار من خلال الحاسب من الممارسات المقبولة قبولاً عاماً، وعند القيام بمثل هذه المراجعة يكون المراجع هدفان:

أولا: التدليل على دقة المدخلات للنظام.

ثانياً: التأكد من أن نظام التشغيل يضمن ما يلي:

1. أن جميع المدخلات التي استلمت قد تم إدخالها او التقرير عنها.

2. عدم فشل النظام تحت ظروف معينة.

3. عدم إمكانية إجراء تغييرات بواسطة مشغلي الأجهزة دون اعتماد من شخص مختص.

4. ان تقوم التقارير الإستثنائية بتنبيه مشغلي الأجهزة والمراجعين للمشكلات المحتملة.

ويمكن القول ان انشطة المراجع الداخلي في ظل المراجعة باستخدام الحاسب تتضمن ما يلي:

1. التأكد من مدى كفاية وسائل الرقابة الداخلية.

2. التأكد من مدى الإلتزام بوسائل الرقابة الداخلية ومدى فاعليتها.

3. التأكد من مدى كفاءة المخرجات.

التأكد من مدى كفاية وسائل الرقابة الداخلية

حيث يقوم المراجع الداخلي بفحص وسائل الرقابة على نشاط التشغيل الإلكتروني للبيانات سواء أكانت هذه الوسائل يدوية أو إلكترونية، لتحديد مدى كفاية هذه الوسائل، ويفضل أن يقوم المراجع الداخلي بفحص وسائل الرقابة قبل تنفيذ نظام جديد للحاسب أي في مرحلة التصميم، بل وكما ذكرنا يفضل ان يشترك المراجعون

الداخليون بالرأي في وضع أساليب الرقابة على النظام والفحص الدوري لها كجزء من المراجعة الداخلية الدورية للنظام الإلكتروني.

التأكد من مدى الالتزام بوسائل الرقابة الداخلية ومدى فعاليتها

يهدف المراجع الداخلي من اختبار مدى فعالية أدوات الرقابة للتأكد من أنها تطبق بشكل سليم ومستمر، وأن لم تجر عليها أية تعديلات لا تتفق والأهداف الشاملة للرقابة، ويختبر المراجع الداخلي مدى فعالية أدوات الرقابة هذه عن طريق استخدام الحاسب نفسه في تطبيق بعض البرامج المعدة لهذا الغرض خصيصاً

ونعرض فيما يلي أمثلة لبعض أساليب استخدام الحاسب في التأكد من الإلتزام بوسائل الرقابة وتشغيل البيانات التي يمكن ان يلجأ اليها المراجع الداخلي (بخلاف أساليب سبق ذكرها).

1- الملف الإختباري المندمج مع نظام التشغيل.

2- البرامج الخاضعة لرقابة المراجعة الداخلي.

3- المحاكاة المتوازية.

الملف الإختباري المندمج مع نظام التشغيل
(Integrated Test Facility .ITF.)

عند اتباع هذا الاسلوب يتفق المراجع الداخلي والمراجع الخارجي على إنشاء ملف وهمي Dummy داخل نظام التشغيل الإلكتروني للبيانات، ويتضمن بيانات اختبارية عن عمليات وهمية لم تحدث فعلاً، ويظل هذا الملف موجوداً في النظام خلال السنة المالية، ويمكن تشغيل بياناته في أي وقت خلال السنة وفي ظل ظروف التشغيل

الفعلية، ويتم تشغيل هـذه البيانات الوهميـة مـع بيانات العمليـات الفعليـة للمنشـأة، ويعتبر هـذا الملـف أحـد ملفـات نظام نظام التشغيل، ويوضح الشكل(6-6) أسلوب الملف الإختباري المندمج مع نظام التشغيل.

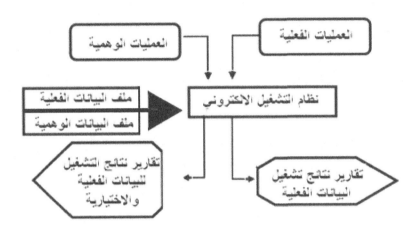

الشكل 6-6 أسلوب الملف الاختباري المندمج مع نظام التشغيل

ويتطلب إستخدام هذا الأسلوب وجود وسائل مقارنة داخل النظام تضمن عدم تأثير البيانات الإختبارية على السجلات والتقارير المنشاة التي تضمن بيانات فعلية.

البرامج الخاضعة لرقابة المراجع الداخلي
Controlled Programs

في ظل هذا الأسلوب يستخدم المراجع الداخلي نسخة من البرنامج المطبقة فعلاً في المنشأة لاختبار نظام التشغيل بحيث تخضع هذه النسخة لرقابة المراجع ويستخدمها في تشغيل البيانات الفعلية، بعد ذلك يقوم المراجع الـداخلي بمقارنة النتائج المتولدة من إستخدام نسخ البرامج الموجـودة لديـه مع المخرجـات التـي نتجت عن إستخدام المنشأة لبرامجها، ويلاحظ ان هذا الاسلوب يمكن المراجع من اختبار نظام التشغيل باستخدام بيانات حقيقية، وإن كـان هـذا لا يمنـع إمكانيـة استخدام البيانات الاختبارية ايضاً.

اسلوب المحاكاة المتوازية Parallel Simulation

يتطلب هذا الأسلوب استخدام برنامج أكثر من برامج التشغيل في تشـغيل البيانات الحقيقية نفسها، وبعد ذلك تجري مقارنـة بـين نتـائج البـرامج الأصـلية ونتائج البرامج المماثلة وتحديد الاختلافات وأسـبابها ان وجـدت، ويوصـف هـذا الاسلوب بالتوازي لأن التشغيل يتم بواسطة نـوعين مـن البـرامج في الوقـت ذاتـه (برامج أصلية، برامج محاكاة).

ويتم إعداد برامج المحاكاة المتوازية بواسطة المراجع الداخلي بالإتفاق مـع المراجع الخارجي، أو بواسطة إدارة التشغيل الإلكتروني طبقاً لتوجيهـات كـل مـن المراجع الداخلي والخارجي على ان يخضع لاختبارات المراجعة بعد ذلك، ويراعـى هنـا اعتبـارات الموضـوعية التـي تمنـع مصـمم البـرامج مـن اختيـار بـرامج قـام بتصميمها، بالإضافة الى ان المراجعين قد لا يكونوا مؤهلين ولا يملكون خبرة كافيـة لإعداد برامج المحاكاة المتوازية، ويبين الشكل (6-7) أسلوب المحاكاة المتوازية.

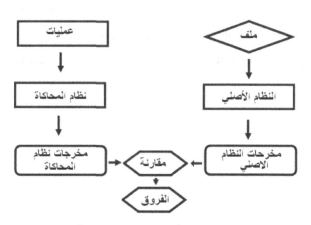

الشكل 6-7 أسلوب المحاكاة المتوازية

التأكد من مدى كفاية المخرجات

ويمثل ذلك الهدف الثالث للمراجعة الداخلية، وتعتبر مراجعة المخرجات واختبار أدوات الرقابة مكملين لبعضهما، فإذا تبين للمراجع الداخلي دقة نتائج التشغيل واكتمالها فإنه يطمئن إلى كفاية وفعالية أدوات الرقابة والالتزام بها.

ويستخدم المراجع الداخلي في تحقيق نتائج أو مخرجات التشغيل ما يعرف بأساليب المراجعة بمساعدة الحاسب التي سنعرض لها في الجزء التالي.

أساليب المراجعة بمساعدة الحاسب
Computer Assisted Auditing Techniques

يطلق على إستخدام الحاسب في عملية المراجعة (أساليب المراجعة بمساعدة الحاسب)، وقد طورت البرامج الأولى هذه الأساليب عام 1960 وبدأت منشآت المحاسبة والمراجعة، وأيضاً المراجعين الداخليين في استخدامها في مجال تطبيقات المعاينة الإحصائية في إنجاز اختبارات المراجعة وغيرها من أعمال المراجعة التي كانت تؤدي من قبل يدوياً.

وفي ظل هذه الأساليب يتم إستخدام حزم برامج المراجعة التي تضم برنامج أو أكثر مصمم لإنجاز واختيار وظائف تشغيل البيانات، وتختلف مبررات استخدام أساليب المراجعة بمساعدة الحاسب من منشأة إلى أخرى، ويمكن إيجاز هذه المبررات على النحو التالي:

1) كبر حجم البيانات الواجب فحصها يجعل من غير العملي اتباع أساليب يدوية.

2) احتمال فقد مسار المراجعة بسبب نقص قوائم المدخلات أو وظيفة التشغيل نفسها.

3) امكانية توسيع نطاق الاختيار مع تغيير التقرير الحكمي المتعلق بالإعتماد على نظام الرقابة الداخلية.

4) جمع أدلة الإثبات بسرعة أكبر من الأساليب اليدوية.

ويمكن تبويب أساليب المراجعة بمساعدة الحاسب في مجموعتين:

الأولى: برامج المراجعة الإلكترونية، حيث يستخدم الحاسب في مساعدة المراجع في تحقيق بيانات الملفات.

الثانية: المجموعة الإختبارية: حيث يستخدم الحاسب في اختبار أدوات الرقابة للبرامج والإجراءات.

ونعرض فيما يلي لكل مجموعة بشئ من التفصيل:

البرامج العامة للمراجعة الإلكترونية
Generalized Audit Programs

نظراً لعدم وجود اختلافات جوهرية في مهام واجراءات مراجعة العمليات المختلفة في التنظيمات المختلفة فقد تم وضع برامج إلكترونية وتطويرها للمراجعة متعددة الأهداف ويمكن أن تستخدم بأقل قدر من الخبرة أو الإلمام بنظم الحاسب، كما يمكن أن تستخدم هذه البرامج حتى لو اختلفت نظم الحاسب وأجهزتها، وتقوم هذه البرامج بأداء مجموعة من الوظائف أهمها:

1. مقارنـة بيانـات ملفـات وسـجلات الحاسـب المختلفـة وإعـداد كشـف مطبـوع بـأي مخالفـات للمواصـفات أو الشروـط التـي نظمها برنامج الحاسب.
2. اختيار عينات عمليات مختلفـة مـن سـجلات الحاسـب وإعداد كشف بها.
3. تحليل آجال وإعداد حسابات العملاء وإعـداد كشـوف حساباتهم.
4. اختبار العمليات الحسابية وطباعة الكشوف.
5. فحص السجلات الإلكترونيـة لاكتشـاف العمليـات غـير العادية وطباعتها.
6. طباعـة تقـارير المخرجـات وفقـاً لمواصـفات يحـددها المراجع.

تهدف مجموعة البرامج الإلكترونيـة العامـة الى عـدد مختلـف مـن المهـام والخطوات التي يقوم بها المراجع، ولذلك يحتاج الأمـر إضـافة مواصـفات خاصـة بمتطلبات كل تطبيق محاسبي حتى تتلائم وظـائف هـذه الـبرامج مـع متطلبـات عملية المراجعـة، ويـتم إعـداد مواصـفات تلـك التعـديلات وإدخالهـا في الوحـدة المركزيـة لمعالجـة البيانـات باعتبارهـا وسـيلة للتعريـف بالعمليـات والوظـائف الخاصة لكل خطوة من خطوات تنفيذ البرامج الإلكترونية العامة، ورغـم اخـتلاف مواصفات تلك التعديلات فيما بين البرامج الإلكترونيـة العامـة للمراجعـة، إلا أنـه ينبغي في جميع الأحوال مراعاة ما يلي:

1. خصـائص نظـام الحاسـب متضـمنة وسـائل المـدخلات والمخرجات المستخدمة.
2. أشكال ملف المراجعة المطلوب.
3. خصائص ملفات العميل الإلكترونية.

4. أنواع الوظائف المطلوب أدائها.
5. أنواع العمليات الحسابية المطلوب.
6. خصائص التقارير المطلوبة.

ينبغي استعراض نظم البرامج الإلكترونية العامة للمراجعة والتي وضعتها التنظيمات الأخرى قبل اختيار حزم البرامج الإلكترونية للمراجعة، ولا توجد حزمة برامج واحدة يمكن أن تفي بجميع متطلبات كل مجموعة أو مهمة مراجعة: وفيما يلي بعض خصائص النظام الفعال:

1. **البساطة:** ينبغي أن يكون النظام بسيطاً في استخدامه وإستبعاد الحاجة إلى إعادة تذكر تفاصيل لا حصر لها عادة تكون مطلوبة في كتابة برامج الحاسب أو تنقيحها.
2. **القابلية للفهم:** ينبغي ان يكون النظام سهل الفهم لأفراد المراجعين حتى قليلي الخبرة، ينبغي أن تكون امكانيات وقدرات النظام معروفة وان يسهل استخدامها كذلك ينبغي تجنب صعوبة فهم نماذج الترميز المستخدمة.
3. **القابلية للتكيف:** ينبغي ان يكون النظام قادراً على كتابة برامج المراجعة الإلكترونية للأنواع المختلفة من الحاسبات المستخدمة بالشركة أو تلك المتوقع استخدامها، وهكذا يمكن استخدام حزمة البرامج حتى إذا تغيرت الأجزاء الرئيسة للحاسب مستقبلاً.
4. **الدعم الفني من البائع:** من المهم عند تحديد الأنواع المختلفة من حزم البرامج التي يجب الحصول عليها أن نأخذ بعين الإعتبار دعم ومساندة البائع بشكل ملائم، ويتضمن ذلك المساعدة في التأسيس الأول وتوفير التوثيق الملائم، بالإضافة إلى ذلك توفير التدريب لأفراد المراجعين، كذلك خدمات الصيانة اللازمة والتعديلات المستقبلية للبرامج.

5. **إمكانيـة إنجـاز أسـلوب المعاينـة الإحصـائية:** وبمـا أن المعاينة الإحصائية تعتبر مـن التطبيقـات المهمـة في المراجعـة ينبغـي ان تكون البرامج قادرة على إنجاز الإجراءات الروتينيـة، ويجب أن يتضـمن ذلك اختيار المفردات على أساس عشوائي، وتحديد حجم العينة، وتقـويم نتائج العينة عند مستويات ثقة مختلفة، وبالنسبة للمعاينـة العشوائية والمعاينة الطبقية والمعاينة العنقودية ينبغي أن توفر حزمة البرامج طرق القيام بها.

6. **مقبولية النظام:** ينبغي أن يكون النظام مقبولاً من كـل مـن المراجعـة ومراكـز الحاسـب، بالنسـبة للمـراجعين ينبغـي أن تتوفر لديهم سهولة واستخدام البرامج، بالنسبة لمركز الحاسب ينبغي أن تكون البرامج متوافقة مع النظام.

7. **توافر قدرات التشغيل للتطبيقات المختلفة :** ينبغي ان تكون حزمة البرامج قادرة على تشغيل الأنواع المختلفـة مـن التطبيقـات، فعلى سبيل المثال ينبغـي ان تقبل جميـع أنواع الملفـات الشـائعة، وأن تقـوم بتشغيل ملفـات المـدخلات المتعـددة، أيضـاً أن يتـوفر لهـا قـدرة لاختيار بيانات أخرى، ينبغي ان يتوفر لهـا القدرة علـى التشـغيل في ظل مواقف البرامج المتعددة.

8. **كتابة التقارير:** ينبغي أن يتوفر لحزمـة البرامج مقدرة قويـة علـى كتابـة التقـارير ويتضمن ذلك المقـدرة علـى إعـداد تقـارير متعددة في دورة واحدة للبرنامج مع توليـد أشكال مختلفـة ومرنة مـن المخرجات.

وفيما يلي قائمـة بالأنواع الشـائعة مـن حـزم البرامج الإلكترونيـة العامـة للمراجعة:

- Audit
- Auditape
- Auditronic
- Cars
- Sampler

- Audex, Audex100
- Audit-Find
- Score
- Stara
- Hewcas

ويمكـن للمراجـع الـداخلي مـن خـلال تحقيـق أقصى استخدام لأسـاليب المراجعة بمساعدة الحاسب أن يحسن مـن جـودة أعـمال المراجعـة، بالإضـافة إلى زيادة قدراته على إنجـاز اعـمال مراجعـة معينـة لـلإدارة، وبالتـالي يمكنـه تقـديم خدمات أفضل للتنظيم والإدارة.

المجموعات الاختبارية Test Packs

في ظل هذا الأسلوب تستخدم البيانات المماثلة التـي تـم تخليقهـا لاختبـار مراقبة النظم، ويعتبر هذا الأسلوب مهما أثناء وضع النظام، ومع ذلك فإن هنالك صعوبات تواجه المراجعين عند استخدام المجموعات الاختبارية منها:

1) صعوبة تقرير ما إذا كـان البرنـامج الـذي يختـبر هـو البرنـامج الجـاري تشغيله.

2) قد يجادل البعض بأن البيانـات الحيـة تعتمـد عـلى العمليـات الفعليـة وإجراءات التغطية الحية وأنه لا يمكن اختبارها.

3) اتبـاع القيـود المرتبطـة بالأسـلوب يجعـل مـن غـير العمـلي اسـتخدام المجموعـات الاختباريـة بالنسـبة للملفـات الحيـة، وبالتـالي فـإن المجموعـات الاختبارية تستخدم اختبارات المراجعة للبيانات الفعلية، اختيارات لأدوات الرقابة التنظيمية، واختبارات لأدوات الرقابة على التعديلات وتحديث البرامج والملفات.

وفيما يلي بيان لمزايا وعيوب المجموعات الاختبارية:

اولاً: المزايا

1. ضمان تشغيل الأدوات الرقابية كما هو مخطط.
2. يمكن إعادة الاستخدام حتى يتغير البرنامج.
3. غير مكلفة عند وضعها.
4. بمجرد التشغيل لا تكون المجموعات الاختبارية غير مكلفة عند الاستخدام.
5. إمكانية إضافة مجموعات جديدة وتوسيع الاختبارات.

ثانيا: العيوب

1. صعوبة معرفة الأثر الإجمالي على النظام كله.
2. صعوبة الحصول على زمن الحاسب.
3. غالباً يحدث تأخير في التشغيل.
4. تعرض النظام للخطر بسبب إحداث تعجيل في الزمن.
5. تجرى الإختبارات للأحوال المعروفة فقط.

تقويم وكفاءة وفعالية التشغيل الإلكتروني: دور المراجع الداخلي

يختص المراجع الداخلي بتقويم كفاءة أنشطة التشغيل وفعاليتها، ومن بينها نشاط التشغيل الإلكتروني للبيانات، ونعرض فيما يلي لدور المراجع الداخلي في مجالي تقويم كفاءة نشاط التشغيل الإلكتروني للبيانات وفعاليته.

تقويم كفاءة نشاط التشغيل الإلكتروني للبيانات

تُعَبر الكفاءة بشكل عام عن كيفية أداء العمل على أحسـن وجـه، وبعبـارة أخرى تعبر الكفاءة عن استخدام أقل كمية ممكنة من الموارد لتحقيق الأهـداف المرسومة، وينطبق ذلك على نشاط إدارة التشغيل الإلكتروني للبيانات فإن هـذه الكفاءة لا يمكن قياسها بـدون قيـاس تكاليف نشاط إدارة التشغيل الإلكتروني للبيانات، وعلى ذلك فكفاءة نشاط التشغيل الإلكتروني للبيانات تعنـي تـوفير الخدمات التي تحتاجها الإدارات الأخرى للمنشأة بأقل تكلفة ممكنة، وعلى ذلك فإن دور المراجـع الـداخلي في هـذا المجـال هـو مراجعـة تكاليف نشاط إدارة التشغيل الإلكترونـي للبيانـات مـن خـلال تحقيـق تكـاليف أنشطة هـذه الإدارة ومراجعة عملياتها وخدماتها للإدارات الأخرى.

قياس ورقابة تكاليف التشغيل الإلكتروني للبيانات

تتضمن تكاليف نشاط إدارة التشغيل الإلكتروني للبيانات مجموعة متنوعة من العناصر منها على سبيل المثال:

1) الأجور والرواتب.
2) مواد خاصة بالمدخلات والمخرجات:

- محللو النظم
- بطاقات
- مصممو النظم
- أشرطة ورقية
- مشغلو المعدات
- إسطوانات ممغنطة
- أفراد قسم المكتبة والحفظ
- أشرطة ممغنطة

- افراد قسم الرقابة
- مواد كتابية أخرى
- افراد الجهاز الاداري المعاون

3) صيانة الأجهزة وإصلاحها.

4) إهلاكات:

- الحاسب الإلكتروني
- الاجهزة الاخرى
- اشرطة وإسطوانات

5) تكاليف اخرى مثل:

- تأمين ضد المخاطر
- إيجارات وتكاليف المساحات المشغولة
- إضاءة وتكييف
- نظافة
- قوة محركة

ويمكن ان تتم الرقابـة عـلى تكاليف إدارة التشـغيل الإلكتروني للبيانـات باتباع الاساليب التالية:

1. **أسـلوب الرقابـة بالموازنـة:** لا يختلـف أسـلوب الرقابـة بالموازنات التخطيطية في هذا النشاط عـن تطبيقـه في الأنشـطة الأخـرى من زاوية أن الإهـتمام والتركيـز يكـون دائمـاً عـلى الإنحرافـات وتحليلها وتحديد اسبابها.

2. **أسـلوب تحميـل الادارات المسـتفيدة بقيمـة خـدمات الحاسب لهم:** ويتم هذا التحميل اما على اساس التكاليف التي تحملتها إدارة التشغيل

الإلكتروني للبيانات في سبيل توفير هذه الخدمات، او ان يتم التحميل على اساس التكاليف مضافاً إليها هامش ربح معين، ويتطلب اتباع هذه الطريقة إعداد قائمة شهرية ترسل إلى الإدارات المستفيدة متضمنة قيمة الخدمات المؤداة لها، وتتمثل أهمية هذه القائمة في توجيه نظر الإدارات المستخدمة إلى ان استخدامها لخدمات الحاسب، بالإضافة إلى ذلك فإن طريقة تحميل الإدارات المستفيدة بقيمة الخدمات المؤداة لها يجعل أكثر حرصاً في استغلال موارد الحاسب، فأي تطبيق جديد او توسيع في التطبيقات الحالية يؤدي بالضرورة إلى زيادة مبلغ القائمة المرسلة للإدارات المستفيدة، الأمر الذي يتطلب ضرورة دراسة العلاقة بين التكلفة والعائد بحيث لا تقوم هذه الإدارات بطلب تطبيقات جديدة أو التوسع في التطبيقات الحالية إذا كان العائد من هذه التطبيقات لا يبرر التكلفة.

وبشكل عام فإن تحميل الإدارات والأقسام المستفيدة من خدمات الحاسب بقيمة الخدمات المؤداة لها، يؤدي إلى تحقيق الرقابة ورفع كفاءة التشغيل الإلكتروني للبيانات، وبصفة خاصة إذا ما كان للإدارات المستفيدة حرية طلب أو عدم طلب خدمات التشغيل الإلكتروني للبيانات من إدارة التشغيل الإلكتروني للبيانات.

دور المراجع الداخلي

يتلخص دور المراجع الداخلي في تقويم كفاءة إدارة التشغيل الإلكتروني للبيانات في تحقيق بنود تكاليف الأنشطة المختلفة لهذه الإدارة، وفي التقصي عن أسباب الإنحرافات السالبة أو الموجبة عن الموازنة التخطيطية لنشاط التشغيل الإلكتروني للبيانات ومتابعة الإجراءات التي اتخذت بشأن هذه الانحرافات، بالإضافة الى ذلك يقوم المراجع الداخلي أيضاً بفحص الدراسات التي تمت للتطبيقات الجديدة او

التوسع في التطبيقات الحالية والتأكد من جدواها فعلاً، بحيث يطمئن إلى كفاءة استغلال الحاسب استغلالاً اقتصادياً.

تقويم فعالية نشاط التشغيل الإلكتروني للبيانات

الفعالية مفهوم مختلف عن الكفاءة، فالفاعلية تركز على ما يجب عمله، وبعباره أخرى تعبر الفعالية عن النجاح في تحقيق الأهداف، وينطبق ذلك على نشاط إدارة التشغيل الإلكتروني للبيانات حيث إن فعالية هذا النشاط تتعلق بتلبية احتياجات الإدارات الأخرى للمنشأة بالمستوى الذي ترضاه هذه الإدارات، وقد تتميز إدارة التشغيل الإلكتروني للبيانات بالفعالية والكفاءة معاً، ومع ذلك فإن تحقيق إحداهما لا يعني بالضرورة تحقيق الأخرى، بمعنى أن إرتفاع الكفاءة لا يعني فعالية إدارة التشغيل الإلكتروني للبيانات، كما أن إرتفاع الفعالية لا يعني كفاءة هذه الإدارة، فقد تقوم إدارة التشغيل الإلكتروني للبيانات بتلبية احتياجات الإدارة الأخرى عند مستوى تكلفة معقول، ولكنه ليس بالضرورة عند مستوى الخدمة الذي ترضى عنه هذه الإدارات الأخرى المستفيدة من خدمات الحاسب، او قد يحدث العكس بأن تقوم إدارة التشغيل الإلكتروني للبيانات بتلبية احتياجات الإدارات الأخرى بمستوى ممتاز ولكن بتكلفة غير إقتصادية.

تقاس فعالية إدارة التشغيل الإلكتروني للبيانات بمدى توفير احتياجات الإدارات والأقسام الأخرى للمنشأة من التقارير المتولدة من تشغيل البيانات وذلك بالشكل الذي تقبله هذه الإدارات والأقسام، وبالتالي من الضروري أن يتركز اهتمام المراجع الداخلي عند تقويمه لفعالية إدارة التشغيل الإلكتروني للبيانات في تحديد مدى رضا هؤلاء المستخدمين عن خدمات تلك الإدارة.

ويعتبر قياس رضا المستخدمين إحدى الطرق التي يستخدمها المراجع الداخلي في تقويم فعالية إدارة التشغيل الإلكتروني للبيانات، فرضا المستخدم يدل على ان هذه

الإدارات قد حققت أهدافها، وبالتالي تعتبر إدارة فعالة، ويمكن قياس رضا الإدارات والأقسام المستخدمة لخدمات الحاسب باستخدام قائمة استقصاء تختص بتقويم المستخدمين لخدمات إدارة التشغيل الإلكتروني للبيانات، ويعرض الشكل (8-6) نموذجاً مبسطاً جداً لهذه القائمة مبيناً مفهوم وكيفية قياس رضا الإدارات المستخدمة لخدمات الحاسب.

ويحقق إعداد وإستخدام هذه القائمة مزايا مهمة:

- ✓ ترجمة رضا الإدارات المستخدمة في صورة كمية، مما يسهل لهم توصيل تقويمهم لخدمات الحاسب للمراجع الداخلي بشكل يمكنه من تقويم فعالية نشاط إدارة التشغيل الإلكتروني للبيانات.
- ✓ تسهل القائمة تعرف المراجع الداخلي على جوانب الضعف والقوة في نشاط التشغيل الإلكتروني للبيانات، تقويم غير مرض معناه ضعف نشاط التشغيل الإلكتروني للبيانات وبالتالي الكشف عن بعض الإختناقات أو المشكلات في نشاط التشغيل او عدم كفاية هذا النشاط.
- ✓ تمكن المراجع الداخلي من توسيع مجال فحصه وأن يقدم توصياته بالإجراءات المصححة لهذه المشكلات أو الإختناقات.

وعند إستخدام قائمة الإستقصاء الخاصة بتقويم فعالية نشاط إدارة التشغيل الإلكتروني للبيانات، تتبع الخطوات الأربع التالية:

الخطوة الأولى: تحديد جوانب الأداء التي يجب أن تخضع للتقويم، يحدد المراجع الداخلي عدد ووظائف المستفيدين من خدمات الحاسب الذين توزع عليهم قائمة الإستقصاء، كما يحدد المجالات التي تغطيها القائمة، فقد يقتصر توزيع القائمة على الأفراد الذين يشغلون وظائف رئيسة فقط، كما قد تقتصر القائمة على خصائص التقارير المستلمة من حيث التوقيت والملائمة والكفاية والثقة وشكل التقارير، كما قد

تتضمن القائمة تقويم مدى إستجابة إدارة التشغيل الإلكتروني لطلبات المستخدمين بالنسبة لتعديلات البرامج الحالية أو تطبيق برامج جديدة.

إسم المستفيد/

التقارير المستلمة

1. ....
2. ....
3. ....
4. ....

التاريخ : / / 14 هـ

أوجه التقويم:

1) قم بتقويم التقرير ......(إسم التقرير) الذي تتسلمه من إدارة التشغيل الإلكتروني للبيانات وفقاً للمعايير التالية :

A. الملائمة (الارتباط بالغرض)

B. الكفاية (درجة التفصيل)

C. درجة الثقة (إمكانية الاعتماد)

D. التوقيت

E. الشكل (سهولة القراءة والفهم)

ويتكرر السؤال السابق بعدد التقارير المستلمة

2) قم بتقويم إستجابة إدارة التشغيل الإلكتروني للبيانات بالنسبة لطلباتك في تغيير بعض البرامج الحالية

3) قم بتقويم استجابة ادارة التشغيل الالكتروني للبيانات بالنسبة لطلباتك لبرامج جديدة

4) قم بتقويم الأداء الشامل لإدارة التشغيل الإلكتروني للبيانات في توفير احتياجاتك من المعلومات

	ضعيف			مرضي جداً		
1	2	3	4	5	6	7
1	2	3	4	5	6	7
1	2	3	4	5	6	7
1	2	3	4	5	6	7
1	2	3	4	5	6	7
1	2	3	4	5	6	7
1	2	3	4	5	6	7
1	2	3	4	5	6	7

تعليقات ومقترحات : ....

الشكل 6-8 قائمة إستقصاء خاصة بتقويم الإدارات المستفيدة بخدمات

الحاسب التقويم عن الفترة كانون ثاني 2008- كانون أول 2008

الخطوة الثانية: تصميم نموذج قائمة الإستقصاء عند تصميم نموذج قائمة الاستقصاء يراعى ان تغطي الجوانب التالية:

■ معلومــات عــن المسـتفيدين مــن خـدمات التشـغيل الإلكتروني للبيانات تتضمن الاسم والوظيفة والإدارة التي يعمل بها والتقارير التي يتسلمها.

■ الفترة التي يغطيها تقويم المراجع.

■ جوانب الأداء التي تخضع للتقويم.

■ أسلوب القياس وهو طريقة النفط.

■ تعليقات المستفيدين ومقترحاتهم، ويعتمـد ذلك جـزءاً مهماً للمراجع الداخلي يساعده في اكتشـاف مواطن عـدم فعاليـة إدارة نشاط التشغيل الإلكتروني للبيانات، بالإضافة الى مساعدتهم في تقديم توصياته بالإجراءات المصححة اللازمة.

الخطوة الثالثة: تحديد الأفراد الذين توزع عليهم القائمة يستخدم المراجع الداخلي القائمة التي تحتفظ بها إدارة التشغيل الإلكتروني للبيانات باسماء الأفراد المرخص لهم بتسلم نسخة من مخرجات التشغيل، وذلك لتحديـد الأفـراد الـذين توزع عليهم قائمة الإستقصاء، والذين على ضوء إجاباتهم يتم قياس فعالية نشـاط التشغيل الإلكتروني للبيانات.

الخطوة الرابعة: تقويم النتائج بعـد تلقـي قـوائم الإستقصاء يتم تحليـل الردود عن طريق تجميع نقاط التقويم وحساب المتوسطات، واستخدام المقاييس الإحصائية المناسبة، والهـدف مـن هـذه العمليـات تحديد مستوى أداء نشـاط التشغيل الإلكتروني للبيانات، وتعتبر الأرقام الناتجة عـن التحليـل مؤشرات يتم، على أساسها، تقويم فعالية هذا النشاط ومدى الحاجة للتوسع في مراجعة فعاليـة هذا النشاط، ويبين الجدول (6-1) كيفية التوصل إلى الأرقام التي تعكس فعاليـة هذا النشاط.

السؤال	نقاط الإجابة (ط ن)							مج (ط ن ن)	إجمالي المجيبين	متوسط النقط س	المدى	عدد المجيبين اقل من المتوسط (4 نقاط)
	1	2	3	4	5	6	7					
1-أ	-	-	2	5	7	11	25	3.2	50	6.4	7-3	2
1-ب	-	-	2	6	9	10	23	296	50	5.92	7-3	2
1-ج	-	-	4	8	4	12	20	276	48	5.75	7-3	4
1-د	-	-	-	2	5	14	24	293	50	5.86	7-1	5
1-هـ	4	-	5	2	8	10	12	167	49	5.45	7-1	9
2	6	7	8	3	4	10	12	230	50	4.40	7-1	21
3	7	8	9	6	3	7	10	2.1	50	4.02	7-1	24
4	-	-	-	8	7	14	20	291	49	5.94	7-4	-

الجدول 6-1 : ملخص إجابات المستفيدين من خدمات الحاسب والمقاييس الإحصائية المستخدمة في التحليل

<u>توضيحات للمقاييس المستخدمة في الجدول:</u>

(1) مج (ط ن ن) = مجموع النقاط التي حصل عليها السؤال من كل من المجيبين، ويحسب كما يلي:

عنصر الملائمة في السؤال الأول على سبيل المثال:

(صفر×1)+(صفر×2)+(3×2)+(4×5)+(5×7)+(6×11)+(7×25)=302

(2) س = متوسط النقاط التي حصل عليها كل سؤال وتحسب كما يلي:

$$س = \frac{مجـ\ ن\ ن}{ح\ س}$$

ويحسب بالنسبة لعنصر الملائمة في السؤال الأول على سبيل المثال كما يلي:

$$= \frac{302}{50} = 6.04$$

(3) المدى= الحد الأعلى للنقاط للسؤال - الحد الأدنى للنقاط للسؤال

وتساعد المقاييس السابقة في تقويم فعالية نشاط التشغيل الإلكتروني للبيانات، ويتمثل دور المراجع الداخلي في استخدام مؤشرات التحليل السابق للتعرف على المشكلات الموجودة في العلاقة بين إدارة التشغيل الإلكتروني للبيانات والمستفيدين من خدمات الحاسب، فإذا كان التقويم يقل عن النقطة المتوسطة في المقياس(1-7) فهذا معناه عدم رضا المستخدم وبالتالي عدم فعالية تلك الإدارة بالنسبة للمجال محل الفحص، وبالتالي وجود خطأ ما، وعليه يقوم المراجع الداخلي بجمع معلومات أكثر تفصيلاً حتى يمكن تحديد المشكلة الحقيقية في هذا المجال، ومن ثم يمكنه إعداد التوصيات اللازمة، ولكن من الضروري أن يناقش المراجع الداخلي هذه التوصيات مع إدارة التشغيل الإلكتروني للبيانات لاستطلاع رأيهم وتبريراتهم لهذه المشكلات، وذلك قبل أن توصل التوصيات للجهات المختصة في الشركة.

حالة دراسية

أقامت شركة الفوسفات حديثاً نظاماً للحاسبات الإلكترونية الكبيرة، ويرغب المراجع الداخلي لشركة الفوسفات في تقويم أساليب الرقابة على التطبيقات، وسوف يشكل هذا التقويم عنصراً مشتركاً لعدة نظم تغذية يدوية، تتضمن عملية إقامة النظام

شبكة تهيئة ذات إتصال مباشر لاثنتي عشرة نهاية طرفية مع شاشات العرض التلفزيوني، ويتم إنتاج جميع النسخ المطبوعة وتوفيرها مركزياً في غرفة الحاسب، وتستخدم شبكة الطرفيات لتحديث المبيعات، وتغيرات الإستخدام، التقويم وموقع السجلات، وتعتبر بعض هذه المعلومات ذات أهمية تجارية وبالتالي من طبيعة موثوق بها.

تدخل أغلب البيانات الأخرى بواسطة نظام التشغيل على مجموعات وتتكون من الأجور والرواتب والمصروفات الأخرى وفقاً للأساس النقدي، لم يتم إعداد حسابات وفقاً لأساس الإستحقاق، ويتم توفير قوائم الإيراد شهرياً على أساس شهري لأغراض اعداد الموازنة.

ولقد أوجز المراجع الداخلي أوراق عمله على النحو التالي:

نظام معالجة البيانات على دفعات	نظام التشغيل المباشر
وسائل رقابة المدخلات	
1- مميزات المجموعة التي تتضمن عدد وقيمة العمليات موافقة لتدقيقها وتحقيقها بواسطة الموقعين عليها.	1- تستخدم كلمات سرية محددة فقط للوصول إلى كافة الوظائف كل مستخدم له كلمة سر معروفة له فقط، وتتغير كلمات السر مع تغيرات الأفراد كل أربعة شهور.
2- لا تجري أي محاولات كي تتوافق مميزات مع الإجماليات المستلمة من نظام التغذية (Feeder System).	يختار المدراء عينة عشوائية للمدخلات تكتشف بواسطة سجل الحاسب ويتم فحصها بالرجوع الى ملفات الممتلكات.
3- لا يجري أية محاولة كي يوافق إجمالي المدخلات بالنسبة لأية وظيفة مع إجمالي المخرجات باستثناء الأجور والرواتب.	3- لا يمكن قبول المدخلات حتى تظهر علامة الومض (Cursor Check) اكتمال جميع القيود الميدانية على شاشة العرض المرئي، لاحظ أنه يجب على موظف الإدخال أن ينتظر حتى يكتمل هذا الفحص فإنه لا يوجد أي ضمان بإعطاء اهتمام لتفاصيل شاشة العرض.

وسائل الرقابة على معالجة البيانات	
4- القيام بالفحوصات المعقولة يوفر تقارير إستثنائية أوتوماتيكياً بالنسبة للأحجام المعلومة من العمليات وذلك بالنسبة لكل كود النفقات	4- يخضع النظام لسلسلة من فحوصات بيانات المعالجة (Data Vet) والتي تنتقد تكوين وشكل البيانات.
5- الإجماليات من دورة لدورة يتم فحصها عند تحديث كل ملف.	5- يتم برمجة اختبارات المعقولية مع حجم وقيم الممتلكات مع التقارير الإستثنائية للمخرجات مع موظف الإدخال مع مديره التنفيذي.
أوجه الضعف في معالجة البيانات	
6- لا يوجد إجراء مؤيد لتقارير الاستثناء فالمديرون الذين تم مقابلتهم كان من غير الواضح لهم الإجراء الذي يتوقعون القيام به.	6- وسيلة الرقابة رقم "02" أعلاه يتم إنجازها في علاقتها مع اختيار عام لتقارير المخرجات بواسطة المديرين إلا أن الموافقة على بيانات المدخلات في الملفات يتم توثيقها بواسطة كل مدير.
وسائل رقابة المخرجات	
7- توجد قائمة بوسائل الرقابة العامة بالنسبة للتوقيت المتوقع للمخرجات وتوزيعها المعتاد على المستخدمين ولا يوجد دليل على الإبقاء على هذه القائمة.	
جوانب الضعف	
8- لا نجري أية مقارنات خلفية مع إستثناء المدخلات كما هو بالنسبة للخطوة "03" أعلاه بالنسبة للأجور.	

الفصل السادس

6

المخالفات والغش: دور المراجع الداخلي

6

● المخالفات والغش : دور المراجع الداخلي ●

ماهية الأخطاء و المخالفات والغش وطبيعتها

ارتكاب الأخطاء والمخالفات والغش التهديد الـدائم لفعاليـة اسـتخدام الموارد، ورغم ذلك يلاحظ قلة إحصائيات الغش والمخالفات رغـم تزايـد ارتكابها وتأثيرها على الإستخدام السليم للمـوارد، في ديسـمبر عـام 1978 ذكرت دوريـة المحاسبة Accountancy أن مبالغ المخالفات والغش المحاسبة عنها نسـبتها 5% من إجمالي الناتج القومي في بريطانيا أي حوالي 7 مليون جنيه إسترليني.

ومن الطبيعي أن تكون الأخطاء والمخالفات والغـش محـل إهـتمام الإدارة وغيرها من الأطراف المعنية في كل المـنظمات، فـالغش والاحتيـال الحـالي ينبغـي اكتشافه، والغش والإحتيال المحتمل ينبغي العمل عـلى منع وقوعـه، ورغـم ان المسؤولية الأولى تقع على عاتق الإدارة، إلا انها تحتـاج المسـاعدة وتضع عيونها على المراجعين خاصة المراجعون الداخليون للحصول على كل مساعدة ممكنة.

ونعرض فيما يلي توضيحاً لمصطلحات الأخطاء، المخالفات، والغش:

الأخطاء Errors

تتعـرض البيانـات المحاسـبية في مراحلها المختلفـة للأخطـاء المختلفـة، والأخطاء ليست عمدية Intentional أي أنها تقع بحسن نية، وقد تكون أخطاء سهو أو حذف Omision تنشأ نتيجة عدم إثبات عملية بأكملها أو أحد أطرافها في دفتر اليومية، أو في دفتر الأستاذ، وقد تكون أخطـاء ارتكابيـه Commission كالخطأ الحسابي في جمع إحدى اليوميات المساعدة، أما الأخطاء التي تقع عـن قصد وبسوء نية بهدف تحقيق غايات معينة، فأنها ترقى إلى مرتبة الغش.

المخالفات Irrgularities

وتعني سوء عرض متعمد للمعلومات المالية، وهي بذلك تشير الى القـوائم المالية.

الغش Fraud

تتعدد تعريفات الغش اعتماداً على من يقـدم هـذا التعريـف، ومـع ذلك فجميعها يعتمد على:

تعريفات الغش الواردة في قاموس Webster :

الغش : إساءة إستعمال للثقة عن قصد بهدف إغواء الآخرين لاقتسام شـئ ما ذي قيمة، او لإنتهاك حق قانوني.

الغش : مجموعة من المخالفات أو التصرفات غيـر القانونيـة التـي تتـوافر فيها نية القصد أو العمد، وترتكب بواسطة أطراف من داخل المنظمة أو خارجهـا لمصلحة المنظمة أو ضدها .

الغش : الخداع المتعمد لتحقيق منافع شخصية بوجه غير عادل ينتج عنها أضرار بحقوق ومصالح الآخرين.

ويتضمن الغش بالضرورة، عناصر أساسية تضم مرتكب الغـش، والعمـد أو القصد، والطرف الآخر، شيئاً ذا قيمة أو منفعة يستفيد منه مرتكب الغش.

ويبوب الغش في قسمين رئيسين هما: الغش في القـوائم الماليـة، والغـش في العمليات.

غش القوائم المالية Financial Statement Fraud

ويقصد به السلوك أو التصرف المتعمد، أو الإهمال الذي يؤدي إلى تحريف جوهري في القوائم المالية، وتتضمن أسباب الغش في القوائم المالية ما يلي:

1) وجود بواعث مثل الرغبة في رفع سعر أسهم الشركة لإشباع توقعات المستثمرين، أو لإرجاء التعامل مع الصعوبات والمشكلات المالية الحالية، أو من أجل مكاسب شخصية متوقعة مثل المكافآت والحوافز.

2) التعرض لضغوط مختلفة مثل الإنخفاض الفجائي في حصة المنشأة في السوق أو المبيعات، وإقامة موازنات غير حقيقية خدمة لأهداف الأداء في الأجل القصير.

3) الظروف والفرص التي تغري على الإهمال مثل إهمال أو عدم اهتمام مجلس الإدارة، وجود ضعف في نظام الرقابة الداخلية أو الأفراد ووجود عمليات معقدة والتقديرات المحاسبية.

ونجد أن مرتكبي أعمال الغش والتزوير في القوائم المالية هم رجال البيع والمحاسبون ومتخذي القرار في الإدارة الوسطى والإدارة العليا.

غش العمليات Transaction Fraud

رغم وجود إطار للتعامل الفعال مع الغش في القوائم المالية وقبول مهنة المحاسبة مسؤولياتها تجاه اكتشاف الغش الذي يؤدي إلى تحريف جوهري في القوائم المالية، نجد أن مهنة المحاسبة قد تقلص مسؤولياتها بالنسبة لاكتشاف غش العمليات أو تزويرها، وهذا يؤدي إلى خلق سلسلة من المشكلات إذ أن الفهم العام لدى الجمهور هو مسؤولية المهنة عن إكتشاف جميع أنواع الغش وليس فقط اكتشاف الغش والتزوير

في القوائم المالية، وبالنسبة للمراجعين لا يوجد حـل سـهل لمشكلة سـوء الفهـم لـدى الجمهـور، فمـن الصعب أن يوضحوا للجمهور العـادي أن توقع أكتشاف المراجع الخـارجي للغـش في مراجعتـه المعتـاده مثل توقع ان يذهب شخص ما الى الشمال والجنوب في الوقت نفسه، فأسـاليب المراجعة ومناهجها تختلف في حالتي القيام بمهمة المراجعة واكتشاف الغش، وأيضاً تختلـف أهـداف المراجعة في الحالتين، في الحالـة الأولى يهدف المراجع الخـارجي إلى إبـداء الـرأي الفني المحايد في القوائم الماليـة، وتركـز جميـع إجـراءات مراجعتـه عـلى اختبار مصداقية أرصدة القوائم المالية والسجلات المستخرجه منها، وبالتالي فإن المراجع لا يغالي في اهتمامه بكثير من العمليات الفرديه التي تضيف إلى أرصدة حسابات القوائم المالية ما لم يـؤثر تسـجيلها بشكل جوهري عـلى القوائم الماليـة، وعـلى الجانب المقابل فإن مراجع الغش Fraud Auditor غالباً ما يتبع منهجاً مختلفـاً، الهدف ليس تحقيق أرصدة القوائم الماليـة، بالتـالي فـإن إجـراءات المراجعة غـير مصممة لانجاز هـذا الهـدف، ومـع الاهتمام الشـديد بـدلائل حـدوث الغـش أو علاماته فإن مراجع الغش ينخـرط في تفاصيل العمليـات والتي لا يجـد المراجـع العادي الوقت للقيام بها، ومتى وجدت التفاصيل اللازمـة فـإن مراجع الغـش المدرب جيداً على مهارات الفحص يقوم بملاحقة ومطاردة دلائل الغش المكتشـفة حتى يصل إلى قضية غش واضحة يمكن أن تخضع للمحاكمة والمقاضاة.

مدى مسؤولية المراجع الخارجي تجاه الغش والاحتيال

External Auditor : Approach& Resposnsibility

غَيّر المعهد الأمريكي للمحاسبين القانونيين مدخلـه بالنسبة للغـش محدثاً تغييراً في المعايير العامة، ففي البدايات الأولى للقرن العشرين كـان هنالك تأكيد قوي من المراجعين الخارجيين على اكتشاف الغش، وذلك لارتباط المراجعة أساسـاً بسجلات النقدية، كما أوضـحت كتابـات المراجعـة أن إكتشـاف الغـش والأخطـاء ومنعها كان من

بين الأهداف الرئيسة للمراجعة، وعقب الأحقاب الثلاثة التالية، حدث تغير تدريجي في مدخل المراجع الخارجي حتى أشار الفكر المحاسبي وركز على عدم تحمل المراجع الخارجي أية مسؤولية مباشرة بالنسبة للغش.

وكانت هنالك عدة أسباب للتغير في مدخل المراجع الخارجي أهمها:

1) نمو أحجام المنشأة التجارية وعملياتها وبالتالي اعتماد المراجع الخارجي على الأساليب الإختبارية في الفحص بدلاً من الفحص التفصيلي، ولقد أدى ذلك إلى صعوبة إكتشاف الغش.

2) أيضاً عدم مقدرة المراجع على اكتشاف الأخطاء ويتضمن ذلك العمليات غير المسجلة، والسرقات، وغيرها من الأمور التي جعلت المهنة أكثر حرصاً.

ونلمس التغير التدريجي موقف المراجع الخارجي تجاه الغش في النشرات المتتالية لمعهد المحاسبين القانونيين بالولايات المتحدة على النحو التالي:

في نشرة إجراءات المراجعة الصادرة عام 1951 جاء فيها أن الفحص العادي الذي يرمي إلى إبداء الرأي عن القوائم المالية ليس مصمماً ولا يعتمد عليه في الكشف عن الغش والمخالفات، وإذا ما حاول المراجع اكتشاف الاختلاسات والمخالفات المشابهة عليه أن يوسع عمله إلى نقطة تكون عندها التكلفة عالية.

وقد انتُقِدَ هذا الموقف على اعتبار أنه يحاول تخفيف مسؤولية المراجع الخارجي تجاه اكتشاف الأخطاء والغش، وتداركت المهنة ذلك خاصة بعد تزايد القضايا المرفوعة ضد المحاسبين القانونيين.

وأصدرت المهنة نشرات معايير المراجعة رقم 16،17 بعنوان " مسؤوليات المراجع الخارجي تجاه اكتشاف الاخطاء والمخالفات، وتصرفات العميل غير القانونية".

طبقاً للنشرة (16) يكون المراجع مسؤولاًعن البحث عـن الأخطـاء والمخالفات الجوهرية التي تؤثر في القوائم المالية كما تتضمن النشرة أنه لا يجب التعويل على وظيفة المراجعـة وحـدها باعتبارها وسيلة للوقاية ضـد الأخطـاء والغش، وأن أفضل السبل للوقاية وأكثرها فعالية ضد حدوث الأخطاء والمخالفات والغش هو إقامة نظام رقابة داخلية جيد.

وتشـير النشرة (17) إلى عـدم مسؤولية المراجـع عـن اكتشـاف تصرفات العميل غير القانونية، ومع ذلك تلزم المراجع باتخاذ الإجراءات الملائمة إذا ما تأكد وقوعها أثناء الفترة محل المراجعة.

مسؤوليات المراجع الداخلي تجاه الغش
Responsibilities of the Internal Auditor for Fraud

بصرف النظـر عـن اخـتلاف الآراء بشـأن مسؤولية المـراجعين الخـارجيين والداخليين عـن اكتشـاف الأخطـاء والغـش، فـإن الإدارة تتجـه الى الاعتمـاد عـلى المراجعين في اكتشاف ومنع الغش والمخالفات، ويلعب كل من المراجع الخارجي والمراجع الداخلي دوراً مختلفاً في اكتشاف ومنع الغش والمخالفـات، ولكـل مـنهما اهتمامات ومصالح مختلفة، وتزايد الاعتماد عـلى المراجع الداخلي يرجع إلى اتصاله القوي والعميق بالأنشطة والعمليات الكلية للشركة .

المراجع الداخلي: دوره ومسؤولياته

الى أي مدى يعد المراجع الـداخلي مسؤولاً بشـكل مبـاشرة أو غير مبـاشر تجاه الغش، انه مـن غـير الممكـن منع جميع انـواع الغـش، فـرغم ان المراجع الداخلي يقوم بفحص تفصيلي جداً، فقد تكون هنالـك عمليـات غير مسجلة، او تزوير او تواطؤ ومع ذلك لا يتم اكتشافه، كما انه من المكلف جـداً المضيـ الى مـا وراء المسؤوليات المعقولة للفحص لاكتشاف الغش ومنع المخالفات، وقـد يكـون من الممكن تكثيف ودعم عمليات

الرقابة وبالتالي فإن الحكم والتقدير الشخصي ـ يصبح مقوماً أساسياً في تحديد طبيعة ونطاق جهود رقابة الغش والمخالفات، ويعتبر إعطاء عمليات الغش والمخالفات الاهتمام المناسب تحدياً للمراجع الداخلي أثناء إنجازه للعمل المراجعي، ويتضمن هذا التحدي أيضاً مساعدة جميع الأطراف لتفهم الرغبة في جهود سليمة ومتوازنة لمراقبة الغش والاحتيال.

المراجع الداخلي: تغير الإهتمام
Changing Concern for Fraud

اختصت المراجعة الداخلية في بداياتها الأولى بشكل مباشر بالغش والاحتيال، ويأتي هذا الاهتمام كجزء من الهدف الرئيس للمراجع الداخلي المتعلق بتقديم خدمات الحماية متضمناً مهام الالتزام والدقة، وحماية الأصول المادية، ويمثل هذا الهدف حقيقة اعتماد الإدارة الى حد كبير على المراجع الداخلي في تقديم خدمات الحماية من الغش والاحتيال وبوجه خاص الغش والإحتيال الموجودة. وبدأ هذا الموقف في التغير مع توسيع نطاق خمات المراجعة الداخلية، ولقد تضمن هذا التغير تركيزاً كبيراً على منع الغش أكثر من اكتشافه، وكان من الحكمة افتراض ان هذا اكثر فائدة للمنظمة من خلال تطوير نظم رقابية وإدارية جيدة تساعد في اكتشاف الفشل

والتحول تجاه منع الغش جعل من الممكن للمراجع الداخلي تقديم مزيد من الخدمات البناءة للمنظمة من خلال المراجعة التشغيلية الحديثة، وأصبحت خدمات الحماية من الغش الجزء الأصغر نسبياً من العمل الكلي للمراجع الداخلي، ورغم ذلك فإن المراجع الداخلي الجيد يدرك دائماً مسؤولياته الفعلية في تقديم المساعدة في اكتشاف ومنع الغش والمخالفات.

وفي محاولة الحصول على برامج قوية لاكتشاف الغش والمخالفات ومنعها لجأت الإدارة إلى طلب المساعدة من العاملين بوظائف التمويل والمراجعة الداخلية،

وأيضاً مـن الفاحصـين ومـن المـراجعين الخـارجيين، وهكـذا وجـد المراجـع الداخلي نفسه مطالباً بتوجيه قدر من موارده الحاليـة تكرس في مجـال اكتشـاف ومنع الغش والمخالفات.

ولقد انعكـس اهتمام وظيفـة المراجعـة الداخليـة بـالغش والمخالفـات في المعايير التي نشرها معهد المراجعين الداخليين "معايير الممارسة المهنية للمراجعـة الداخلية" (1978- الجزء 280) التي جاء فيها مايلي:

■ "..... في مجال ممارسة العناية المهنية اللازمة، يتعـين ان يكون المراجع الداخلي يقظاً للعمل الخاطئ المتعمـد، والأخطـاء والسـهو وعـدم الكفـاءة والإسراف وأسباب عـدم الفعاليـة وتعارضـات المصـالح، ينبغي أيضاً ان يكون يقظاً للأعمال والمخالفات المحتمل حـدوثها في الغالـب، وأيضـاً تحديـد أدوات الرقابـة الملائمـة والتوصية بالتحسـينات لتشجيع الالتزام بالإجراءات والسياسات المقبولة..."

■ "..... المراجـع الـداخلي لا يمكنـه ان يعطـي تأكيـداً أو ضماناً مطلقاً بعدم وجود أعمال عدم الالتـزام او المخالفـات، ومع ذلك فإن احتمالات عـدم الالتزام والمخالفـات الجوهرية يجب ان يأخذها المراجع الداخلي بعين الاعتبار أثناء قيامه بمهمة المراجعة الداخلية.."

■ وفي نشرة المعهـد01,330 جاء مـا يـلي: "ينبغـي ان يستعرض المراجعون الداخليون المقاييس المستخدمة لحماية الأصول مـن جميع انواع الخسارة مثل تلك الخسارة الناتجة عن السرقة والحريـق، او الانشطة غير النظامية".

كما توجد نشرات مهنية أخرى واضحة تحـدد دور المراجـع الـداخلي تجـاه الغش:"سيحاول المراجع الـداخلي اكتشـاف أيـة عيـوب خطيـرة في نظم الرقابـة الداخلية،

يمكن ان تؤدي الى ارتكاب أعمال الخدع والغش، كما يتعين ان ينظر في امكانية وقوع الأعمال المحظورة Malpractice في المجالات محل الفحص، كما أنه يكون يقظاً لاحتمالات الرشوة Corruption وأن يكون مستعداً لإعلام المستوى الإداري الملائم بأية شكوك ممكن تبريرها"1979,CIPFA Statement".

وهكذا فإن نشرات المعايير المهنية لم تحدد أو تذكر مسؤولية المراجع الداخلي عن اكتشاف الغش والمخالفات وإنما تطالب المراجع الداخلي ان يكون يقظاً بالنسبة للغش والمخالفات، وأن يأخذها بعين الاعتبار عند تنفيذ مهمة المراجعة، أيضاً أشارت المعايير الى ان المراجع الداخلي لا يمكنه إعطاء ضمان او تأكيد مطلق بعدم وجود مخالفات.

ويمكن تلخيص مسؤوليات المراجع الداخلي تجاه الغش والمخالفات على النحو التالي:

1. يجب على المراجع الداخلي عند قيامه بمهمة المراجعة إعطاء اعتبار عادل لاكتشاف الغش والمخالفات ومنعهما مع باقي أهداف التشغيل.

2. يجب على المراجع الداخلي ان يكون يقظاً لاحتمالات الغش، عند مراجعة انشطة التشغيل التي يقوم بها الافراد التنفيذيين ويتضمن ذلك التقويم البناء للقدرات الإدارية.

3. يجب ان يتعاون المراجع الداخلي ويساعد افراد التنظيم الذين خصصت لهم مهام ومسؤوليات ذات علاقة بفحص الغش والمخالفات الفعلية او المشكوك في وقوعها.

4. يجب على المراجع الداخلي تنفيذ المهام الخاصة المتعلقة بالغش والمخالفات عندما تُطلب بواسطة الافراد المسؤولين في التنظيم.

5. يجب ان يسعى المراجع الداخلي بشكل مباشر او غير مباشر الى تحقيق توازن جهود المراجعة المتعلقة بالغش والمخالفات مع تقديم الأنواع الاخرى المطلوبة من الخدمات التنظيمية التي يقوم بها.

أولويات اعمال المراجعة الداخلية تجاه الغش
Priorities for Fraud Work

مع تزايد الاهتمام الحالي بمنع الغش واكتشافه، يواجه المراجع الداخلي بمشكلة الموارد اللازمة لإنجاز عبء أعمال المراجعة الأخرى، أعمال المراجعة تجاه الغش قد تعطل او تشتت جهود المراجعة العادية لمجالات التشغيل على أساس مستمر، فقد يضطر المراجع في بعض الحالات الى تقليص اعمال المراجعة التشغيلية والتوصيات الناتجة فيما يتعلق بتحقيق وفورات في التكلفة .

ويتطلب إنجاز الأهداف الشاملة للمراجعة الداخلية في ظل الموارد المتاحة، ضرورة وضع أولويات لأعمال المراجعة الداخلية بعناية وبالتنسيق مع الإدارة، وفي ضوء الخبرة السابقة يتم تخطيط قدر من الوقت يخصص لإنجاز أعمال المراجعة الداخلية المتعلقة بالغش والمخالفات، وفي بعض الحالات قد تعامل بعض أعمال المراجعة الداخلية بواسطة أطراف أخرى مثل الفاحصين أو العاملين، وبشكل إجمالي يجب على المراجع الداخلي محاولة زيادة المنافع من مختلف جهود المراجعة، وتحقيق التوازن فيها لتقديم خدمات المراجعة العادية، بالإضافة الى انجاز مسؤوليات المراجع الداخلي تجاه الغش.

الإشارات التحذيرية بوجود غش
Warning Signals for Fraud

رغم ان المراجعين الداخليين، أحياناً يقومون بتنفيذ مهام مباشرة تتعلق بفحص الغش والمخالفات المشكوك فيها او الفعلية، فإن الجزء الأكبر من جهودهم تجاه الغش

والمخالفات يعتبر جزءاً متكاملاً من عملية المراجعة في إطارها الواسع، وقد تأخذ هذه الجهود شكل إجراءات معينة يتضمنها برنامج المراجعة، كما تتضمن أيضاً جميع جوانب الحذر لدى المراجع الداخلي عند تنفيذه جميع أجزاء عملية المراجعة، وهذا الحذر او الحرص يتضمن بدوره يقظة المراجع الداخلي عند لمصادر الإشارات التخذيرية بالغش والمخالفات، ويمكن تبويب مصادر الإشارات التحذيرية تجاه الغش والمخالفات الى مصدرين:

أولاً: السلوك الشخصي لأفراد التنظيم

ثانياً: المجالات الحساسة في المنظمة

السلوك الشخصي لأفراد التنظيم
Personal Characteristics

هنالك إشارات تحذيرية معينة يبعثها السلوك الشخصي- لأفراد التنظيم اهمها:

- نمط الحياة الشخصية المغالي فيه
- المغامرات الكبيرة
- الاستثمارات الفردية الكبيرة
- الاستخدام المفرط للمشروبات والمخدرات
- الإجازات المرضية الطويلة
- القيام بإدارة أنشطة معينة
- الاقتراض المنتظم للمبالغ الصغيرة من زملاء العمل
- رفض ترك السجلات
- العلاقات والخلفيات التي تثير الشك

المجالات الحساسة في المنظمة Sensitive Areas

ينبغي ان يدرك المراجع الداخلي المناخ التنظيمي الشامل واحتمالات ارتكاب الغش والمخالفات، وبالتالي يتعين ان يكون يقظاً بالنسبة للمجالات الحساسة في المنظمة التي تبعث بإشارات تحذيرية بالغش والمخالفات، وفيما يلي بعض الأمثلة:

1. رأس المال العامل غير الكافي: قد يوضح ذلك بعض المشكلات مثل التوسعات المغالي فيها، والنقص في الإيرادات، تحويلات الأرصدة لشركات أخرى، وإئتمان غير كاف، والمغالاة في النفقات، وينبغي على المراجع ان ينظر في تحويلات الأرصدة للإستخدام الشخصي ـ من خلال بعض الطرق مثل تسجيل المبيعات، وتزييف النفقات.

2. الدوران السريع في أفراد الوظائف المالية : قد يكشف خسارة افراد المحاسبين الرئيسين وغيرهم من افراد الوظيفة المالية عن اداء غير ملائم، وعن ضعف نظام الرقابة الداخلية، وعن ضعف المسائلة المحاسبية عن الارصدة والموارد.

3. التعامل مع مصدر وحيد للتوريد : تشجع ممارسات التوريد الجيد المنافسة لضمان ان المنظمة تحصل على الخامات او المعدات بأفضل الشروط، إلا ان التعامل مع مصدر واحد للتوريد، اذا لم يتم تبريره بشكل ملائم، قد يكشف ذلك عن محسوبية Favoritism او يكشف عن ابتزازات Kickbacks .

4. تكاليف التنقلات المغالي فيها: عند مراجعة تكاليف التنقلات يركز المراجع الداخلي على التحقق من تفويض الأفراد بالتنقلات، والترخيص بهذه التنقلات، وكذلك مصروفات التنقلات غير المرخص بها او غير المؤيدة بالمستندات.

5. تحويلات الأرصدة بين الشركات المندمجة او الاقسام: قد يكشف نمط التحويلات بين شركات المجموعة او الاقسام عن تحويلات او قروض غير مرخص بها، او عدم ملائمة أدوات الرقابة على الأرصدة النقدية وتحويلاتها بين شركات المجموعة او الأقسام.

6. تغيير المراجعين الخارجيين: ربما يكشف تغيير المراجع الخارجي، في بعض الحالات، عن وجود اختلافات في الرأي تتعلق بمدى ملائمة طريقة معالجة عمليات معينة، او في تطبيق مبادئ المحاسبة المتعارف عليها، كما قد تكون هنالك معارضة قوية من جانب الإدارة في الإفصاح او الكشف عن مشكلات او احداث جوهرية.

7. تكاليف استشارات او اتعاب قانونية مرتفعة: قد يكشف ذلك عن سوء استخدام الحصول على الخدمات المؤداة من خارج المنظمة، او عن المحسوبية، او عن وجود مشكلات غير مفصح عنها داخل المنظمة تتطلب تكثيف العمل القانوني.

8. الاتجاهات الهابطة في الارقام والمؤشرات المالية: قد يكشف استخدام اسلوب المؤشرات وتحليل الاتجاهات عن الانخفاض في الارقام والمؤشرات المالية الأمر الذي قد يعكس مشكلات في بعض المجالات تحتاج الى متابعة، والاتجاهات الهابطة قد تكون دالة في وجود خسائر جوهرية، وفي تفتت الأرصدة والموارد، وفي وجود أدوات رقابة غير ملائمة على العمليات.

9. التقرير عن تعارض المصالح: ينبغي أن يكون المراجع مدركاً لأية إدعاءات بتعارض المصالح تتعلق بالتوظف، والترتيبات مع البائعين، والعلاقات بين الموظفين، كما ينبغي فحص معاملات الشركة مع الموظفين بعناية.

10. العجز أو النقص في الاصول المادية : قد يؤدي التخـزين غير الملائم الى وقوع سرقات صـغيرة Pilfering أو حـدوث انحرافات في اسـتخدام الأصـول، وينبغـي عـلى المراجـع تحليـل العجـز او الـنقص في الأصول بعناية لتحديد أسبابه.

11. تناقص الأداء : قد يكون أداء احد الأقسام أقل من غـيره من الأقسام الأخرى، أو مقارنـة بـالأداء المـاضي، ينبغـي تحديـد الأسبـاب لتوضيح ضعف الإدارة أو الكشف عن الخطأ المحتمل في الأداء.

12. إنجاز مهام الإدارة والرقابة بواسطة أفراد قليلين: تحكـم أفراد قليلين في الشركة قد يوفر الفرصة لوجـود انحرافات او تلاعب في اصول الشركة ومواردها الأخرى.

13. وجود صعوبات ومشكلات في التحصيل: ينبغـي تحليـل صـعوبات التحصيل ومشكلاته لتحديـد مـا اذا كانت هنالـك مبيعـات وهمية، وانحرافات في الأرصدة النقدية المستلمة.

14. تعدد حسابات البنوك: زيادة حسابات البنوك عن الحد المطلوب يوضح إمكانية حدوث انحرافات في الأرصدة أو تغطية عمليات غير قانونية، ينبغي فحص التحويلات بين حسابات البنوك بعنايـة، لعـدم استخدامها في تغطية اختلاسات ارصدة الحسابات النقدية.

15. تأخير التقارير: قد يلاحظ اتساق تأخير التقاريـر حتـى يتمكن معد التقارير من التلاعب في البيانات لتغطية غش أو مخالفات.

16. استخدام صور المستندات بالنسبة لـمدفوعات الـدائنين: بدلاً من أن تتم المدفوعات على أساس الفواتير الأصلية، تسـتخدم الصـور لإخفاء مدفوعات مزدوجة وسرقات.

17. وجود عجز أو فائض في الموارد: وتعتبر هذه علامات لمشكلة أكبر، وينبغي الحصول على توضيح أو بيان بالإنحرافات او الفروق.

18. شيكات او اية مستندات حررت مبالغها مقربة: على سبيل المثال قد يكون مبلغ الشيك 10260دينار بينما هو 10267 دينار.

ويمثل الشكل (7-1) قائمة بالأحوال او المجالات التي تبعث بإشارات تحذيرية بوجود الغش، وضعها المعهد الأمريكي للمحاسبين القانونيين، ومن المفيد أيضاً أن يكون المراجع الداخلي يقظاً للإشارات الواردة بها.

1. إدارة عليا مستبدة مع وجود واحد او اكثر من الظروف التالية:
   - مجلس إدارة أو لجان غير فعالة.
   - مؤشرات بتجاهل الإدارة لأدوات الرقابة المحاسبية الداخلية المهمة .
   - المغالاة في اسهم المنحة أو المكافأة مقارنة بالإداء الفعلي .
   - مؤشرات بوجود صعوبات مالية شخصية لأفراد الإدارة العليا.
   - الارتياب في استمرار الإدارة العليا.
2. تدهور نوعية (جودة) المكاسب مُؤيدة بما يلي:
   - النقص في نوعية المبيعات او حجمها (مثلاً تزايد خطر الإئتمان، او المبيعات بتكلفة منخفضة).
   - تغييرات جوهرية في سياسات الشركة.
   - اهتمام زائد من الإدارة العليا بتأثر ربحية السهم بالبدائل المحاسبية.
3. أحوال الشركة التي قد تخلق ضغوطات غير عادية:
   - رأس المال العامل غير ملائم وغير كاف.
   - مرونة قليلة في القيود على الديون.
   - التوسع السريع في المنتجات أو في الشركة بشكل أكثر من معدل التوسع على مستوى الصناعة.
   - الاستثمار الرئيس لموارد الشركة في ظل التغيرات السريعة في الصناعة مثل صناعة التقنية العالية.
4. وجود هيكل تنظيمي معقد مع عدم ظهور التحذيرات من هذا التعقيد عن طريق عمليات الشركة او حجم الشركة.
5. الانتشار الواسع لفروع الشركة مصحوب بإدارة مركزية عالية، مع نظام غير ملائم للتقرير عن المسؤوليات.
6. تقليل عدد العاملين لجعل افراد معينين يعملون ساعات إضافية.
7. معدل دوران مرتفع في الوظائف المالية الرئيسة مثل رئيس الخزينة او المراقب المالي.
8. التغير المستمر في المراجعين او في الإدارة القانونية.
9. وجود جوانب ضعف جوهرية في الرقابة الداخلية التي يمكن تصحيحها عملياً ولكنها تظل غير مصححة مثل:
   - عدم خضوع الاتصال بالحاسوب ووسائل ادخال البيانات لرقابة ملائمة.
   - المهام غير المتوافقة ما زالت مدمجة معاً.
10. وجود تعارض في المصالح يرتبط بالأطراف المعنية مثل العاملين والغير.
11. الإيضاحات غير الكاملة عن نتائج التشغيل او التوقعات المستقبلية.
12. إجراءات المراجعة التحليلية التي تكشف عن تقلبات جوهرية Fluctuation والتي لا يمكن تبريرها بشكل معقول على سبيل المثال:
   - الأرصدة الجوهرية للحسابات.
   - التداخلات المالية او التشغيلية.
   - الانحرافات الجوهرية في المخزون.
   - معدلات دوران المخزون.
13. العمليات الكبيرة او غير العادية، خاصة تلك التي تتم في نهاية العام مع تأثيرها الجوهري على المكاسب.
14. المدفوعات الكبيرة مقابل خدمات استشارية او قانونية للمحامين والاستشاريين والوكلاء والآخرين (متضمناً العاملين).
15. صعوبة الحصول على ادلة إثبات المراجعة المؤيدة لـ :
   - القيود غير العادية.
   - التوثيق او الترخيص غير الكامل.
   - التغيرات في الحسابات.
16. عند انجاز فحص القوائم المالية يتكون هنالك مشكلات غير مرئية مثل:
   - ضغوط العميل لاستكمال المراجعة في وقت قصير غير عادي تحت ظروف صعبة.
   - التغير المفاجئ في المواقف.
   - الردود غير المناسبة للإدارة على استفسارات المراجعة.

الشكل 7-1 : قائمة المعهد الأمريكي للمحاسبين القانونيين بعلامات الغش والمخالفات

الممارسات الشائعة للغش والمخالفات
Common Fraudulent Practices

يمكن ان يكون اعداد قائمة بأساليب الغش وممارساته بلا نهاية، ومع ذلك ينبغي ان يتفهم المراجع أكثر الطرق شيوعاً، مع إدراك ان نوع معين من الغش قد يكون ممكناً في موقف ما، بينما قد لا يكون ممكناً في وقت آخر، ومن المفيد ان نعدد بعض الأنواع الشائعة من الغش والمخالفات:

1) اختلاس نقدية: ويأخذ ذلك عدة صور منها: اختلاس مبلغ معين من الخزينة، واختلاس متحصلات مبيعات نقدية، واختلاس متحصلات من العملاء، وتتم تغطية الاختلاس عادة عن طريق مدفوعات وهمية بالمبلغ المختلس نفسه تؤيدها مستندات مزورة او عدم اثبات المبالغ المتحصلة من العملاء في السجلات، وكذلك اختلاس النقدية عن طريق التلاعب في التحويلات بين البنوك.

2) إدراج مبيعات وهمية، او ادراج مبيعات تمت في الفترة التالية ضمن مبيعات الفترة الحالية بغرض تضخيم المبيعات وبالتالي الأرباح.

3) التلاعب في تكوين المخصصات مثل مجمع استهلاك الأصول الثابتة ومخصص الديون المشكوك فيها، إذ ان عدم تكوين المخصصات أو تكوينها بنسبة تقل أو تزيد عن النسب المقررة تؤدي الى تضليل نتائج العمليات.

4) اختلاس بعض اصناف المخزون من خامات أو إنتاج غير تام، أو إنتاج تام عن طريق التلاعب في مستندات التسلم او الإرجاع او الصرف، وفي البطاقات والسجلات الخاصة بالمخازن عن طريق إثبات مستندات صرف وهمية، أو التلاعب في الكميات المنصرفة او المستلمة، او في نسبة المواد التالفة والمسموح بها.

5)	التلاعب في تقويم المخزون وبالتالي تضليل نتائج العمليات والمركز المالي.

6)	اعتبار بعض النفقات الإيرادية نفقات رأسمالية أو العكس، وبالتالي تضليل نتائج العمليات والمركز المالي.

7)	الرواتب الوهمية التي تتم عن طريق إدراج أسماء وهمية في جداول الرواتب واختلاس مبالغها، أو قد يقوم كاتب الأجور بالمغالاة في أرقام رواتب العاملين مقابل اقتسام الزيادة معهم.

8)	إساءة استخدام صندوق المصروفات النثرية عن طريق إستخدام النقدية للأغراض الشخصية او في أغراض غير مرخص بها، أو تزوير المستندات التي تغطي العجز.

9)	إساءة استخدام بطاقات الإئتمان عن طريق استخدامها في تغطية مشتريات شخصية.

10)	الرشاوي وهي مبالغ تدفع من أجل الحصول على نشاط أو عمل وتحقيق منفعة شخصية.

11)	المغالاة في الخصومات والمسموحات الممنوحة للعملاء.

12)	بيع المعلومات المهمة للمنافسين.

13)	استخدام المعدات والتجهيزات الخاصة بالشركة للأغراض الشخصية .

14)	تزييف مستندات الدفع، النفقات النقدية قد يتم تدعيمها بمستندات مزيفة، أو استخدام صور الفواتير في تحقيق ازدواج المدفوعات النقدية، وكذلك تغيير الشيكات بعد توقيعها.

15) سرقة الأوراق المالية، ويحدث ذلك في حالة إمكانية الوصول غير المرخص لهذه الأوراق أو عندما يكون الأمين عليها قادراً على استبعادها.

16) سداد المصروفات الشخصية أي ذات الطبيعة الشخصية وهي غير مرخص بها من قبل الشركة مثل نفقات الترفية ومصروفات الزواج والمعدات المشتراة للإستعمال الشخصي، ومصروفات التنقل والسفر غير المرخص بها.

دور أدوات الرقابة الداخلية في اكتشاف ومنع الغش والمخالفات
Role of the Internal Controls in Preventing & Discovering Fraud

يمكننا القول ان كل ما من شأنه حماية أصول المنشأة من الخسارة وتجنب تضليل القوائم المالية، يعتبر رقابة داخلية، دائماً ما تستخدم الشركات والوحدات الأخرى أدوات الرقابة الداخلية لحماية نفسها من الخسائر الناجمة عن الغش والمخالفات.

وقد قدمت لجنة Committee of Sponsoring Organization of the Treadway Commission إطاراً متكاملاً لتعريف الرقابة الداخلية عام 1991 جاء فيه : "هي العملية التي عن طريقها يحصل مجلس المديرين، الإدارة و/أو الأفراد الآخرين على تأكيد معقول بإنجاز أهداف معينة، وتتكون من تسعة مكونات مترابطة هي : الأمانة، والقيم الأخلاقية والكفاءة، وبيئة الرقابة وتستخدم أساساً للمكونات الأخرى وهي: وضع الأهداف، تقدير الخطر، نظم المعلومات وإجراءات الرقابة، والإتصالات، وإدارة التغير ومراقبته".

وعندما يثور التساؤل عن أسباب ضرورة أدوات الرقابة الداخليـة؛ نجـد ان هنالك عدة إجابات مختلفة تتمتع كل منها بدرجة من الملائمة:

- ✓ وضع مجموعة من الإرشـادات للعـاملين لأداء أعمالهـم بشـكل متسـق مـع أهـداف الشركـة، أي التوفيـق بـين سـلوك العـاملين وأهداف الشركة.
- ✓ لحماية أصول الشركة من الخسارة وسوء الاستخدام.
- ✓ لمنع ارتكاب اعمال الغش والمخالفات.

وعند تبني منظور مراجعة الغش والمخالفات فـإن أهـداف أدوات الرقابـة الداخلية:

- ✓ أن تجعل حدوث الغش والمخالفات أمراً صعباً.
- ✓ أن تجعـل حـدوث الغـش والمخالفـات أمـراً متعـذر في بعض الحالات.
- ✓ أن تجعـل اكتشـاف الغـش والمخالفـات أمـراً ممكنـاً، وتعيين الشخص المسؤول عنه متى وجد الغش فعلاً.
- ✓ ومـن الضرـوري في إدارة أيـة مراجعـة لأعـمال الغـش والمخالفـات أن يـدرك المراجـع كيفيـة تقـويم أدوات الرقابـة الداخليـة القائمة، ورغم أنه لا توجد حالياً نشرة بمعـايير العمـل الميـداني بالنسـبة لمراجعي الغش Fraud Auditors إلا أنه يمكـن تحريـر وصيـاغة معيـار مشابه تماماً للمعيار الميداني الثاني من عمليـة المراجعـة وتحديـد طبيعـة وتوقيت ونطاق اختبارات المراجعة اللازمة".

ويقوم مراجع الغش بإستعراض أدوات الرقابة الداخلية ومراجعتها لتحديد مواطن القوة والضعف وإسهاماتها بغرض:

1) تحديد مواطن اختبارات المراجعة.
2) تحسين نظام الرقابة الداخلية.
3) تحديد جوانب الإسهاب وعدم الكفاية، وأيضاً أدوات الرقابة التي لم تعد فعالة، أو تلك التي تزيد تكاليفها على منافعها والتي يتعين تغييرها او استبعادها.

ومن النقاط الجديرة بالطرح والنقاش: هل ينبغي تصميم أدوات الرقابة الداخلية لمنع الغش والمخالفات، نظام الرقابة الداخلية عادة لا ينبغي أن يصمم ولا يتوقع أيضاً ان يصمم من اجل منع الغش والمخالفات، وذلك بسبب الاحتمالات غير المحدودة لحدوث الغش والمخالفات، مما يجعل ذلك أمراً غير عملي.

ولسوء الحظ ليست هنالك معادلة بسيطة يمكن إستخدامها لتحديد العناصر المكونة للنظام الملائم للرقابة الداخلية، إذ أن تصميم نظام الرقابة الداخلية يرتبط بظروف كل شركة وبيئتها وحجمها وانتشارها الجغرافي ودرجة الأوتوماتيكية في أعمال الشركة، وينبغي تصميم أدوات الرقابة الداخلية عادة من أجل:

1. جعل ارتكاب الغش والمخالفات أمراً صعباً.
2. جعل اكتشاف الغش والمخالفات أمراً سهلاً عند وقوعها.
3. فعالية التكلفة
4. تحديد المسؤولية عن الغش والمخالفات.
5. اكتشاف الغش.

ومع ذلك قد تكون هنالك حالات معينة يكون من الضروري فيها تصميم أدوات رقابة تستهدف منع الغش والمخالفات رغم فعالية التكلفة، إلا ان هذه الحالات تمثل إستثناءً ولا تمثل قاعدة.

285

وجدير بالذكر ان منع الغش والمخالفات كان ولا يزال هدفاً لكثير من نظم الرقابة الداخلية الحديثة، والمؤيدون للنظم الشاملة يعتمدون على النظرية التي ترى : "أنه من الأفضل إغلاق باب مخزن الحبوب قبل أن يغادره الحصان بدلاً من أن تتركه مفتوحاً وتضيع الوقت في البحث عن الحصان".

منهج المراجع الداخلي في التعامل مع الغش والمخالفات

بعد أن يتفهم المراجع الداخلي معقولية الإشارات التحذيرية بوقوع الغش والمخالفات، يمكنه أن يتبع الإجراءات التالية:

أولا: الحصول على دلائل الغش والمخالفات.
ثانيا: إحاطة إدارة المنظمة.
ثالثاً: وضع خطة العمل.
رابعاً: إدارة عملية الفحص.
خامساً: إعادة تقويم أدوات الرقابة الداخلية.
سادساً: إعداد التقرير النهائي.
سابعاً: إتخاذ الإجراءات اللازمة.
ونعرض فيما يلي لهذه الإجراءات بشئ من التفصيل المناسب:

الحصول على دلائل الغش والمخالفات Obtaining Leads

قد تكتشف أعمال الغش والمخالفات بعدة طرق، فالمراجع الداخلي قد يكتشفها أثناء عمله العادي، وقد تتضمن المستندات بعض البنوك تكون محل إستفهام، والتي إذا ما تمت متابعتها قد تظهر مخالفات، وقد يقدم الموظفون أو الأطراف الخارجية إدعاءات أو مزاعم أو تقديم بنود أو عناصر معينة تثير الشك أثناء المناقشة معهم، وفي بعض الحالات قد يعترف الموظف الذي شارك في ارتكاب أعمال الغش،

بالإضافة إلى ذلك قد تطالب الإدارة المراجعين مراجعة المجالات والمناطق الحساسة بالنسبة للأخطاء والمخالفات الكامنة فيها مثل تعارض المصالح، وقد تكون هنالك أيضاً إشارات تحذيرية عامة تتطلب انتباهاً تاماً من المراجع الداخلي بوصفها دلائل بالغش والمخالفات المحتملة.

وفقاً لما سبق ينبغي ان يكون المراجع الداخلي يقظاً لأية دلائل توحي أو توضح وقوع أعمال الغش والمخالفات، وأن يكون قادراً على تمييز المخالفات والاخطاء العادية، عن المخالفات والاخطاء غير العادية، وبذل العناية والاهتمام الملائم، ونظراً لكون المراجع الداخلي مستقلاً عن عمليات التشغيل اليومي وأفراد الشركة، فإنه في موقع جيد يمكنه من إدراك أعمال الغش والمخالفات وتعيينها.

إحاطة إدارة المنظمة Informing Management

بمجرد الشك في وجود الغش والمخالفات ينبغي على المراجع الداخلي التقرير عنه الى المختصين بالشركة، وبوجه عام فإن الإدارة مهتمة بالحصول على المعلومات عن الغش والمخالفات في أي مكان بالمنظمة، ويعد ذلك أمراً مهماً لتنبيه الإدارة في مرحلة مبكرة قبل شيوع أعمال الغش والمخالفات، بالإضافة الى ذلك فإن ذلك يمنح موظفي المستويات العليا فرصة توفير المدخلات المتعلقة بكيفية إدارة أعمال الفحص وإجراء المناقشات اللازمة، كما أن الإدارة تصبح مدركة لجوانب القصور في نظام الرقابة والتي تتيح وقوع أعمال الغش والمخالفات.

وينبغي إعلام العاملين وإحاطتهم بأهمية التقرير عنها للإدارة على وجه السرعة، وترفع التقارير للرئيس ونائب الرئيس والمراقب المالي ورئيس الخزينة أو المديرين المفوضين بذلك، وقد يتم التقرير أيضاً الى الجهات المانحة للقروض كأحد شروط منح القرض، كما ان هنالك أفراداً ينبغي إحاطتهم بكل انواع الغش والمخالفات

مثل مدير إدارة المراجعة الداخلية، وفي بعض الأحيان قد يكون من الضرورة إحاطة المشرف المباشر على العامل او الموظف الذي ارتكب اعمال الغش والمخالفات.

وضع خطة العمل Developing Action Plane

ينبغي على المراجع أو الفاحص بمجرد إستعراض الدلائل الأولية وضع خطة عمل وذلك لبدء أعمال الفحص بأسرع ما يمكن تجنباً لاحتمالات تسوية وتغيير السجلات، وللحصول على الاعترافات اللازمة، وجمع الأدلة التي يمكن إستخدامها، وعند تخطيط العمل ينبغي تجميع المعلومات اللازمة مثل عدد الافراد ووظائفهم وفحص سجلات الأفراد للتعرف على ما اذا كانت هنالك مؤشرات بوجود مشكلات شخصية.

ينبغي على المراجع الداخلي تحديد أنواع السجلات والمستندات المؤيدة التي يجب ان تخضع للفحص، كما ينبغي مناقشة نوع الدليل الضروري لإثبات الحاجة لضمان ارتباط المعلومات التي تم الحصول عليها بالموضوع، أيضاً يجب استعراض الموارد المطلوبة بعناية، ففي بعض الحالات قد يحتاج العمل لفاحصين مهنيين بسبب الحقائق الأخرى الموجودة، كما قد تكون المناقشات مع أفراد الإدارة القانونية مهمة و ضرورية.

إدارة عملية الفحص Conducting the Investigation

تتضمن إدارة عملية الفحص ما يلي:

تنسيق جهود الأطراف المعنية Coordinating Effort

عند إدارة أعمال الفحص من الضروري تنسيق جهود الأطراف التالية:

1)   المراجع الداخلي الذي ينفذ جميع اختبارات المراجعة.

2)   القائم بالفحص الذي يدير المقابلات واستجواب الشهود وجميع أدلة الإثبات.

3)   الإدارة القانونية التي توفر التوصية والنصيحة القانونية.

4)   النائب العام الذي يقوم بالإستعراض أو الفحص الأولي، ويوفر الإرشاد والتوصية بشأن الدليل المطلوب.

هـذا وينبغـي تشـجيع الإتصـال الكامـل بـين المراجع الـداخلي والفـاحص والإدارة القانونية والنائب العام أثناء عملية الفحص.

اختيار إجراءات المراجعة Selecting Audit Procedures

ينبغي ان يكون المراجع الداخلي قـادراً عـلى تصـوير كيفيـة وقـوع أعـمال الغش والمخالفات لتقليل حدوثها مثل تزوير المستندات وأعمال التواطؤ، فعندما يقوم المراجع الداخلي بفحص اعمال الغش والمخالفات يتغـير دوره عنـه في حالـة عمله العادي المتعلق بفحص أدوات الرقابة، ففي حالـة فحصـه لأعـمال الغـش والمخالفات فإنه يتحمل مسؤولية جمع الأدلة لتحديد وقـوع الغـش مـن عدمـه، والأخذ في الاعتبـار الغـش والمخالفات المحتملـة، أيضـاً يجـب ان يكـون المراجع الداخلي يقظاً لسرعة الفحص لمنع تشويه المسـتندات والسـجلات قبـل فحصـها، وبالتالي من المنطقي ان تختلف إجراءات المراجعة في عمله العادي عنـه في حالـة مراجعة أعمال الغش والمخالفات بل تختلف مراجعة الغش والمخالفات من حالة لأخرى.

ليست هنالك اجراءات موحدة او مميزة يمكن تطبيقها على جميع حالات الغش والمخالفات، اذ ان كل حالة تختلف عن غيرها وتتطلب دراسة وتحليلاً لتحديد المدخل او الأسلوب الأفضل للتعامل معها، ففي حالة التلاعب في حسابات المدينين على حساب بعضها البعض Lapping بمعنى ان الشخص الذي يتسلم النقدية من المدينين سداداً لحساباتهم، وعدم إيداعها بحساب البنك وبالتالي عدم تسجيلها (مؤقتاً) بالجانب الدائن من حساب المدينين، وعندما يتسلم نقدية، في وقت لاحق، من عميل آخر سداداً لرصيد حسابه يتم إثبات هذه النقدية بالجانب الدائن لحساب العميل الأول والتي سبق

ان اختلسها المختص بتسلم النقدية بدلاً من حساب العميل الذي أرسل هذه النقدية، وغالباً ما تكون نية هذا الشخص سرقة النقدية مؤقتاً لفترة محدودة وإعادتها للشركة في وقت لاحق، إلا انه في الغالب لا يستطيع تنفيذ ذلك، وتتضمن إجراءات المراجعة في هذه الحالة اهتمام المراجع الداخلي بالتأخر في تسجيل المتحصلات في الجانب الدائن من حسابات العملاء، أيضاً تدعيم أدوات الرقابة على متحصلات العملاء، بأن يرسل العملاء شيكات سداد أرصدتهم مباشرة الى البنك الذي يوجد فيه حسابات الشركة، وبذلك يتم الفصل بين تسلم النقدية وتداولها ومسؤولية التسجيل بحسابات العملاء.

في حالة سرقة الأجهزة والمعدات الصغيرة وعناصر المخزون يقوم المراجع الداخلي بإجراء المقابلات وعمل الاستفسارات اللازمة للحصول على توضيحات للظروف المحيطة بالمخالفات، ويعتمد المراجع الداخلي على تقديره الشخصي- في اختيار أفضل الإجراءات لجمع الأدلة.

تحديد المكاسب الشخصية Determining Personal Gains

في هذه المرحلة يهتم المراجع الداخلي بتحويلات الأرصدة للإستخدام الشخصي، ورغم ان بعض السياسات والممارسات المتبعة بواسطة مرتكب الغش قد تكون في غير صالح الشركة، فإنه قد لا يستفيد شخصياً، كما قد تصعب محاكمته ومقاضاته.

التخلص من مجالات معينة Isolating Specific Areas

يحاول المراجع الداخلي تركيز جهوده على تلك المجالات التي تزوده بدلائل معينة للغش والمخالفات، وحماية للموارد والوقت ينبغي ان ترتبط اختبارات المراجعة بالمجالات المهمة، وتستخدم المعلومات التي يحصل عليها المراجع الداخلي بواسطة المقابلات في تحديد جوانب التركيز في المراجعة.

إجراء عمليات المقابلة وإدارتها Interviewing Techniques

تعد المقابلات مع العاملين والأطراف الخارجية مهمة بوجه خـاص في إدارة أعمال الفحص، فالمعلومات المتحصل عليها مـن المقابلة غالبـاً مـا تكـون المفتـاح الرئيس لأعمال الفحص والمراجعة، وبالتالي ينبغي على المراجـع الداخلي ان يخطط جيداً لمقابلاته للحصول عـلى أقصىـ دليـل وفائـدة مـن أعـمال الفحـص، ويـرتبط بإجراء عمليات المقابلة وإدارتها الجوانب المهمة التالية:

الحصول على المعلومات من المدعي
Information from Complimant

ينبغي إجراء مقابلة متعمقة مع المدعي الأصلي بأسرع ما يمكن، وإذا كـان المدعي يرغب في السرية فينبغي إحاطته بأن هويته وما يدلي بـه مـن معلومـات سيكون محل حماية، وإذا كـان لـدى المـدعي تعزيـز أو تأييـد مسـتندي لإدعائـه فيجب مطالبته به في وقت المقابلة، وإذا كان الادعـاء عامـاً فـإن المـدعي يكـون قـادراً عـلى ان يشـير عـلى الفـاحص بـأفراد آخـرين للحصـول عـلى مزيـد مـن المعلومات، وفي بعض الحالات ينبغي ان يكون الإدعاء مكتوبـاً مـع إجراء تقويم سريع للجوانب المهمة في الإدعاء، ينبغـي عـلى المراجـع الـداخلي أثنـاء المقابلة والمسـح التمهيـدي للأدلـة، ان يحـدد الإجـراء او العمـل الواجـب اتخـاذه، قبـل التوصية بفحص شامل النطاق والقيام بالمتابعة الممكنة، أيضاً الإجراء الذي يسقط عدم تأييد الإدعاء، والتوصية بتحسين الإجراءات.

توقيت المقابلة Timing of Interviews

مـن العوامـل المـؤثرة في نجـاح عمليـات المقابلـة التوقيـت الجيـد لإجـراء المقابلة، ينبغي ان يحدد المراجع ما إذا كانت مقابلاتـه تـتم مبكـراً، لتمكنـه مـن تحديد أسلوب ونطاق فحصه للسجلات والدفاتر.

وأحياناً قد يرغب المراجع في القيام بمراجعة تمهيدية للسجلات قبل اجراء المقابلات للحصول على بعض المعلومات المهمة والمفيدة، وبوجه عام من المفضل القيام بالمقابلة والشخص لا يزال على رأس العمل، ومع ذلك قد يكون من الضروري استبعاد الشخص المشكوك فيه؛ لأن اعماله تتضمن التعامل في الأصول او رقابة السجلات، مع وجود احتمال بإخفاء أعمال الغش او سوء تخصيص الأصول.

إدارة عملية المقابلة Conduct of Interview

ينبغي على المراجع إعداد قائمة بالأسئلة التي يرغب في توجيهها، وان يكون مهيئاً لكل من ردود الإثبات وردود النفي، كما ينبغي ان يتجنب المراجع خلق الانطباع بأنه يبحث او يسعى الى الادانة او الاتهام، او الحصول على الإعتراف، يفضل ان يبدو المراجع في صورة الباحث عن مجرد الصدق او الحقيقة، كذلك ينبغي ان يكون القائم بالمقابلة لبقاً عندما لا تتوافق الردود مع الحقائق المتحصل عليها، يجب ان يشير الى جوانب عدم الاتساق، وأن يطلب المزيد من الإيضاحات، وأن ينصت بعناية لجعل الشخص محل المقابلة يذكر ما عنده من معلومات وحقائق، وأن يربط الاسئلة بالعمليات او المستندات المهمة وبوجه عام فإن مهارة القائم بالمقابلة عامل رئيس للحصول على المعلومات التي تستخدم في الفحص.

وبمجرد ان ينتهي المراجع الداخلي من تحليل المشكلات المتعلقة بمحتوى الأسئلة تكون الخطوة التالية تحديد نوع الأسئلة المطلوب استخدامها، وهنالك انواع مختلفة من الأسئلة كما يتضح مما يلي:

1- الأسئلة المفتوحة Open – Ended

يتطلب هذا النوع من الأسئلة ان يجيب الموظف او الطرف المعني عليها بلغته وأسلوبه، اي انها تدع الشخص محل المقابلة يعطي الإجابة كما يراها، وتهدف هذه

الأسئلة الى اقامة اتصالات جيدة والحصول على وجهات نظر الشخص محل المقابلة مثل " حدثني عن نظام الرقابة الداخلية" وتعتبر الأسئلة المفتوحة مناسبة جداً في الاسئلة الإفتتاحية لأعمال الغش والمخالفات، كما انها تؤدي الى كسب تعاون الشخص محل المقابلة، أيضاً تساعد الأسئلة المفتوحة المراجع الداخلي في تزويده بفهم أعمق لموضوع المقابلة، وأهم عيوب الأسئلة المفتوحة الاحتمال الكبير لتحيز الشخص محل المقابلة، بالإضافة الى الوقت والتكلفة المرتبطتين بترميز الإجابات، وعموماً فإن الأسئلة أكثر ملاءمة للفحوص والبحوث الإستكشافية المصممة لتطوير أسئلة أكثر هيكلة في مجال الكشف عن اعمال الغش والمخالفات.

2- الأسئلة ثنائية الإجابة Dichotomous

يستخدم هذا النوع من الأسئلة عندما يرغب المراجع في جعل المتقابل يعبر بنفسه بطريقة او بأخرى مثال: " هل تقوم بتسجيل العمليات يومياً ام تنتظر حتى نهاية الشهر؟" وهذه تعتبر من نوع الأسئلة المغلقة يهدف القائم بالمقابلة من ورائها الحصول على خلفية عن الموضوع، وقد يسمح هذا النوع من الأسئلة للمتقابل الإجابة بـ (نعم - لا)، (فعلت - لم أفعل)، (موافق - غير موافق) ... الخ.

ويمكن ان تضاف الى الاجابة الثنائية اجابة بديلة محايدة مثل (لا اعرف)، (ليس لي رأي) في حالة الرغبة في الحصول على معلومات اكثر تفصيلاً، وأهم مزايا هذا النوع من الأسئلة سهولة وسرعة استخدامها عن طريق المتقابل، كما ان هنالك فرصة اقل لتحيز المتقابل، بالإضافة الى سهولة ترميز الاجابات وتشغيلها وتحليلها، ومع ذلك فهنالك مخاطرة لافتراض ان المتقابل يجيب عن الاسئلة او يفكر فيها بشكل ثنائي فقط، بينما في الحقيقة قد تكون هنالك مستويات مختلفة لما يشعر به المتقابل او قد يقرر المتقابل عدم اتخاذه قرار للإجابة على السؤال، ان اجبار المتقابل على الإجابة

بشكل ثنائي بينما قد يكون لديه في الحقيقة اجابه مختلفة يمكن ان تؤدي الى اجابات تحتوي على اخطاء جوهرية للقياس.

إعادة تقويم اجراءات الرقابة الداخلية
Reappraisal of Internal Controls

في هذه المرحلة وعند التوصل الى النتائج ينبغي على المراجع الداخلي ان يقوم بتحليل كاف لإجراءات الرقابة الداخلية ذات الصلة، وينبغي ان يهتم بالآتي:

1. هل ترجع اعمال الغش والمخالفات الى عدم فعالية نظام نظام الرقابة الداخلية، او ان نظام الرقابة الداخلية لم يكن يعمل.

2. هل يمكن ان يحدث نوع الغش او المخالفات المرتكبة في اي مكان آخر في الشركة.

3. هل يمكن تبرير اجراءات الرقابة المانعة الإضافية اقتصادياً.

4. هل تتناسب مقترحات التوسع والنمط العادي للنشاط، وهل هي مقبولة من العاملين ام انها قد تصبح غير قابلة لأعمالها.

5. كيف يمكن تنقيح برنامج المراجعة وتعديله لاكتشاف هذا النوع من الغش والمخالفات وتقليله .

إعداد التقرير النهائي Writing the Final Report

يعرض التقرير النهائي للفحص الدليل المتجمع والنتائج المتوصل اليها، كما يزود التقرير الإدارة بملخص للعمل المتخذ نتيجة للحصول على دلائل الغش Leads، ويستخدم أساساً للقرارات المتعلقة لكيفية التعامل مع الموظف مرتكب الغش وما اذا كان يتم استبعاده او محاكمته او طلب التعويض.

يتم تضمين التقرير وصفاً لكيفية ارتكاب أعمال الغش والمخالفات، مبالغ وتواريخ كـل عنصرـ مـن عنـاصر الغـش والمخالفـات، وتحديـد سـبب الغـش او المخالفة، اذا كانت هنالك جوانب ضعف في الرقابة تحتـاج الى اصلاح، ينبغي عمل توصيات بالإجراء العلاجي، أيضاً يجب المحافظة والإبقاء عـلى ادلـة الإثبـات للإستخدام في محاكمة مرتكب الغش عند طلبها، وبوجه عام فإن التقريـر النهـائي المكتوب يجب ان يتضمن ما يلي:

1. مصـدر اكتشـاف اعـمال الغـش والمخالفـات (المراجعـة العادية، شكوى، دعوى).

2. الشئ الذي اكتشف (سرقات، سوء تخصيص الأصول).

3. مرتكب الغـش والمخالفـات (موظـف، مـدير، طـرف خارجي، تواطؤ).

4. مقدار الغش والمخالفات (المبلغ محل المراجعة، المبلغ المشكوك فيه، المبلغ المسموح به).

5. كيفيـة الاخـتلاس (عـن طريـق تحويـل الأرصـدة مـن حسابات العملاء، استقلال فترة تحصيل الشيكات، تزويد).

6. طول فترة الغش والمخالفات (متى بدأت).

7. الأثر على القوائم المالية (كيفيـة التقريـر عـن الخسـائر المحتملة).

8. طريقـة منـع الغـش (تقويـة نظـم الرقابـة، توصيـات للمستقبل).

9. المقاضاة.

اتخاذ الإجراءات اللازمة Action Against Employee

تأسيساً على الحقـائق المرتبطـة بقضية الغـش والمخالفات ينبغي اتخـاذ الإجراءات اللازمة ضد مرتكبي أعمال الغش والمخالفات، وتقـع مسؤولية اتخـاذ القرارات على الإدارة والجهات القائمـة بالمقاضـاة والمحاكمـة، وفي حالة محاكمـة الموظف وظهور براءته يتعين عـلى الإدارة ان تقـرر مـا هـي وظيفتـه اللاحقـة في التنظيم، وينبغي ان يدرك المراجع الداخلي انه قد يصعب جداً في بعض الحـالات الحصول على محام للتقاضي، وقد تعتمد قرارات المحاكمة من عدمها على مقدار الغش، ونوع الجريمة، ونوع الـدليل الـذي تـم تجميعـه، بالإضـافة الى الاعتبـارات السياسية القائمة.

فحص المراجع الداخلي للغش في عمليات الشراء

مثال :

أثناء اختبار عمليات الشراء لاحظ المراجع الـداخلي ان مشتريات البضائع قـد تمت بـدون عطاءات متنافسة، وقد أوضـحت التحليلات الإضافية لهذه العمليات ان معظمها قد تم تبريره عـلى اساس العطـاءات المتنافسة المتحصل عليها او حاجات الطوارئ، ومع ذلك فإن مشتريات قيمتها حوالي 500.000 دينار كانت من مصدر واحد وهو الشركة (س) التي كان التعامل معها بواسطة وكيل الشـركة (ع)، ولم يكـن لديـه تبريـر للمصـدر الوحيـد للتوريـد، وكانـت الأسعار المدفوعة لهذه العناصر اعلى 15% من الأسعار الجارية بالسوق، بناء على الأسعار Quotes التي حصل عليها المراجع الـداخلي والأسـعار المدفوعـة بواسطة اقسـام الشركة، ولقد أوضح فحص الملفـات انـه لم يكـن هنالك فحـص مطلوب لتبريـر استخدام مصدر وحيد للتوريد.

ورغم ان هذا مثال واضح للإسراف، وان بإمكتن المراجع الداخلي عمل توصيات في تقريره قد تحقق وفورات زيادة عن 45000 دينار سنوياً، لكنه قرر القيام بخطوة إضافية وفحص اعمال الغش والمخالفات الممكنه، ولهذا فأنه قام بـ :

(1) استعراض الملف بغرض التعرف على تاريخ مشتريات الخامات.
(2) فحص علاقات وكيل الشراء مع الشركة.
(3) الإستفسار من موظفين آخرين حياة وكيل الشراء.

واكتشف ان مشتريات البضائع قد تمت من شركة أخرى بتكلفة أقل من سنتين مضت، وبإختصار بعد ان قامت برشوة الوكيل، وأثناء العامين الماضيين أظهرت مستندات نفقات وكيل الشراء حالات متكررة بالمطالبة بتعويض لتغطية نفقات السفر تتعلق بلقاءات واجتماعات غذاء مع مدير المبيعات في الشركة (س).

وبالإستفسار عن نمط حياة السيد (ع) وكيل الشراء علق ثلاث موظفين بأنه قد طلق زوجته حديثاً وأنه كان ينفق مبالغ كبيرة، وعندئذ قام المراجع بفحص السجلات المرجعية للأفراد في الشركة للتعرف على تاريخ السيد (ع) وكيل الشراء بالشركة ؛ فتبين له انه قد أُسند إليه فيما مضى عمل سابق كما انه أثيرت من حوله الأسئلة والإستفسارات حول تعاملاته مع الآخرين.

ناقش المراجع الداخلي الأمر مع الإدارة القانونية التي أوصت باستدعاء وكيل الشراء السيد (ع)، وبعد مناقشة الحقائق التي حصل عليها المراجع الداخلي تم اتهام السيد (ع) بأنه تلقى رشاوي من الشركة (س) بمبلغ 15.000 دينار في السنتين الأخيرتين حيث ان مشتريات البضائع قد تمت للإستخدام في ظل عقد مولته الحكومة، وأحيل الأمر الى مكتب المحامي العام للمحاكمة.

أوضح فحص أدوات الرقابة الداخلية على المشتريات، ان هنالك حاجة لمزيد من فصل الواجبات بين الافراد، متضمناً الإستعراض والفحص لجميع مصادر التوريد

الوحيدة بواسطة موظفين مستقلين، لقد كان هنالك تراكمات كبيرة من متطلبات الشراء الضرورية غير مستوفاة تحتاج مشتريات عاجلة، وتجنب الإجراءات الموجودة، للتعجيل بجهود الشراء، وتدرك الإدارة مثل هذه المشكلات من قبل إلا انها لم تتخذ الإجراءات المصححة، تضمن تقرير المراجع الداخلي توصيات للإدارة بتقوية أدوات الرقابة على المشتريات وتصحيح ما سبق.

إرتكاب اعمال الغش والمخالفات باستخدام الحاسب
Fraud and Computer

لاشك ان اي دراسة عن دور المراجعة تجاه الغش والمخالفات لا تكتمل بدون تناول ما يعرف بالغش عن طريق الحاسب Fraud Computer، وسوف نتناول ذلك بشكل محدود لأن تغطيته بشكل جوهري تتطلب إعداد مؤلف كامل في هذا الموضوع.

صاحب استخدام نظم المعلومات المحاسبية الإلكترونية إنتشار نوع جديد من الجرائم يتسبب في حدوثها عدم ملائمة أدوات الرقابة الداخلية المتبعة لتلك الاستخدامات الحديثة لنظم الحاسب، ونشأت عن ذلك تغيرات في الرقابة ترتب عليها مواجهة المراجع بمخاطر جديدة تتمثل في استخدام الحاسب وسيلة لتنفيذ السرقات او تحريف البيانات او التآمر والتلاعب، وتعتبر حالة شركة Equity Funding واحدة من هذا النوع من الجرائم بجانب الآلاف من الحالات المماثلة، منها ما اكتشف أمره وأخرى لم تكتشف بعد، ففي الوقت الذي انتشر ـ فيه استخدام الحاسب في امساك دفاتر المحاسبة وسجلاتها وتنفيذ العمليات الأخرى المتعلقة بإعداد وتقرير المعلومات، أدّى ذلك الى زيادة سوء استخدام الحاسب، وهنالك أسباب جيدة متعددة تشير الى ان نظم المحاسبة بإستخدام الحاسبات تتجه نحو تسهيل أعمال الغش والمخالفات، وقد يكون السبب الرئيس هو التشغيل غير الشخصي للحاسب Impersonal Functioning

وعملياً فإن أجهزة المايكروكمبيوتر متاحة في جميع مستويات الشركة من الإدارة العليا الى المبيعات، ومن إمساك السجلات الى الصيانة.

مجالات نظم الحاسب الحساسة لأعمال الغش والمخالفات

نظم الحاسب حساسة وسريعة التأثر بأعمال الغش والمخالفات وسوء الإستخدام وقد حدد دليل معهد المحاسبين القانونيين في الولايات المتحدة AICPA تلك المجالات سريعة التأثر بأعمال الغش، كما اقترح ادوات الرقابة الممكنة في مواجهة المخاطر الملازمة لذلك:

1. عدم فصل وظائف مركز الحاسب بشكل كامل عن المستخدمين، فعلى سبيل المثال، القسم المستخدم قد يُوجد المستندات الأصلية ويدخلها في النظام ويقوم بتشغيل الحاسب والوصول إلى النتائج، مثل هذه البيئة تحيطها المخاطر مثل، تعمد أخفاء الأخطاء، إحداث تغيرات في الملف الرئيس غير المرخص بها، ومدخلات خاطئة غير متعمدة بجانب خسارة او افتقاد البيانات، وتتضمن أدوات الرقابة في مواجهة مثل هذه المخاطر استخدام المجاميع الرقابية للدفعات حيث تتضمن الدفعة مجموعة من العمليات تعالج في ترتيب متتال، واستخدام كلمات السرّ وغيرها من أدوات الإشراف، والفحص المستقل لتقارير الأخطار، وحظر تغيير الملف الرئيس إلا من خلال برامج التطبيقات بواسطة شخص معين، وكذلك المقارنة المستمرة لبرامج البائع مع البرنامج المستخدم بالشركة.
2. موقع أجهزة الحاسب في مجالات المستخدمين قد يكون باعثاً للمخاطر التالية: الإستخدام غير المرخص لملفات البيانات، والتعديل غير المرخص للبرامج، وسوء استخدام موارد الحاسب، وتتضمن أدوات الرقابة اللازمة لمواجهة هذه المخاطر حماية قوائم كلمات السّر،

والاستعراض الدوري لتاريخ الاستخدام، والرقابة الفعلية على اجهزة الحاسب مثل اغلاق الجهاز.

3. عدم الفصل بين واجبات مركز الحاسب ومهامه يسبب المخاطر التالية: الوصول غير المرخص للملفات والبرامج الرئيسة، واخفاء الأخطاء المتعمدة، والبرامج التي لا تمثل مصدر ثقة لأهداف الإدارة، تتضمن أدوات الرقابة اللازمة للتخفيف من هذه المخاطر، الوصول المقيد لمصدر الكود، والمقارنة الدورية للبرامج المستخدمة مع إصدارات البرامج المرخص بها، وحماية كلمات السرـ لتقييد الوصول للأساس المطلوب.

4. يسبب نقص المعرفة الفنية للأفراد المشرفين على مركز الحاسب مخاطر محتملة، مثل عدم مقدرة المشرف على إدراك الفشل في الوفاء بأهداف الإدارة، وعدم المقدرة على اختبار النظام وفحصه بفعالية، تتضمن أدوات الرقابة اللازمة في مواجهة هذه المخاطر استخدام التوثيق وقوائم الفحص وقيام أفراد من الخارج باستعراض تعديلات البرامج.

5. تؤدي البرامج المساعدة التي تستخدم في عمل تنقيحات الملفات والبرامج الى مخاطر عديدة منها؛ الوصول غير المرخص للبيانات والبرامج، وتشغيل وإخفاء عمليات غير مرخص بها، الوسائل الأساسية للرقابة على هذه المخاطر هو ان تتم تعديلات البرامج والملفات باستخدام برامج تطبيقات مناسبة وتقييد الوصول الى النظم المساعدة.

6. تحمل اقراص الحاسب مجموعة من المخاطر بسبب السهولة النسبية في الإخفاء الناتج عن حجمها وطاقة البيانات عليها، وتتضمن المخاطر تشغيل ملفات بيانات خاطئة، وتتضمن أدوات الرقابة لمواجهة هذه المخاطر، تقييد الوصول الى مكتبة أقراص الحاسب .

7. تحمل طرفيات الحاسب لدى الشركة وخارجها مخاطر الوصول غير المرخص وإدخال بيانات غير مرخص بها، وتتضمن أدوات الرقابة هنا طرفيات القراءة، والطرفيات التي يمكن ان تصل برامج وملفات معينة فقط بالإضافة الى التأمين المادي للحاسب ذاته.
8. تشجع البرمجيات الجاهزة المتاحة على التعظيم الجزئي لأهداف الإدارة، ويحدث ذلك لأن المستخدمين يرون ان استخدام البرامج التي تعودوا عليها فعلاً أكثر ملائمة، رغم ان مثل هذه البرامج قد تحدث عجز او قصور في اهداف الإدارة، مثل هذه البرامج غالباً لم تختبر بواسطة افراد مرخص لهم قبل استخدامها، وأداة الرقابة الوحيدة هنا هي اختبار هذه البرامج بواسطة افراد النظام لضمان استجابتها لأهداف الإدارة.

أمثلة للغش عن طريق الحاسب

قد تكون افضل الطرق لزيادة الاهتمام بالمشكلات التي يمكن ان يحدثها استخدام الحاسب خاصة بعد شيوع الحاسبات الشخصية وإتاحتها لأفراد الشركة، هو استعراض امثلة للجرائم التي ارتكبت باستخدام الحاسب في الولايات المتحدة الأمريكية:

1. اكتشف موظفوا احد البنوك الامريكية في لوس أنجليس ان الحاسب استخدم في سرقة 21 مليون دولار، وتعتبر أكبر السرقات في تاريخ البنوك في وقت حدوثها.
2. سرق أحد الأفراد في كاليفورنيا 10.2 مليون دولار من بنك Security Pacifuc Bank بمكالمة تلفونية واحدة، فهذا الفرد حصل على وسيلة الاتصال بسلك حجرة التحويل في البنك عن طريق خدعة، واستطاع الحصول على ثلاثة أجزاء مهمة من المعلومات:

A. رقم الأمـن المسـتخدم لإضفاء المشـروعية عـلى اوامـر التحويـل اليوميـة Security Number، ويتم تغييـر هـذا الكـود يومياً.

B. الكود الشخصي المستخدم بواسطة احد موظفي الأمن لتعريف نفسه للنظام.

C. رقم الحسـاب الـذي يضـم أكبر رصيد للودائـع، وعـن طريق هذه المعلومات استطاع ان يحاكي التحويـل السـلكي بـ 2.10 ملايين دولار قد اختفت لمدة اسبوعين تقريباً.

3. تهربت إحدى شركات التـأمين مـن ملايين الـدولارات المقترضة من إحدى المؤسسات الماليـة عـن طريـق خلـق بـوالص تأمين صورية كانت قد استخدمت في ضمان قروض كبيرة لشركة التأمين.

4. استطاع موظف كبير في قسم إمساك السجلات في احد البنوك ولفترة ست سـنوات مـن سرقة 2.500.000 دولار وأخفى هـذا الإختلاس عن طريق قيود مزورة في نظام الحاسب بالبنك.

5. قـام احـد المـوظفين في احـد البنـوك الكبيرة الجديـدة ببرمجة كمبيوتر البنك فإنه عند احتساب الفائدة على حسابات العملاء كان كل كسر سنتات يحول للحساب الشخصي للموظف.

6. اتهـم سـبعة عـاملين في مكتـب الرعايـة الاجتماعيـة الحكومي في مدينة ميامي بولاية فلوريـدا بسرقة 300.000 دولار عـن طريق تزوير البيانات التي يغذى بها حاسب المكتب.

وفيما يلي وسائل تأمين سلامة استخدام الحاسب الشائعة:

1) الرقابة المحكمة في الوصول الى غرفة الحاسب ووحـدة التشغيل المركزية.

2) قصر الوصول الى الطرفيات عن بعد على استرجاع المعلومات فقط.

3) الفصل بين الإختصاصات المتعارضة مثل إدخال البيانات، والتشغيل، والبرمجة، وتحليل النظم.

4) الاستعراض الدوري لتأمين تشغيل البيانات.

5) الإشراف على جميع تعديلات البراج والتغيرات عليها.

6) المراجعات الدائمة وغير المعلنة لمخرجات الحاسب.

7) حمل موظفي التشغيل والمحاسبة على اخذ اجازاتهم السنوية .

8) التأمين والحماية لكود الوصول الى كل من غرفة الحاسب وطرفيات الحاسب خاصة تلك في الاماكن البعيدة.

أمثلة لاختبارات المراجعة

1. قام موظفوا مكتب المحاسبة العام في الولايات المتحدة الامريكية منذ عدة سنوات، بدراسة أدوات الرقابة لنظام الرواتب الذي يستخدم فيه الحاسب في احدى الوكالات الحكومية، ووجدوا ان ضعف النظام إذا ما استغل كما يعتقدون، سيكون في شكل شيكات برواتب وهمية، من اجل اختبار معتقداتهم بدون معرفة مشغلي النظام قاموا بتوفير المدخلات الضرورية لتوليد شيك رواتب لموظف وهمي يدعى دونالد دوك، وبالشيك الذي تسلموه أعدوا تقريراً بالضعف الموجود متضمناً التوصيات بتقوية النظام، إلا ان الإدارة قاومت عن طريق تدنية نتائج المراجعين.

2. في مثال آخر مثير، كان المراجعون في إدارة الخدمات العامة في المكتب الإقليمي لمدينة كانساس بالولايات المتحدة يقومون بمراجعة نظام الرقابة على المشتريات والمخزون القومي، ولاحظوا افتقاد عدد هام من أدوات الرقابة الداخلية،

وبالتالي اعتقدوا بتعريض هذا النظام للغش والمخالفات، ومع ذلك فإنهم من خبراتهم السابقة أدركوا أن مصممي النظام كانوا فخورين بشّدة بنظامهم، وأنه من الصعب إقناعهم بأن النظام يحتاج للتحسين، وبعد نقاش داخلي مهم، قرر المراجعون محاولة استغلال ضعف النظام لإثبات نتائجهم المتعلقة بالرقابة الداخلية، وقبل القيام بذلك بذلو جهداً كبيراً للكشف عن خططهم للأفراد القانونيين الوكالة من اجل القيام باختباراتهم، وهذا النوع من الإفصاح يتعيّن ان يكون لأي فرد قد يقوم يوماً ما بمحاولة استغلال ضعف النظام لإثبات وجود هذا الضعف، وهذا يعني ان تتأكد من الإفصاح عن اختباراك لشخص ما تثق فيه والذي يمكن الاعتماد عليه لتحقيق اغراضك، ولأغراض الاختبار تم اعداد امر شراء بطلب 96 طقم أدوات ميكانيكية بتكلفة 97.200 دولار من شركة الأدوات العامة، البائع صوري (مفترض) ولقد تم استخدام طرفية حاسب غير مأمنه لتأكيد ان هذا الشراء قد تم ولإشعار النظام الإلكتروني ان هذه البضاعة كانت مطلوبة Due in وبعد 13 يوماً من تاريخه استخدمت طرفية الحاسب لإخبار النظام ان 96 طقم ادوات قد استلمت، وبعد 6 أيام أخرى في 18 يونيو قام المراجعون بإنشاء فاتورة بأطقم الأدوات الزائفة مطالبة الحكومة بـ 97.200 دولار، مع تقديم خصم تعجيل دفع2% إذا تم السداد خلال 20 يوماً، العنوان البريدي للشركة كان : ص.ب 17732- مدينة كنساس، وفي الخامس من يوليو أرسل شيك حكومي بمبلغ 95.256 دولاراً بالبريدعلى ص.ب 17732 عنوان مكتب بريد المراجع، ومن طرفيات حاسب مدينة حكومة كانساس أرسل أمر وهمي (صوري) آخر إلى مستودع الحكومة وكان ناجحاً أيضاً.

وبوضوح فإن نظم الحاسب الأكثر عرضة لأعمال الغش هي نظم المدفوعات المالية، وتتضمن أساساً نظم الرواتب وتلك التي تمثل دفعات نفقات شهرية.

الحاجة الى معايير لمراجعة أعمال الغش والمخالفات
The Need Fraud of Auditing Standard

يمتلك مرتكبوا أعمال الغش والمخالفات مزايا وإمكانات كبيرة، فهم يدركون ان المراجعين – داخليون وخارجيون- يستخدمون أسلوب الفحص بالعينة وأنهم لا يمكنهم القيام بفحص 100% (شامل) للعمليات بسبب ما يحتاجه من وقت وجهد ومال، كما ان مرتكبوا اعمال الغش والمخالفات متواجدون في الشركة باستمرار ويلاحظون يومياً أدوات الرقابة الداخلية والأفراد الذين يقومون عليها، وغالباً ما يستطيع هؤلاء تجاوز النظام بسبب عواملا الثقة والأقدمية والشخصية المبهرة، فهؤلاء يعرفون مواطن القوة والضعف في النظام.

احد الحلول الممكنة هو إدخال معايير الغش وربما ان المشكلة الأولى التي تواجه مراجعي الغش والمخالفات في قبول مسؤولية اكتشاف الغش والمخالفات هي الحاجة الى تطوير "معايير عامة لمراجعة الغش" وبالإضافة إلى " معايير العمل الميداني لمراجعة الغش"، وحتى يتم تطوير هذه المعايير سيواجه المراجعون صعوبات ومشكلات عند مراجعة اعمال الغش والمخالفات، وبوضوح يتعين ان يكون هنالك مقاييس عامة ومقبولة وإرشادات يمكن ان يرجع إليها مراجعوا الغش وغيرهم من الفاحصين.

وتخدم معايير مراجعة الغش غرض الإعلان الرسمي عن وجود نوعين من خدمات المراجعة؛ أولهما خدمات التصديق وإبداء الرأي على القوائم المالية، وهذه تركز على اعطاء او تقديم ضمان بأن القوائم المالية تمثل بصدق وعدل نتائج العمليات والمركز المالي، ثانيهما خدمات مراجعة الغش، وتركز معايير مراجعة الغش على إدارة اجراءات مراجعة الغش، بجانب ان هذه المعايير قد لا تهتم بشكل جوهري

بالقوائم المالية ككل، وبالتالي فان الغرض الجوهري لمراجع الغش يكون الكشف عن الغش والمخالفات وليس إبداء الرأي.

وفيما يلي محاولة إتحاد الفاحصين ومراجعي الغش Fraud Auditors and Investigators Association (FAIA) والمتعلقة بإصدار معايير المراجعة والفحص بالنسبة للغش والمخالفات (1992,et al, Patrick C , Howard R.Davia)، وتطبق هذه المعايير معاً لمهنتي المراجعة والفحص لأنهما لا تتجهان للعمل معاً بصفة أولية، بسبب الاختلاف الجوهري في المهارات والممارسات لكل منهما، فالمراجعون يتجهون لأن يكونوا مكتشفين للبحث عن دلائل الغش او علاماته، بينما يتجه الفاحصون لأن يكونوا ممحصين للبحث عن أدلة الإثبات للغش والمخالفات، وبوجه عام فإن المراجعين الذين يكتشفون دلائل الغش وعلاماته ينسحبون من القضية تاركين للفاحصين الجنائين مهمة البحث عن الأدلة وجمعها، ولكل مهنة مهارات وخبرات وتدريب مميز.

معايير مراجعة وفحص الغش والمخالفات Fraud Auditing Standards

المعايير العامة للمراجعة وفحص الغش والمخالفات

- ترتبط هذه المجموعة من المعايير بشخص مراجع الغش والفاحص في الوقت نفسه وتتضمن المعايير التالية:

1. يجب ان تنجز مراجعة الغش والفحص بواسطة شخص لديه تدريب فني ملائم وكفاية في المراجعة وفحص الغش والمخالفات، (يلاحظ ان هذا المعيار يتوافق مع المعيار العام الأول من معايير المراجعة المتعارف عليها والتي أصدرها المعهد الأمريكي للمحاسبين القانونيين).

2. سوف تلحق المراجعة وفحص الغش بخدمات شخص او اشخاص لديهم معرفة فنية او غيرها والتي قد تكون ضرورية لمساعدة افراد المراجعين والفاحصين في توثيق العمليات المزيفة المشكوك فيها، (يلاحظ : غالباً ما يجد المراجعين وفاحصوا الغش انفسهم عند مراجعة وفحص الغش في حاجة الى تقويم المجالات المعينة التي تتطلب معرفة الخبير والتي لا يملكها المراجعون وفاحصوا الغش والمخالفات).

3. في جميع الأمور المرتبطة بالمهمة يجب الاحتفاظ بالاستقلال الذهني للمراجعين وفاحصي الغش، (يلاحظ : ان هذا المعيار مشابه للمعيار العام الثاني من معايير المراجعة المتعارف عليها، التي أصدرها المعهد الأمريكي للمحاسبين القانونيين)، وقد تم تحرير هذا المعيار ليطبق أساساً على العلاقات المتوقع ان تسود عادة بين المراجعين المستقلين او الفاحصين وبين العملاء، ومع ذلك فإنها تطبق بأهمية متساوية معقولة على المراجعين والفاحصين الداخليين، يتعين ان تكون للمراجع الداخلي والفاحص الداخلي علاقات متميزة مع المستويات او اللجان العليا في شركته من العمل باستقلال عند إنجاز واجباته.

4. ينبغي على المراجعين وفاحصي ـ الغش تجنب تعارض المصالح وتجنب جميع المناسبات التي تسبب تعارضات في المصالح، او حتى ظهور هذا التعارض، ويتضمن السلوك الملائم تدنية الاتجاه نحو القيم بعملية المراجعة او للفحص اذا كان من الضروري تجنب مثل هذه التعارضات، (يلاحظ : ينبغي على المراجعين وفاحصي ـ الغش ان يتجنبوا العلاقات الشخصية مع الخاضع للمراجعة او الفحص، وإذا لم يمكن تجنبها يتخلى عن مسؤولية المراجعة او الفحص لشخص آخر، وقد يعرض على المراجعين او الفاحصين من وقت لآخر دعوات لمباريات وألعاب رياضية،

وخصومات على مشتريات ملابس وهدايا من كل الأنواع، وينبغي تقليل ذلك بشكل لبق).

5. يتعين ان يدير المراجع او الفاحص عملية المراجعة او الفحص بطريقة لا تلفت الانتباه للغش قبل اكمال المراجعة والفحص، يلاحظ ان:

a) يتعين ان يكون المراجع او الفاحص كتوماً ويحمي مذكراته ونتائجه خلال عملية الفحص والمراجعة، وهذا السلوك سيقلل من وضع الشئ في غير موضعه بشكل غير متعمد او خسارة المستندات والأدلة.

b) اكتشاف دلائل الغش وعلاماته عادة ما تقتضي ـ فحص أنشطة واحد او اكثر من الافراد مرتكبي الغش.

6. يتعين على المراجع والفاحص ان يسلما بحاجة قضية الغش للوقت والجهد والتوثيق حتى يقوم العميل والنائب العام بعمل التصرف النهائي فيها.

معايير العمل الميداني لمراجعة وفحص الغش

لم ينته اتحاد المراجعين وفاحصي ـ الغش بعد من إعداد وإصدار معايير العمل الميداني، ولكنها مستعد وتصدر مع مرور الوقت، والهدف منها توجيه ممارسات أعمال مراجعة الغش وفحصه، ووجود مثل هذه المعايير والإرشادات يساعد في وضع حدود المسؤولية التي يقبلها المراجعون والفاحصون، وبلا شك فإن حدود مسؤولية اكتشاف الغش ستختلف بحسب نوع الغش والصعوبة النسبية في اكتشافه، ورغم ان المعايير السابقة تتبنى وجهة نظر المراجع الخارجي والفاحص الخارجي، إلا أنها تعتبر مفيدة أيضاً ومرشدة للمراجع الداخلي.

الفصل السابع

7

علاقات المراجع الداخلي- الجوانب السلوكية والممارسات العملية

7

علاقات المراجع الداخلي- الجوانب السلوكية والممارسات العملية

الجوانب السلوكية لوظيفة المراجعة الداخلية
Behavioral Aspects of Internal Auditing

بات من الضروري ان تدرك الادارة، وبالتالي المراجع الداخلي، اهمية الأفراد بالنسبة لأية نشاط تشغيل تختص به الإدارة والمراجع الداخلي بشكل مباشر او غير مباشر، وتقتضي النظرة الاقتصادية بضرورة اعتبار الأفراد موارد ينبغي ان تستغل بشكل سليم، ويتضمن الفكر الإداري وجهة النظر التي تقضي بأن جميع الأنشطة الإدارية من تخطيط وتنظيم وتنسيق وتوجيه وتشكيل ورقابة، تتم بواسطة الأفراد ومن خلالهم، ويعرف ذلك بمدخل العلاقات الانسانية او المدخل السلوكي للإدارة الذي يرى ان تسعى الادارة الى التعرف على تداخل العلاقات بين الأفراد، والى التعرف على محددات السلوك الإنساني، ويؤدي المدخل السلوكي المشار اليه الى زيادة مسؤولية وظيفة المراجعة الداخلية من حيث أثرها على كفاءة الأداء في المشروع بافتراض ان هذه الوظيفة قادرة على التقرير عن النواحي السلوكية المختلفة للعناصر الانسانية في التنظيم، وقادرة على مساعدة الإدارة في توجيه السلوك والتنبؤ لتحقيق اهداف المشروع، كما يساعد هذا المدخل في القاء الضوء على العلاقات داخل وظيفة المراجعة الداخلية نفسها وأثر ذلك على كفاءة عمليات الفحص والتقويم التي يقوم بها المراجع الداخلي لخدمة الإدارة.

المراجع الداخلي يمكن ان يكون مطلوباً بواسطة شخص ما مسؤول عن مجال تشغيل معين او بواسطة شخص او لجنة من مستوى تنظيمي اعلى وذلك لأغراض الفحص والتقويم، كما انه قد يطلب بواسطة مدير المراجعة الداخلية نفسه باعتباره واحد من اعضاء فريق المراجعة الداخلية الذي يقوم بالفحص والتقويم، وعلى ذلك يمكن تحديد أهمية الأفراد من ممارسة وظيفة المراجعة الداخلية في ثلاثة مجالات رئيسة هي:

الأول: يتضمن جميع مجالات التشغيل التي تخضع لفحص وتقويم المراجع الداخلي، وبالتالي فإن كل قضية يتم تناولها وكل نتيجة يتم التوصل اليها تتطلب اخذ أثارها على الافراد في الاعتبار.

الثاني: عندما يقوم المراجع الداخلي بتنفيذ أعمال الفحص والتقويم في كل المستويات فإنه يواجه ويقابل أفراداً، وبالتالي تعتمد فعاليته بشكل مباشر على نجاحه في التأثير على هؤلاء الأفراد، وبذلك فإن تفهم الأفراد يمكن المراجع الداخلي من الحصول على المعلومات التي تساعده على انجاز اهدافه بشكل افضل.

الثالث: يقوم المراجع الداخلي بوصفه مديراً لقسم المراجعة الداخلية، مثل اي مدير تشغيل، باختيار افراد المراجعين والاشراف عليهم، وبالتالي فان تفهم هؤلاء يعزز من فعالية أداء القسم ومن الالتزام بالمعايير المهنية.

وفي اطار علاقات المراجع الداخلي يجب ان يكون واضحاً ان:

✔ المراجع الداخلي يعتبر جزءاً من برنامج شامل تنهض به سلطة عليا لمقابلة حاجات تنظيمية من مستوى عال لأغراض الحماية وتحقيق أقصى فائدة.

✔ الهدف من الفحص والتقويم الذي يقوم به المراجع الداخلي هو توفير اقصى خدمة للإدارة.

✔ اعمال الفحص والتقويم ستدار بأدنى تداخل مع عمليات التشغيل وافراد التشغيل.

✔ ان الادارة المختصة ستظل محاطة بالمعلومات ولديها فرصة النتائج والتوصيات قبل رفع تقارير المراجعة.

تبويب علاقات المراجع الداخلي

ويمكن تبويب الجوانب السلوكية لعلاقات المراجعة الداخلية وممارسات هذه العلاقات في الأقسام التالية:

1) علاقات المراجع الداخلي مع الاشخاص محل المراجعة.
2) العلاقات داخل قسم المراجعة الداخلية.
3) علاقات المراجع الداخلي بباقي انشطة الشركة.
4) علاقات المراجع الداخلي مع المراجع الخارجي.
5) علاقات المراجع الداخلي مع لجان المراجعة.

العلاقات مع الأشخاص محل المراجعة

التصوّر الشامل لمشكلات المراجع الداخلي
Overall Image Problem of the Internal Auditor

تتمثل مشكلات المراجع الداخلي في صورته وانطباعات الآخرين عنه، يعني لفظ المراجعة لدى الآخرين غالباً المغالاة في التركيز على التفاصيل ومدى الالتزام، وبالتالي ينظرون للمراجع باعتباره مصدر تهديد، وقد اكتسبت هذه الصورة في مواقف عديدة بسبب الطريقة التي كان يستخدمها المراجع عند القيام بعمله في المنشأة، وبالتالي تكون مشكلات المراجع الداخلي مرتبطة ايضاً بكيفية الحصول على التعاون المطلوب من الافراد الآخرين الذين يعملون على العمليات والانشطة محل الفحص والتقويم، ويمكن ان تتحول هذه المشكلات الى مشكلات جوهرية نظراً لوجود عدد من العوامل التي يمكن ان تولد مقاومة الافراد ومن امثلة هذه العوامل:

1) الخبرة السيئة السابقة بالمراجع الداخلي.

2) الصورة العامة للمراجع الداخلي باعتباره رجل شرطة.

3) الخوف من اكتشاف الاخطاء والمخالفات.

4) الإستياء من وجود المراجع الداخلي وحدوث احتكاكات ضرورية تتعلق بإنجاز العمل المطلوب.

5) نقص الثقة في جودة عمل المراجع الداخلي والخوف من عدم إستعداده في الحالات المطلوبة.

6) الخوف من استمرار المراجع الداخلي في ايجاد الأشياء التي يمكن ان يستخدمها لأغراضه الخاصة مثل الحصول على ترقية في الشركة.

شهد النصف الثاني من القرن العشرين عدداً من الدراسات والبحوث التي تلقي الضوء على الجانب السلوكي للمراجعة الداخلية فيما يتعلق بنوعية وكيفية التفاعل في العلاقات بين المراجعة الداخلية والعناصر الإنسانية، فوظيفة المراجعة الداخلية يقوم بها المراجعون الداخليون الذين يقومون بمراجعة أداء وأنشطة عناصر إنسانية أخرى هم الأشخاص محل المراجعة، محاولين التخفيف من المخاوف السابقة الإشارة اليها، الا ان هؤلاء المراجعون الداخليون يتحملون المسؤولية عن أعمالهم امام افراد من مستوى تنظيمي اعلى، قاموا بوضع مستويات أداء مخططة للأشخاص محل المراجعة، ويتوقع أفراد هذا المستوى التنظيمي الأعلى ان أداؤهم في حاجة الى ضمان او تأكيد التزام الأشخاص محل المراجعة بالخطة والمستويات المرسومة، وغالباً ما يعتمد هؤلاء على وظيفة المراجعة الداخلية في إنجاز وظيفة الالتزام والتوافق مع الخطة ومستويات الأداء.

كيفية مواجهة المشكلات

يمكن استخدام المداخل التالية في مواجهة مشكلات علاقات المراجع الداخلي مع الأشخاص محل المراجعة.

مدخل ايجاد افضل توازن بين المواقف المتعارضة
Finding the Best Balance

أحد الحلول الممكنة لمواجهة مشكلات اقامة علاقات فعالة بين المراجع الداخلي والأشخاص محل المراجعة، هو تحقيق أفضل توازن بين المواقف المتعارضة، فمن ناحية هنالك حقيقة لا يمكن تجنبها وهي ان الشخص محل المراجعة يشعر، الى حد ما، بالخوف والتهديد من المراجع الداخلي، ومن ناحية أخرى تقع على المراجع الداخلي مسؤولية تحديد الحقائق والاحداث الموجودة والتقرير عنها للإدارة، وبالتالي فإن هنالك تعارضاً يتعذر تجنبه، وفي مثل هذه الحالات يمكن ان يذهب المراجع الداخلي الى احد الموقفين ويعطي الأولوية لاسترضاء الشخص محل المراجعة، وذلك من خلال أسلوب – كن لطيفاً- او ان يذهب المراجع الداخلي الى الموقف الآخر ويركز فقط في الحصول على الحقائق والتقرير عنها للأشخاص المختصين، ولما كان الجميع يسعى الى الرفاهة الكلية للمنشأة يتعين على المراجع الداخلي السعي الى ايجاد التوازن السليم بين الموقفين والى ايجاد مدخل او اسلوب مركب يعمل على تقليل التعارض الموجود ويؤمن تحقيق منافع على المدى الطويل، ويتطلب ذلك من المراجع الداخلي تفهماً وصبراً واخلاصاً وتكوين احكام وتقديرات سليمة؛ وذلك لايجاد التوازن السليم بين القوى والمواقف المتعارضة.

مدخل الشراكة Partnership Approach

في ظل هذا المدخل يقيم المراجع الداخلي علاقـة شراكـة، ويهـدف مـدخل الشـراكة – فريق العمل – الى ان يعمل كل من المراجع والشخص محل المراجعـة معاً لتحسين الأحـوال وليس لبيـان كيفيـة أداء العمـل بشـكل أفضـل، فالشـراكة باعتبارها مدخلاً فعالاً تعدّ جهداً وعملاً متعاوناً بين طرفين يتفهمان مسـؤولياتهما مع الإدراك الواضح لصالحهما على المدى الطويل، ويعتبر ذلك تحـدياً للمراجع الداخلي فيما يتعلق باقامة هذا النـوع مـن العلاقـات البنـاءة، ولا شـك ان اقامـة فريق عمل مشارك بين المراجـع الـداخلي والأشـخاص محـل المراجعـة قـد يحسـن ردود فعل هؤلاء الأشخاص تجاه المراجـع الـداخلي، بالإضافة الى انها تسـاهم في تحقيق التنظيم العام.

ومما هـو جـدير بالـذكر ان معـايير الممارسـة المهنيـة للمراجعـة الداخليـة تتطلب وجوب امتلاك المراجع الـداخلي لمهـارات التكامـل مـع الأفـراد، وتوصيل النتـائج بشـكل فعّـال، بالإضـافة الى ضرورة تفهـم المراجع الـداخلي للعلاقـات الإنسانية والحفاظ على علاقات مرضية مع الأشخاص محل المراجعة.

(IIA Standards for the Professional Practice 1978)

العلاقات داخل قسم المراجعة الداخلية
Relations within the Internal Auditor Department

تحتاج مثل هذه العلاقات الى تطبيق المفاهيم السابقة نفسها، وعلى رئيس إدارة المراجعة الداخلية شأنه شأن باقي المديرين، ان يقـوم بإدارة مـوارد الأفـراد لديه بطريقة أكثر فعالية، وفي الوقت نفسه فإن لكـل عضـو مـن افـراد المراجعـة الداخلية حاجات إنسانية معروفة، ويتطلب ذلك ضرورة مراعاة مايلي:

1)	ان المراجعين الـداخليين افـراد مهنيـون، وبالتـالي تكـون هنالك حاجة معينة للإرتباط بهم كمهنيـين، ويعنـي ذلك وجود إشراف اقل وتحقيق مزيد من الاستقلال لهم.

2)	تحتاج علاقات المراجعين الداخليين في القسم الى تطوير صورة افضل لتحقيق الصورة نفسها لدى الافراد الآخرين في التنظيم.

3)	يحتاج افراد المراجعين الداخليين تعلم فرصة المسـاعدة في بناء الصورة والانطباع الجيد للمراجع الداخلي لدى كل أفراد التنظيم، بالإضافة الى حاجاتهم الى تأكـيد وجـود دعـم سـليم لهـم مـن الاشـخاص محل المراجعة.

4)	يعمل المراجعون الداخليون لخدمة الإدارة، الأمـر الـذي يتطلب من الغير ادراك انهم لديهم مسؤولياتهم تجاه الإدارة.

علاقة المراجعة الداخلية بباقي أنشطة الشركة

توجد ثلاثة جوانب مهمة للعلاقة بـين المراجعـة الداخليـة وبـاقي أنشـطة الشركة:

في المقـام الأول يحتـاج عمـل المراجـع الـداخلي الاسـتقلال عـن العمليـات اليومية المنتظمة، إذ ان اختصاص المراجعة الداخلية بالمسؤوليات التشغيلية يُفقد المراجعة الداخلية مصداقيتها ويمثل سوء فهم لأهمية الفحص المستقل.

الجانب الثاني المهم في علاقة المراجعة الداخلية بباقي أنشطة الشركة هـو ان المراجع الداخلي عضو بالشركة، وبالتـالي لا يتعيـن عليـه ان ينتهـك دور الأفـراد الآخرين ومسؤوليتهم، وهكـذا فـان المـديرين التنفيـذين او المشرفين يتحملـون المسؤولية الأساسـية عـن عملياتهم، ولا يمكـنهم تحويـل مسـؤولياتهم او نقلهـا للمراجع الداخلي، ولا

317

يعني ذلك ان المراجع الداخلي بدون مسؤولية، فالمراجع الداخلي يتحمل مسؤولية القيام بعمله بالكفاءة المهنية المطلوبة، اما اذا كان على المراجع الداخلي تخفيف مسؤوليات الأفراد التنفيذيين ومساعدتهم فان ذلك سيؤدي بالفعل الى اضعاف حافز المديرين التنفيذيين، كما انه سيقلل الى حد ما من اهمية ادوارهم، وهكذا فان نتائج المراجع الداخلي وتوصياته تكون اخبارية واستشارية غير ملزمة، فهو لا يمتلك سلطة مباشرة للأمر بإجراءات معينة، مثل هذه الاجراءات ينبغي ان يقررها الأفراد التنفيذيون في ضوء سلامة المعلومات والتوصيات التي يقدمها المراجع.

الجانب الأخير يتعلق بالتداخل الذي لا يمكن تجنبه بين دور المراجع الداخلي والأنشطة الأخرى العديدة في الشركة، فجميع الأفراد في التنظيم ملزمون اساساً بأداء وظائف معينة بفعالية، وفي المساعدة بتحقيق أقصى رفاهة للشركة بشكل إجمالي، ويزداد هذا الإلتزام كلما تدرج الفرد في السلم التنظيمي، ويتضمن ذلك الأفراد في مختلف المجالات، وهكذا فإن افراد مجموعات التحليل المالي وبحوث العمليات وغيرها تختص كثيراً بمجالات التشغيل، أيضاً قد يتم تشكيل مجموعة عمل خاصة وبحوث العمليات وغيرها تختص كثيراً بمجالات التشغيل، أيضاً قد يتم تشكيل مجموعة عمل خاصة لدراسة المشكلات التنظيمية، وبالتالي فما هو الدور المميز للمراجع الداخلي؟ الإجابة هي ان مجموعة المراجعة الداخلية هي احدى المجموعات المستقلة او المنفصلة تماماً عن كل من مكونات التشغيل او عناصره ومجموعات الأفراد الوظيفية مثل (التمويل، التسويق والإنتاج)، وبالتالي يمكنها النظر في مختلف المشكلات بشكل مستقل، بالإضافة الى انها تمتلك كفاءة تقويم عملية الرقابة ومتابعة تنفيذها، ولا توجد مجموعة اخرى في التنظيم تملك حقيقة الاستقلال والكفاءة في تقويم عملية الرقابة، الأمر الذي يعطي الاعتماد المطلوب للمراجعة الداخلية.

العلاقة بين المراجع الداخلي والمراجع الخارجي : نظرة تكاملية
Relations with the External Auditor : An Integrated
Percpective

إذا ما تصورنا اعتماد المراجع الخارجي على نشاط المراجعة الداخلية نجد ان ذلك يضيف بعداً جديداً للجانب السلوكي للمراجعة الداخلية، ونعرض فيما يلي لجوانب هذه العلاقة:

طبيعة العلاقة

ان جوانب التشابه بين المراجعة الداخلية والخارجية في الاهداف المحاسبية والغرض الواحد وفي طريقة العمل، بالإضافة الى الحاجة لزيادة الفعالية والايجابية في اداء عمل المراجعة تتطلب دراسة التكييف السليم للعلاقة بين المراجع الداخلي والمراجع الخارجي، والتكييف السليم للعلاقة بينهما أقرب الى ان تكون علاقة تكامل نظراً لأهمية هذا التكييف للمنشأة والمراجع الداخلي والمراجع الخارجي، ويتضمن أدب المحاسبة وللمراجعة جوانب متعددة لوصف طبيعة علاقة التكامل بين المراجع الداخلي والمراجع الخارجي، ونعرض فيما يلي بعض هذه الجوانب:

1) التنسيق بين المراجع الداخلي والمراجع الخارجي على اساس المنافع المتبادلة بينهما.

2) التعاون بين المراجع الداخلي والمراجع الخارجي على ان يحتفظ كل منهما باستقلاله، وان يقوم المراجع الخارجي باختبار الدقة والسلامة في عمل المراجع الداخلي، وان يحتفظ المراجع الخارجي بسرية الانشطة التي سوف تفحص وحدود هذا الفحص.

3) ان المعرفة والخبرة لكل من المراجع الداخلي والخارجي تكمل وتعزز الأخرى.

4) التكامل السليم لأنشطة المراجع الداخلي والخارجي لتجنب الازدواجية والتكرار.

5) هنالك نوعان من التعاون بين المراجع الداخلي والمراجع الخارجي، أحدهما غير ايجابي ويقتصرـ على مجرد تفادي الإزدواج والتكرار، والآخر إيجابي ينصرف الى مساعدة المراجع الداخلي للمراجع الخارجي خاصة في زيارات ومراجعة حسابات الفروع.

وفقاً لما سبق فإن العلاقة بين المراجع الداخلي والمراجع الخارجي علاقة تكامل تنصرف الى تحقيق التعاون والتنسيق بينهما على اساس المنافع المتبادلة في مجال الأهداف المتشابهة لتجنب التكرار وإزدواجية العمل وذلك بغرض زيادة الإيجابية والفعالية في أداء عمل المراجعة وتنفيذه بتكلفة مناسبة، ومثل هذا التعاون والتنسيق لا يمكن ان يصل الى النقطة التي عندها نفتقد التمييز بينهما، وان اي تخطيط للتعاون والتنسيق بينهما يخضع لبعض القيود المهمة أهمها:

1. يجب ان يحتفظ كل منهما بذاتيته وبخط واضح للتمييز بين مسؤولية كل منهما.

2. لا يمكن للمراجع الخارجي ان يتعهد مقدماً بتحديد الحسابات او أنشطة الفترة التي سيقوم بفحصها او مدى الاختبارات التي سيقوم بها.

3. يقوم المراجع الخارجي بعمل الاختبارات اللازمة للتحقق من مدى كفاية عمل المراجع الداخلي أساساً للإعتماد عليه ويتم ذلك على النحو التالي:

❖ التأكد من ان نظام المراجعة الداخلية قد تم تصميمه بعناية لتحقيق الغرض المنشود منه.

❖ التأكد من تنفيذ النظام طبقاً للخطة الموضوعة ومن انه يمثل جزءاً فعالاً من الرقابة الداخلية.

❖ تقـويم مـؤهلات افـراد المـراجعين الـداخليين وخبرتهم.

❖ معرفـة السـلطات المخولـة للمراجـع الـداخلي والمستوى الإداري المسؤول أمامه.

أهمية تحقيق علامة التكامل بين المراجع الداخلي والخارجي

تحقيق التكامل بين المراجع الداخلي والمراجع الخارجي له أهميته لأطراف ثلاثة هي إدارة المنشأة، والمراجع الداخلي، والمراجع الخارجي، وذلك عـلى النحـو الذي يلي:

أهمية تحقيق التكامل للإدارة

ان تحقيق التعـاون و التنسـيق بـين المراجـع الـداخلي والمراجـع الخـارجي بطريقة سليمة يمكن ان يحقق مجموعة من الفوائد للإدارة أهمها:

1. إطمئنـان الإدارة وتأكـدها مـن فعاليـة نظـام الرقابـة الداخلية والصدق والعدالة في القوائم المالية التي هي مسؤولة عنها.
2. تخفيض تكلفة اداء المراجعة الخارجية بواسطة المراجع الخارجي عن طريق قيام إدارة المراجعة الداخلية بتنفيذ بعض الإجراءات التي يراها المراجع الخارجي ضرورية.
3. إنجاز عملية المراجعة وتقديم تقرير المراجع الخارجي في موعده الى الجمعية العموميه للمساهمين وبالتالي اطمئنان المساهمين الى ان المنشأة تدار بكفاءة من خلال رأي المراجع الخارجي على القوائم المالية.

4. توفير معلومات تحليلية للإدارة تساعدها على حسن توجيه موارد الشركة وأحكام الرقابة مع استخدامها.

أهمية تحقيق التكاملل للمراجع الداخلي

1) زيادة ايجابية المراجعة الداخلية وفعاليتها، ولا شك ان وجود نظام سليم للمراجعة الداخلية ووجود تعاون وتنسيق تام مع المراجع الخارجي، يكسب المراجع الداخلي ثقة واحترام المراجع الخارجي وإمكانية الإعتماد على اعمال قسم المراجعة الداخلية باعتبارها نشاطاً إيجابياً وفعالاً للمراجع الخارجي عند انجاز مهمته.

2) اكتساب المعرفة والخبرة من الاحتكاك بالمراجع الخارجي، يتمتع المراجع الخارجي بخبرة واسعة في مجالات المحاسبة والمراجعة بسبب تعامله مع انواع مختلفة من الشركات والصناعات فيزداد إلماماً بالنظم والطرق المستخدمة فيها في مجالات المحاسبة والمراجعة الداخلية والعمليات، وبالتالي فان احتكاك المراجع الداخلي بالمراجع الخارجي عن طريق التعاون والتنسيق بينهما يكسب المراجع الداخلي خبرات متنوعة.

3) تطوير اساليب المراجعة الداخلية لمجاراة التطور في الأساليب المستخدمة في المراجعة الخارجية مثل العينات الإحصائية والحاسب الإلكتروني.

4) تأكيد الحاجة الى دعم استقلال المراجع الداخلي من ان تكون علاقة التكامل قائمة على اساس موضوعي الى حد كبير، وبالتالي إمكانية دعم اتجاه المراجعة الداخلية نهو المهنية.

أهمية تحقيق التكامل للمراجع الخارجي

يحقق التكامل بين المراجعة الداخلية والمراجعة الخارجية عدة فوائد ومنافع للمراجع الخارجي أهمها:

1. اطمئنان المراجع الخارجي الى دقة نظام الرقابة الداخلية وفعاليته باعتبار ان المراجعة الداخلية تختص بتقويم فعالية أدوات الرقابة الأخرى.

2. اطمئنان المراجع الخارجي الى دقة البيانات المحاسبية لأن نظام المراجعة الداخلية السليم سيقلل من فرص ارتكاب الأخطاء والتلاعب بالسجلات.

3. إنجاز مراجعة خارجية أكثر كفاية؛ لأن المراجع الخارجي يمكنه ان يعتمد على خبرة المراجع الداخلي وإلمامه بجميع النواحي الفنيه المتعددة للمشروع محل الفحص والمراجعة.

4. تقليل نطاق عمل المراجع الخارجي وتوفير جزء من وقته من خلال اعتماد المراجع الخارجي على عمل المراجع الداخلي فيما يتعلق بفحص حسابات الفروع وسجلاتها وإعداد مذكرة تسوية حسابات البنوك وإعداد الكشوف التحليلية للقوائم المالية.

5. تحقيق التعاون والتنسيق المنظم بين المراجع الخارجي والداخلي يكسب المراجع الخارجي دراية وتعايشاً بالمنشأة، وبالتالي يمكن ان تطلب منه المنشأة ما هو أكثر من ابداء الرأي الفني المحايد في دلالة القوائم المالية فتطلب مساعدتها في تطوير وظائفه، لتصل الى مستويات اعلى من الكفاءة في ادارة المنشأة.

مجالات التكامل بين المراجعة الداخلية والخارجية

تتضمن علاقة التكامل بين المراجعة الداخلية والمراجعة الخارجية كـلاً مـن المجال التقليدي للمراجعة (النواحي المالية والمحاسبية) والمجال الحديث (خدمـة الإدارة)، ويتضمن ذلك تحقيق التعاون والتنسيق بين المراجـع الـداخلي والمراجـع الخارجي في المجالات التالية:

1) الرقابة الداخلية.
2) برامج المراجعة.
3) مراجعة القوائم المالية.
4) خدمة الإدارة.

ويهدف تحقيق التعـاون والتنسـيق بـين المراجـع الـداخلي والخـارجي في المجالات الثلاثة الأولى الى زيادة الإيجابية والفعاليـة في أداء عمل المراجعـة، وإلى زيادة فعالية المراجعة باعتبارها أداة لخدمة الإدارة في المجال الرابع.

ونعرض فيما يـلي عرضـاً مـوجزاً لممارسـات العلاقـة بـين المراجـع الـداخلي والخارجي في المجالات السابقة.

مجال الرقابة الداخلية

ان أولى المجالات المهمـة التـي يجـب تحقيـق التكامـل فيهـا بـين المراجـع الداخلي والمراجع الخارجي، هو وجود نظام فعـال للرقابـة الداخليـة والمحافظـة عليه، ويأخـذ هـذا التعامـل شـكل تنسـيق وتعـاون مخطط بـينهما مـع ضرورة الاحتفاظ بخط واضح للتمييز بـين مسؤولية كـل مـنهما تجاه الرقابـة الداخليـة وذلك على النحو التالي:

بالنسبة للمراجع الخارجي

تشير معايير المراجعة المتعارف عليها الى ان يقوم المراجع الخارجي بدراسة نظام الرقابة الداخلية وتقويمها بدقة لتقرير مدى الاعتماد عليه ومن ثم تحديد الاختبارات اللازمة أثناء تنفيذ إجراءات المراجعة.

بالنسبة للمراجع الداخلي

يشتمل نظام الرقابة الجيد على انواع مختلفة من أدوات الرقابة، وتعتبر المراجعة الداخلية حجر الزاوية في نظام الرقابة الجيد، إذ انها تختص بتقويم فعالية أدوات الرقابة الأخرى، ويجب ان يظل هدف المراجع الداخلي تحسين نظام الرقابة الداخلية ودعمه، وتتضمن مسؤولية المراجع الداخلي، تجاه الرقابة الداخلية: يعتبر تقويم نظام الرقابة الداخلية عملاً أساسياً من أعمال المراجع الداخلي، ويجب ان يتم التقويم تفصيلياً على عناصر الرقابة الداخلية وفي ضوء الهدف منها، كما يجب اصدار التوصيات التي تتضمن مواطن الضعف في النظام وطرق علاجها، ونعرض فيما يلي موقف المراجع الداخلي من أدوات الرقابة الأخرى:

1. موقف المراجع الداخلي من الهيكل التنظيمي، يجب على المراجع الداخلي ان يكون ملماً بأوجه النشاط المختلفة والهيكل التنظيمي للمنشأة، وان يكون مدركاً للمبادئ الأساسية للتنظيم باعتبارها أساساً يعتمد عليه في تقويم دقة الهيكل التنظيمي للمنشأة وفعاليته.

2. موقف المراجع الداخلي من الرقابة المحاسبية، يحقق المراجع الداخلي مطالب الإدارة من النظام المحاسبي في توفير بيانات محاسبية دقيقة، وسرعة إصدار التقارير، وإعداد التقارير المقارنة، ويمكن للمراجع الداخلي ان يقوم بالفحص التفصيلي الذي يوفر مطالب الإدارة،

وعليه ان يشير الى المجالات التي لا تخضع للمراقبة وذلك من خلال ملاحظاته واستفساراته.

3. موقف المراجع الداخلي من الرقابة بالموازنات، يقوم المراجع الداخلي بالتحقق من فعالية الرقابة بالموازنات، ويتحقق من سلامة معايير الموازنة ودقتها من الناحية الحسابية، كما يقوم بمراجعة النتائج الفعلية ومتابعة الانحرافات واجراءات التصحيح.

4. موقف المراجع من الرقابة بالإجراءات والطرق، يتحقق المراجع الداخلي من ان السجلات والتقارير تعكس النشاط الفعلي، وان النتائج سليمة ودقيقة، كما يتحقق من فعالية أدوات الرقابة الموجودة، ويتأكد من قيام كل قسم او وحدة تنظيمية بتنفيذ الخطط والسياسات والإجراءات التي هي مسؤولة عنها.

يبين العرض السابق اهتمام كل من المراجع الداخلي والمراجع الخارجي بنظام الرقابة الداخلية وقيام كل منهما بتقويم نظام الرقابة الأخرى وتقويمها، بينما الثاني (الخارجي) ينشد تحديد حجم اختباراته لوضع برنامج مراجعته او تعديله، ونعرض فيما يلي شكلاً للتكامل المنشود بين المراجع الداخلي والمراجع الخارجي في مجال الرقابة الداخلية:

1- ان يتحمل المراجع الخارجي مسؤولية كاملة تجاه الرقابة المحاسبية والضبط الداخلي مع التنسيق والتعاون مع المراجع الداخلي في الرغبة في وجود نظام محاسبي فعال وجيد في المنشأة محل الفحص، وأيضاً في تحقيق الرقابة التلقائية على الأداء بمعنى ان يتحقق كلاهما من سلامة تقسيم العمل وتحديد الاختصاصات والمسؤوليات، والفصل بين المسؤوليات الوظيفية المتعارضة.

2- ان يقوم المراجع الـداخلي بمسؤولية دراسـة الرقابـة الادارية وتقويمها وتقديم نتائج ذلك في تقرير تفصيلي للمراجع الخارجي عـلى اسـاس انهـا تمـس، بدرجات مختلفة، عملية اختيار العينات وبالتالي ابداء الرأي، ويرجع اسناد تقويم الرقابة الإدارية للمراجع الداخلي الى انها تهدف الى تحقيق اكبر كفاءة ممكنـة، والى ضمان تنفيذ السياسات المرسومة وهذا مجال يخص المراجع الـداخلي وحـده الذي من واجباته التأكد من تنفيذ السياسات المرسومة.

في مجال تخطيط برامج المراجعة

يقصد ببرنامج المراجعة خطة العمـل التـي يتبعهـا المراجـع – الخارجي او الداخلي – عند قيامه بعملية المراجعة، والهدف من وضع برنامج المراجعـة هـو تحديد الخطوات التي يتبعها المراجع حتى مرحلة التقرير، وهنالك معايير معينـة يجب مراعاتها عند تصميم بـرامج المراجعة وتخطيطهـا، اهمهـا معيار الاهميـة النسبية ومعيار درجة الخطر، بالإضافة الى معيار الاعتماد عـلى الأدلـة، بالنسبة للمراجع الخارجي فقد تطلبت معايير المراجعـة المتعـارف عليهـا تخطيط مهمـة المراجعة بشكل مناسب وكاف فضلاً عـن تـوافر إشراف دقيق عـلى المسـاعدين، ويتضمن تخطيط مهمة المراجعة تحديد الاستراتيجية الشاملة للمهمة فضلاً عـن تحديد نطاق الفحص، اما الاشراف فيتضمن توجيه المساعدين القائمين على تنفيذ اهداف الفحص وتحقيقها، امـا بالنسبة للمراجع الـداخلي فان معايير الأداء في المراجعة الداخليـة التـي وردت في قائمـة مجمـع المراجعين الـداخليين بالولايات المتحدة قد تضمنت التـزام المراجـع الـداخلي بـالتخطيط الـدقيق لكل عمليـة مراجعة داخليـة، وضرورة قيـام مـدير قسـم المراجعة الداخليـة بوضع الخطط المناسبة لتنفيذ المهام المتوقعة بالقسم، وقد تطورت مشـتملات برنـامج المراجعة الداخلية اذ كان تركيزه الاول على تحقيق عناصر الميزانيـة ثم انتقل الى تقويم نظام الرقابة الداخلية والكشف عـن ثغراتها ثم تركـز عـلى التحقـق مـن اتبـاع الأقسام المختلفة للسياسات والخطط المرسومة التي وضعتها الإدارة، ثم انتقل الى تقويم انشطة المنشأة

للحكم على كفايتها، ثم اصبح البرنامج محكوماً بالقيام بمراجعات جزئية مثل مراجعة اعمال قسم التسليم وفحصها من خلال دراسة خطوط السلطة وحدود عمل كل قسم وتدفق العمل بالقسم وأوراقه وسجلاته وتقاريره.

وعلى الرغم من اختلاف الاهتمامامات ومواطن التركيز لكل من المراجع الخارجي والمراجع الداخلي عند وضع برنامج المراجعة الا ان هنالك منطقة مشتركة من عمل المراجعة يجب ان يغطيها تنسيق وتعاون تام بين المراجع الخارجي والمراجع الداخلي عند وضع برنامج المراجعة، وعلاقة تنسيق وتعاون تام بين المراجع الخارجي والمراجع الداخلي عند وضع برنامج المراجعة، وعلاقة التكامل بين المراجعة الداخلية والمراجع الخارجي في هذا المجال يمكن ان تأخذ شكل الاتفاق بينهما بان يشتمل برنامج المراجع الداخلي اجزاء من العمل، تمكن المراجع الخارجي من الحصول على مساعدات مباشرة من المراجع الداخلي، مثل الاشتراك في الجرد الفعلي، وزيارات الفروع بواسطة المراجع الداخلي منفرداً او بالإشتراك مع المراجع الخارجي، كما يمكن للمراجع الداخلي تنظيم برنامج مراجعته في نهاية السنة، بحيث يحصل المراجع الخارجي على مساعدات مباشرة تتعلق بالحصول على المصادقات من العملاء، وتحقيق عناصر بعض الأصول مثل المخزون.

في مجال مراجعة عناصر القوائم المالية

تمثل مراجعة قائمة المركز المالي وقائمة الدخل مجالاً متسعاً لتحقيق التكامل بين المراجع الخارجي والمراجع الداخلي، ويمكن ان يأخذ هذا التكامل احد شكلين:

الأول: ان يقوم المراجع الداخلي بعمل مراجعات وفحوص لعناصر القوائم المالية ثم يستخدم المراجع الخارجي اوراق عمل وتقارير المراجع الداخلي في نهاية العام.

الثاني: ان يقـوم المراجـع الخـارجي بعمـل مراجعـات وفحـوص العنـاصر القوائم المالية ثم يستعرض اوراق عمل وتقارير المراجع الـداخلي فقـط في بعـض الجوانب المالية والمحاسبية.

ونعـرض فيمـا يـلي كيفيـة تحقيـق علاقـة التكامـل مـن المراجـع الـداخلي والمراجع الخارجي عند مراجعة بعض عناصر القوائم المالية:

التحقق من الأصول الثابتة

يهتم المراجع الداخلي بتطورات الأصول الثابتة من خلال فحص المستندات، والقيود وعلاقتها بسياسات الشركة، وطرق استخدامها وحماية وتسجيل الإهلاك، وتحقيق الوجود المادي لها، واذا كانت اهتمامات المراجع الخارجي بالنسبة للأصول الثابتة تتركز في التحقق من الوجود والملكية وسلامة تقويم الأصل فإنه يمكنه الاعتماد على المراجع الداخلي في الامور التالية:

1. الإطلاع على الملف الدائم للمراجع الداخلي الذي يتضمن شرحاً لطبيعة كل أصل وتاريخ الشراء، والحركة على الأصل.

2. تقويم ادوات الرقابة على الأصول الثابتة فيما يتعلق بالميزانيات التقديرية الرأسمالية وسلامة سلطات حركة الأصول الثابتة واعتمادها وسلامة سياسات الإهلاك وصيانة الأصول الثابتة.

3. تمثيل المراجع الداخلي في لجان جرد الأصول الثابتة، ذا أهمية كبيرة للمراجع الخارجي في مجال التحقق من وجود الأصل وملكيته.

4. مراجعة قوائم تكاليف الأصول المصنعة داخلياً وسجلات الأصول الثابتة.

التحقق من بنود الدخل، المصروفات، التكاليف والخسائر

يقوم المراجع الداخلي بفحص الحسابات التي تؤثر على قائمة الدخل، ويختص بصفة أكثر بسياسات الشركة المتعلقة بالعمليات ونطاق تنفيذ الإجراءات، كما يقوم المراجع الداخلي بالفحص والتحليل أنشطة الشراء والبيع وحسابات الموردين والعملاء وأوراق القبض واوراق الدفع، كما يولي المراجع الداخلي عنايته للتعاقدات التي تؤثر في المبيعات او المشتريات وعقود الإيجار وخطط الأجور واستخدامات الأصول والإستهلاكات.. ويهدف المراجع الداخلي هنا الى تحديد ما اذا كانت المنشأة قد حصلت على كل الدخل الواجب الحصول عليه وتسجيله بالدفاتر، وما اذا كانت بنود التكاليف والمصروفات والخسارة قد تمت بأدنى مبالغ ممكنة، اما المراجع الخارجي فيركز اهتمامه في مدى جدية الإنفاق، التمييز بين النفقات الإيرادية والرأسمالي وتطبيق أساس الاستحقاق، ومقارنات نتائج الأعمال لعدة سنوات، وبذلك فان مجال التعاون قائم بين المراجع الداخلي والمراجع الخارجي في مجال الرقابة الداخلية على هذه العناصر وفي مجال الاختبارات اللازمة عليها حيث تلحق اختبارات كل طرف باختبارات اللازمة عليها حيث تلحق اختبارات كل طرف باختبارات الطرف الآخر.

في مجال خدمة الإدارة

أصبحت المشروعات الحديثة تكتسب خصائص معينة، مثل نمو حجم المشروع وتنوع عملياته وزيادة التخصص وتقسيم العمل، وبالتالي فان هذا المشروعات تتسم بمظاهر تؤدي الى تعقيد الوظيفة الإدارية، ومن ثم اصبحت ادارة هذه المشروعات تواجه اعباء متزايدة لتحقيق القيادة الرشيدة لهذه المشروعات، وبالتالي ظهرت الحاجة الى تحليل كامل للأعمال والأنشطة، والى تقويم انتقادي منظم للهيكل التنظيمي والأهداف والسياسات والإجراءات والنظم، كي تتكشف للإدارة مواطن الضعف وعدم

الكفاءة حتى يمكن علاجها، وكذلك مواطن الربحية والكفاءة لتنميتها وتشجيعها وهي بذلك تحقق أقصى كفاءة ممكنة.

وكان على ادارة المشروع ان تلجأ لأدوات الرقابة والمراجعة سواء من داخل المشروع او من خارجه، وكان النداء المتزايد بضرورة اقتراب المراجعة من الإدارة، وقد وجهت الإدارة نظرها نحو كل من المراجع الداخلي والمراجع الخارجي للوفاء بالإحتياجات الإدارية والوقوف على مدى كفاية الكيان الإداري للمشروع ومدى فعاليته، وبالتالي ظهر ما يسمى بالمراجعة الإدارية، والمراجعة الادارية مدخل حديث في المراجعة يعتمد على الفحص والتحليل، والتقويم الانتقادي المنتظم للهيكل التنظيمي والخطط والسياسات والنظم والأساليب والإجراءات والإمكانات الخاصة بالمشروع على مستوى المشروع كله او جزء منه باستخدام أساليب جديدة، وتهدف الى تبصر ـ الإدارة بمواطن الضعف لعلاجها، ومواطن الربحية لتنميتها؛ لتحقيق أقصى ـ كفاية ممكنة للمشروع، ويجب ان يكون لكل من المراجع الداخلي والمراجع الخارجي دوره في هذا المجال.

ويمكن تصور كيفية أداء كل من المراجع الخارجي والمراجع الداخلي لـدوره في أداء المراجعة الإدارية على النحو التالي:

1- ان يوكل الى المراجع الخارجي تحقيق هدف ابداء الرأي الفني المحايد عن مدى كفاءة الإدارة في استغلال الموارد الإقتصادية المتاحة للمشروع اذ ان درجة استقلاله وحيادة تؤهله لذلك.

2- ان يوكل الى المراجع الداخلي تحقيق هدف ترشيد الإدارة نظر لدراية المراجع الداخلي بأحوال وظروف المشروع بدرجة أكبر من المراجع الخارجي وذلك لمعايشته المستمرة للمشروع، أيضاً لجوء كثير من الشركات الى استخدام اجهزة

الاستشعارات الداخلية التي يمكن ان تشكل مع ادارة المراجعة الداخلية الجهاز اللازم للقيام بالمراجعة الادارية لأغراض خدمة الإدارة.

ومن المجالات التي يمكن تحقيق علاقة التكامل فيها بين المراجع الداخلي والمراجع الخارجي في مجال خدمة الإدارة:

1. مجال متابعة تنفيذ الخطة ومدى تحقيق الأهداف.

2. مجال تقويم الأداء.

ولقد سبق التعرض لهذه المجالات بشكل تفصيلي عند تناول المراجعة التشغيلية في الفصل الرابع.

دراسة ميدانية (1985, Lamparti & Thurston)

في دراسة أجريت بالتعاون مع معهد المراجعين الداخليين في أميركا وكندا، عن العلاقة بين المراجع الداخلي والمراجع الخارجي في 81% من الشركات عينة الدراسة، جاءت نتائج التحليل الإحصائي على النحو التالي:

1)   في 30% من الحالات (38 شركة) قامت مكاتب المراجعة الخارجية بدور فعال في تطوير برامج المراجعة الداخلية، وفي 51% (63 شركة) نفذ برنامج مشترك للمراجعة (الاختلاف عن الوضع الأول انه في بعض الحالات يقوم المراجع الداخلي بوضع برنامجه مستقلاً ثم يتكامل مع المراجع الخارجي).

2)   افاد المراجع الخارجي لـ 74% (91 شركة) بضرورة فحص أوراق عمل المراجع الداخلي، وفي 17% (21 شركة) فان اوراق عمل المراجع الداخلي تنقل للملف الدائم للمراجع الخارجي.

(3)   في 83% (86 شركة) جعل المراجـع الخـارجي فحـص تقارير المراجع الداخلي والمستندات المؤيدة جـزءاً مـن برنـامج مراجعتـه الرسمي، وفي 32 شركة قام المراجع الـداخلي بإرسـال تقـاريره الى المراجـع الخارجي باعتبارها إجراء روتينياً منتظماً كي يظل المراجع الخارجي علـى دراية بالامور المهمة .

ويشير التحليل الاحصائي السابق التساؤلات التالية:

○   هـل يتبـع المراجعـون الخـارجيون، الـذين لا يقومـون بفحص اوراق عمل المراجع الداخلي او تقاريره الممارسات السليمة؟ وهـل يمكـنهم ان يـذكروا في تقـاريرهم ان " الفحـص تـم طبقـاً لمستويات المراجعة المتعارف عليها" ؟

○   ما مدى المام المراجعين الخارجيين باجراءات المراجعـة الداخلية الحديثة وممارستها؟

وتكشف الدراسة السـابقة عـن ان 27% مـن المـراجعين الخـارجيين قـرروا انهم لا يستطيعون اصدار تقرير غير متحفظ اذا كانت الشركات محل الفحص لا تقوم بالمراجعة الداخلية، بينما أشار 27% مـن المـراجعين الخـارجيين الى امكانيـة اصـدار تقريـر غـير متحفظ بالنسبة لهـذه الشركات بشرط ان يتسـع نطـاق مراجعتهم لهذه الشركات بينما ذكر 45% مـن المـراجعين إمكانيـة إصـدار تقرير متحفظ دون اعتبار للمراجعة الداخلية للشركة، وبالنسبة لمـدى المام المراجعين الخارجيين بـإجراءات وممارسات المراجعـة الداخليـة الحديثة فان 76% أجابوا بنعم%، 12% لم يبدوا رأياً، 12% أجابوا بلا.

والدراسة السابقة تعكس النقاط المهمة التالية:

✓ ان علاقة المراجع الخارجي بالمراجع الداخلي، فيما يتعلق بأداء عملية المراجعة، تنصرف إما الى اسهام المراجع الخارجي في تحسين نظام المراجعة الداخلية وتطويرها او الى تنفيذ برنامج مشترك لأداء عملية المراجعة، او ان يقوم المراجع الداخلي بوضع برنامجه ثم يتكامل مع برنامج المراجع الخارجي.

✓ اهمية تبادل بعض اوراق عمل المراجعة بين المراجع الداخلي والمراجع الخارجي، وتيسير حصول المراجع الخارجي على تقارير المراجعة الداخلية، خاصة إذا دونت بها ملاحظات تؤثر على عمله وتقريره النهائي.

✓ ان فحص المراجع الخارجي لأوراق عمل المراجع الداخلي وتقاريره يعد تطبيقاً محاسبياً سليماً خاصة وان معايير العمل في المراجعة الخارجية ترى ضرورة إلمام المراجع الخارجي بالمراجعة الداخلية الحديثة.

علاقة المراجع الداخلي بلجنة المراجعة
Relation with Audit Committee

ما هية لجان المراجعة

لجنة المراجعة إحدى اللجان الرئيسة لمجلس الإدارة وتعمل حلقة وصل بين المجلس والمراجعين، كما تكون أداة للرقابة على أداء الشركة، ويجب ان تتضمن مديرين غير تنفيذين، ويعتمد تحديد عدد المديرين الأعضاء في لجنة المراجعة، الى حد كبير، على حجم الشركة، وحجم مجلس الإدارة، وتعقيدات اعمال المحاسبة والمراجعة، ومدى توافر الأعضاء الخارجيين، وتشير ممارسات تشكيل لجان المراجعة ان لجنة المراجعة عادة ما تتكون من ثلاثة الى خمسة اعضاء كما هو الحال

في الولايات المتحدة الأمريكية وبريطانيا وأستراليا، ويجب ان يجمع التشكيل الجيد للجان المراجعة بين الخبرة ومناوبة العضوية لضمان استمرار عنصر الخبرة وتحديث وجهات النظر، ويفضل ان تكون اغلبية اعضاء اللجنة مديرين غير تنفيذيين مع تقييد اصوات المديرين التنفيذيين في لجنة المراجعة.

وينبغي النظر الى تكوين لجان المراجعة على انه تطوير لعملية المراجعة في معناها الواسع، فهذه اللجان يمكن ان تدعم موضوعية اعداد التقارير المالية ومصداقيتها، كما يمكن ان تساعد المديرين التنفيذيين في الوفاء بمسؤولياتهم، كما انها تدعم وتقوي دور المديرين غير التفيذيين، كما تدعم استقلال المراجعين وتحسن من اعمال المراجعة، كما انها تحسن الاتصال بين المديرين والمراجعين والإدارة، بالإضافة الى ذلك يمكن ان ينظر الى لجنة المراجعة على انها اداة مفيدة ومعاونة لمجلس الادارة في مراقبة ادارة الشركة وتسيير نشاطها.

دعم ادارات المراجعة الداخلية وتفاعلها مع لجان المراجعة

تعتمد علاقة المراجع الداخلي بلجنة المراجعة على الظروف التي تبنى فيها هذه العلاقة، ويتعلق الكثير منها بحجم ادارة المراجعة الداخلية، ومستوى تأهيل أفرادها، ونطاق ومجال سلطاتها ومسؤولياتها، وإجراءات اعداد التقارير، وقد اكدت على اهمية هذه العلاقة توصيات صادرة عن معهد المراجعين الداخليين: نشرة لجنة المعايير المهنية ولجنة Treadway.

دعم لجنة المراجعة لوظيفة المراجعة الداخلية

احدى المسؤوليات الأساسية للجنة المراجعة هي التأكد من ان المراجع الداخلي لا يلقى دعماً من اللجنة فحسب، ولكن أيضاً من التنظيم بأكمله حتى يمكن ان ينهض بمهامه بفعالية أكبر، وان يفيد التنظيم بأكمله، ويجب ان تظهر لجنة المراجعة للجميع

انها تقف وراء إدارة المراجعة الداخلية، ولما كان الوضع الغالب ان يرفع رئيس ادارة المراجعة الداخلية تقاريره الى ادارة الشركة فإنه يقع على عاتق لجنة المراجعة مسؤولية دعم ادارة المراجعة الداخلية واستقلالها، ويمكن ان يتحقق ذلك جزئياً من خلال المشاركة في تسمية (تعيين) رئيس المراجعة الداخلية، وتحديد مكافأته وأيضاً من خلال رفع تقاريرها الى لجنة المراجعة.

المشاركة في تسمية رئيس ادارة المراجعة الداخلية

تتضمن توصيات معهد المراجعين الداخليين فيما يتعلق بحقوق لجنة المراجعة التوصية بالتعاون مع الادارة وابداء الرأي حول تعيين رئيس ادارة المراجعة الداخلية وعزله، ومن المهم ان تشارك لجنة المراجعة بطريقة ملائمة في تعيين رئيس ادارة المراجعة بخدمات جيدة ومستمرة من ادارة المراجعة الداخلية، كما ان هذه المشاركة تؤكد على استقلال المراجع الداخلي عندما يحتاج ان يتكلم صراحة عن فحصه وتقويمه لأنشطة الشركة، أيضاً تستهدف هذه المشاركة ان تتأكد لجنة بنفسها من ان رئيس ادارة المراجعة الداخلية تتوافر فيه مستويات التأهيل الملائمة التي تجعله قادراً على خدمة الإدارة ومجلس المديرين بفعالية، كما ان الاتفاق على ملائمة تأهيل رئيس ادارة المراجعة الداخلية لخدمة حاجات الإدارة والمجلس مطلب اساسي لوجود علاقة فعالة ومستمرة بين الادارة العليا ولجنة المراجعة.

وتشير احدى الدراسات (1979, Chambers and Snook) إلى ان المشاركة الإيجابية للجنة المراجعة في وضع موازنات المراجعة الداخلية، وتحديد مكافآت المراجع الرئيس، ومساعدة لجنة المراجعة في رفع مكافآت المراجعين الداخليين الى ما يوازي سعر السوق، يدعم من استقلال المراجعة الداخلية ويقلل من معدل دوران المراجعين، ويضمن وجود افراد أكفاء.

التقرير الى لجنة المراجعة

تشـير توصـيات معهـد المراجعين الـداخليين الى ان رئيس ادارة المراجعـة الداخلية يجب ان يكون له حق الإتصال المبـاشر بأعضـاء لجنـة المراجعة وحـق الإجتماع مع اللجنة، وحق التقريـر عـن النتائج المهمة الى لجنـة المراجعـة، كمـا أوصت لجنة Treadway بحق رئيس ادارة المراجعة الداخلية في الاتصال المبـاشر وغير المحدود بلجنة المراجعة.

وقـد يكـون احـد اسـباب عـدم فعاليـة المراجعـة الداخليـة في توصـيل المعلومات والمشكلات الى لجنة المراجعة، عدم توفير الفرصة المناسبة للتقرير الى لجنة المراجعة، فقد ترغب لجنة المراجعة في الحصـول علـى نسـخة مـن التقارير التي تغطي اعمـال المراجعـة كاملة، او قـد ترغـب في الحصـول علـى الملخصـات التنفيذية لهذه التقارير، وفي حالات أخرى قد يتم إعداد تقارير فترية او سـنوية تلقي الضوء على احصاءات النشاط ونتائج وتوصيات المراجعة، وفي كل الحالات ينبغي إحاطة لجنـة المراجعة بتنفيذ خطـة المراجعة وأسـباب أيـة انحرافـات جوهرية عنها، وعادة ما تكون هذه التقارير من اجل المعلومات فقط، اذ تتوقع لجنة المراجعة ان تجد فيها مـا يجـذب انتباهـاً الى بعض المجـالات المهمة التـي يحتاج الى تأييدها ودعمها.

ومما يعزز من فعالية المراجعة الداخلية في هذه الاتصالات مقـدرة رئيس ادارة المراجعـة الداخليـة علـى تقـديم مقترحـات لتحسـين مجـالات خدمـة ادارة المراجعة الداخلية للجنة المراجعة والتي اخذت موافقة اللجنة.

ووفقاً لما سبق فان تأمين اتصالات رئيس المراجعة الداخليـة بشـكل مباشر مع لجنة المراجعة ورفع تقاريرها إليه باعتبارها مصدر للمعلومـات يسـاعد في تأمين استقلال المراجعة الداخلية.

مجالات خدمة ادارة المراجعة الداخلية للجنة المراجعة

نقطة البداية في تطوير دور فعـال للمراجعـة الداخليـة لخدمـة لجـان المراجعة هو دراسـة حاجات لجنـة المراجعـة وتفهـم طبيعتها ونطاقها، وهذه الحاجات امتداد للحاجات العريضة لمجلس المديرين والتي تعتبر لجنة المراجعـة جزءاً منه، كما انه هذه الحاجات ترتبط مباشرة بفلسفة مجلس المديرين ودوره ومسـؤوليته ودور لجنـة المراجعـة هـو مساعدة المجلس في الوفاء بمسؤولياته المتزايدة، وعلى ذلك تتحمل ادارة المراجعة الداخلية التزامات مباشرة تجاه لجنـة المراجعة، ونعرض فيما يلي لأهم مجالات خدمات إدارة المراجعة الداخلية للجنة المراجعة.

التقارير المالية والإفصاح المحاسبي

تتحمل ادارة الشركة المسؤولية الأساسية عـن اعداد التقارير الماليـة ومـا تتضمنه من مبادئ في محاسبة وطريقة الإفصاح ودقة البيانات، كما يتحمل مجلس الادارة مسؤوليته الأساسية تجاه المساهمين، ويتجه مجلس الإدارة الى تشكيل لجنة المراجعة لمساعدته في الوفاء بهذه المسؤولية وذلك لتأمين خبرة معينة في القضايا الفنية المرتبطة بهذه القوائم، ورغم ان لجنـة المراجعـة تلقى مساعدات مهمة من المراجع الخارجي الـذي يختص بإبـداء الـرأي عـلى القوائم المالية إلا انه يتعين عليها البحث عـن آليات اخرى مساعدة، احدى هـذه الآليـات المسـاعدة هـي ادارة المراجعـة الداخليـة، ورغـم ان المراجـع الـداخلي لا يتحمـل رسمياً اية مسؤولية مبـاشرة عـن القوائم الماليـة فإنه يتم إشراكه في استعراض جوانب كثيرة من مقومات هـذه القوائم ويساهم بشـكل غـير مباشر في تـأمين معولية هذه القوائم، وعلى ذلك فإن المراجع الداخلي له مصـلحة شراكة ضـمنية في القـوائم الماليـة(معوليتهـا) بقـدر مـا يسـاعد بـه لجنـة المراجعـة في الوفـاء بمسؤولتها.

338

مدى ملائمة الرقابة الداخلية المحاسبية

تمتد مسؤوليات مجلس الإدارة وبالتالي لجنة المراجعة الى الرقابة الداخلية المحاسبية وهي الأساس الذي يعول عليه كثيراً في عملية اعداد التقارير المالية، وترتبط ملائمة القوائم المالية المحاسبية بسلامتها واكتمالها والوفاء بالمتطلبات الرسمية الخاص بها، ولهذ فإن لجنة المراجعة تتحمل مسؤولية خاصة في هذا المجال، ويتعين عليها البحث عن مساعدة أطراف متعددة تتضمن المراجع الخارجي والإدارة المالية والمحاسبية والمراجع الداخلي.

ويعتبر المراجع الداخلي في موقع متميز لمساعدة لجنة المراجعة لارتباط عمله أساساً بمدى ملائمة النظام الكلي للرقابة الداخلية وفعاليته، والرقابة المحاسبية تمثل جزءاً رئيساً منها، كما انها تمثل اهتمام المراجع الداخلي، ويتطلب ذلك ان يعمل المراجع الداخلي في ارتباط تام مع افراد الادارة المالية والمحاسبية الذين يتحملون مسؤولية مباشرة عن نظام الرقابة الداخلية المحاسبية، وأيضاً مع المراجع الخارجي الذي يختص بدراسة نظام الرقابة الداخلية وتقويمه باعتبارها جزءاً من مراجعته.

وفي هذا الصدد اشارات نشرة معهد المراجعين الداخليين الى حق لجنة المراجعة في التأكد من اهتمام ادارة المراجعة الداخلية بجودة نظام الرقابة الداخلية وملائمته.

رقابة الانحرافات والمخالفات المالية

لا يمكن ان توفر مجهودات المراجعين (الخارجية والداخلية) ضماناً كافياً بمنع المخالفات المالية او تقليلها، وبالتالي يجب ان تبحث لجنة المراجعة عن كل المساعدات الممكنة من كافة المصادر، ونظراً لارتباط المراجع الداخلي بصلة وثيقة بعمليات الشركة فمن المتوقع ان يقدم المراجع الداخلي مساعدته للجنة المراجعة من خلال رفع

تقارير بالمخالفات الى لجنة المراجعة، وتشير احدى الدراسات المسحية (Chambers and Snook, 1979) الى ان 90% من المراجعين الداخليين يعتقدون بمسؤولياتهم عن التقرير عن الانحرافات والمخالفات الى لجنة المراجعة، وتظهر فعالية لجان المراجعة في مراقبة تصحيحات العيوب والأخطاء التي ترد في تقارير المراجعين الداخليين.

إدارة أنشطة المراجعة

يتحمل مجلس الإدارة، وبالتالي لجنة المراجعة مسؤولية إدارة استخدام المجهودات الكلية للمراجعة بطريقة أكثر فائدة ونفعاً للشركة، وهنا تحتاج لجنة المراجعة، الى تقويم لكل حاجات المراجعة في الشركة الى تخطيط وتنسيق جهود كل من المراجع الداخلي والخارجي بطريقة تحقق اقصى فعالية من خلال مزج وتكامل جهودهما، والمراجع الداخلي ينبغي ان يكون قادراً على الوفاء باحتياجات لجنة المراجعة من غير تلك التي تحصل عليها من المراجع الخارجي، ويجب ان يقدم المراجع الداخلي خدماته باعتباره جزءاً متكاملاً من برنامج المراجعة الكلي الذي تنظمه لجنة المراجعة وينبغي على لجنة المراجعة ان تحدد ما اذا كانت انشطة المراجعة تنفذ وفقاً لمعايير المراجعة.

مدى إعتماد المراجع الخارجى على المراجع الداخلى

يقوم المراجع الداخلى والمراجع الخارجى بالعمل فى نفس الميدان ولهما نفس الهدف وهو :

1. نظام فعال للضبط الداخلى.
2. وجود نظام محاسبى فعال يمدهم بالعلومات اللازمة عند إعداد التقارير

وعلى هذا فإن التعون لازم بينهما حيث يوفر عمل المراجع الداخلى عناء تعدد العمل

بالنسبةللمراجع الخارجى، فإذا إطمأن المراجع الخارجى إلى فاعلية المراجعة الداخلية فإنه يستطيع أن يقلل مدى فحصه الذى يوفر عليه كثيراً من الوقت والجهدومن أمثلة التعاون بينهما :

أ) يستطيع المراجع الخارجى أن يعتمد على إقرار المراجع الداخلى بفاعلية نظام الرقابة الداخلية.

ب) قيام المراجع الداخلى بمساعدة المراجع الخارجى فى كثير من الأعمال.

جـ) يستطيع المراجع الداخلى أن يعد للمراجع الخارجى الآدلة التى يطلبها فى مراجعته.

ولكن هناك حدود على إعتماد المراجع الخارجى على المراجع الداخلى وهو:

1. مدى خبرة وكفاءة رئيس المراجعة الداخلية.

2. مدى كفاية المراجعة الداخلية.

3. مستوى الإدارة المسؤول عنها رئيس إدارة المراجعة الداخلية.

المراجع

الجمعيــة الســعودية للمحاســبة : دورة المراجعــة الداخليــة : منشــورات الجمعية، 1999 .

سناء محمد بدران . الاتجاهات الحديثة في المراجعـة – النظريـة والتطبيـق . القاهرة : بدون ناشر . 2000 .

د. أحمد نور : مراجعة الحسابات (الإسكندرية : الدار الجامعية،1984).

د.محمد سمير الصبان : الأصول العلمية للمراجعة بـين النظريـة والتطبيـق الإسكندرية: دار النهضةالعربية،1988 .

د. متولى محمد الجمل، د. محمد محمد الجزار : أصـول المراجعـةالقاهرة: مكتبة عين شمس، د.ت.

المراجع الأجنبية

Brink's Modern Internal Auditing by Robert Moeller

The Essential Handbook of Internal Auditing by K. H. Spencer Pickett

Managing the Audit Function: A Corporate Au... by Michael P. Cangemi

Core Concepts of Financial Analysis: A User Approach by Gary Giroux

Writing High-Impact Reports: Proven Practices... by AngelaJ. Maniak

الفهرس

Printed in the United States
By Bookmasters